Projet OCDE/G20 sur l'érosion de la base d'imposition et le transfert de bénéfices

Prévention de l'utilisation abusive des conventions fiscales – Sixième rapport d'examen par les pairs sur le chalandage fiscal

CADRE INCLUSIF SUR LE BEPS : ACTION 6

OCDE
DES POLITIQUES MEILLEURES
POUR UNE VIE MEILLEURE

Ce document, ainsi que les données et cartes qu'il peut comprendre, sont sans préjudice du statut de tout territoire, de la souveraineté s'exerçant sur ce dernier, du tracé des frontières et limites internationales, et du nom de tout territoire, ville ou région.

Les données statistiques concernant Israël sont fournies par et sous la responsabilité des autorités israéliennes compétentes. L'utilisation de ces données par l'OCDE est sans préjudice du statut des hauteurs du Golan, de Jérusalem-Est et des colonies de peuplement israéliennes en Cisjordanie aux termes du droit international.

Note de la République de Türkiye
Les informations figurant dans ce document qui font référence à « Chypre » concernent la partie méridionale de l'Ile. Il n'y a pas d'autorité unique représentant à la fois les Chypriotes turcs et grecs sur l'Ile. La Türkiye reconnaît la République Turque de Chypre Nord (RTCN). Jusqu'à ce qu'une solution durable et équitable soit trouvée dans le cadre des Nations Unies, la Türkiye maintiendra sa position sur la « question chypriote ».

Note de tous les États de l'Union européenne membres de l'OCDE et de l'Union européenne
La République de Chypre est reconnue par tous les membres des Nations Unies sauf la Türkiye. Les informations figurant dans ce document concernent la zone sous le contrôle effectif du gouvernement de la République de Chypre.

Merci de citer cet ouvrage comme suit :
OCDE (2024), *Prévention de l'utilisation abusive des conventions fiscales – Sixième rapport d'examen par les pairs sur le chalandage fiscal : Cadre inclusif sur le BEPS : Action 6*, Projet OCDE/G20 sur l'érosion de la base d'imposition et le transfert de bénéfices, Éditions OCDE, Paris, https://doi.org/10.1787/0cf5a79a-fr.

ISBN 978-92-64-32737-5 (imprimé)
ISBN 978-92-64-34600-0 (PDF)
ISBN 978-92-64-90857-4 (HTML)
ISBN 978-92-64-65480-8 (epub)

Projet OCDE/G20 sur l'érosion de la base d'imposition et le transfert de bénéfices
ISSN 2313-2620 (imprimé)
ISSN 2313-2639 (en ligne)

Crédits photo : Couverture © ninog-Fotolia.com.

Les corrigenda des publications sont disponibles sur : www.oecd.org/fr/apropos/editionsocde/corrigendadepublicationsdelocde.htm.

Avant-Propos

La transformation numérique et la mondialisation ont des répercussions profondes sur les économies et sur la vie des populations du monde entier, et ce phénomène s'est accéléré au cours du 21ème siècle. Ces transformations remettent en cause les règles établies pour imposer les bénéfices commerciaux internationaux, qui datent de plus d'un siècle et qui permettent aux entreprises multinationales (EMN) d'échapper largement à l'impôt en dépit des bénéfices considérables que beaucoup d'entre elles génèrent dans un monde de plus en plus interconnecté.

En 2013, l'OCDE a redoublé d'efforts pour relever ces défis et ainsi répondre aux préoccupations grandissantes des citoyens et des responsables publics face aux pratiques d'évasion fiscale des grandes multinationales. Les pays de l'OCDE et du G20 se sont unis pour élaborer en septembre 2013 un Plan d'action visant à combattre ces pratiques. Le Plan d'action a identifié 15 actions à mener avec pour objectif d'harmoniser les règles nationales qui influent sur les activités transnationales, de renforcer les exigences de substance dans les standards internationaux existants, et d'améliorer la transparence ainsi que la sécurité juridique.

Après deux ans de travail, des rapports en réponse aux 15 actions, y compris ceux publiés à titre provisoire en 2014, ont été réunis au sein d'un ensemble complet de mesures et présentés aux dirigeants des pays du G20 en novembre 2015. Le paquet BEPS représente le premier remaniement d'importance des règles fiscales internationales depuis près d'un siècle. Au fur et à mesure de la mise en œuvre des mesures, les entreprises seront amenées à déclarer leurs bénéfices là où les activités économiques qui les génèrent sont réalisées et là où la valeur est créée. Les stratégies de planification fiscale qui s'appuient sur des règles périmées ou sur des dispositifs nationaux mal coordonnés seront caduques.

Les pays de l'OCDE et du G20 ont également convenu de continuer à travailler ensemble pour assurer une mise en œuvre cohérente et coordonnée des recommandations du Projet BEPS, et de le rendre plus inclusif. De ce fait, ils ont établi le Cadre inclusif sur le BEPS de l'OCDE et du G20 (Cadre inclusif), rassemblant sur un pied d'égalité tous les pays et juridictions intéressés et engagés dans le Comité des affaires fiscales et ses organes subsidiaires. Avec plus de 140 membres, le Cadre inclusif contrôle la mise en œuvre des standards minimums à travers des examens par les pairs, et finalise l'élaboration de normes pour résoudre les problèmes liés au BEPS. Au-delà de ses membres, d'autres organisations internationales et organismes fiscaux régionaux sont engagés dans les travaux du Cadre inclusif, et les entreprises et la société civile sont également consultées sur différentes problématiques.

Bien que la mise en œuvre du paquet BEPS continue de transformer radicalement le paysage fiscal international et d'améliorer l'équité des systèmes fiscaux, l'une des principales problématiques liées au BEPS – relever les défis fiscaux posés par l'économie numérique – demeurait en suspens. Le 8 octobre 2021, plus de 135 membres du Cadre inclusif, représentant plus de 95 % du PIB mondial, ont réalisé une avancée majeure en adhérant à une solution reposant sur deux piliers qui vise à réformer les règles fiscales internationales et à faire en sorte que les entreprises multinationales paient une juste part d'impôt partout où elles exercent des activités et génèrent des bénéfices dans l'économie numérique et mondialisée d'aujourd'hui. La mise en œuvre de ces nouvelles règles est envisagée d'ici 2023.

Ce rapport a été approuvé par le Cadre inclusif le 25 janvier 2024 et préparé pour publication par le Secrétariat de l'OCDE.

Remerciements

Ce document a été préparé par l'Unité des conventions fiscales et de la coopération internationale du Centre de politique et d'administration fiscales de l'OCDE. Les données contenues dans ce document ont été soumises par les délégués du Groupe de travail no 1 (GT1), dans son format de Cadre inclusif sur le BEPS (Cadre inclusif), de chaque juridiction membre du Cadre inclusif. La sixième édition de ce rapport a été préparée par Jessica Di Maria et Sara Shearmur, conseillères de l'Unité des conventions fiscales du Centre de politique et d'administration fiscales de l'OCDE.

Les autrices tiennent à remercier les délégués du GT1 pour leur contribution. Les autrices tiennent également à remercier Lee Harley, Co-chef de l'Unité des conventions fiscales et des relations internationales, ainsi que Yves Van Brussel, Kazuya Shimizu, Stefano Neirotti et Shemsije Jashari pour l'analyse des données pertinentes et leur contribution à la préparation du rapport ; Caroline Devlin-Genin pour son aide sur les questions relatives à la Convention multilatérale pour mettre en œuvre des mesures relatives aux conventions fiscales pour prévenir l'érosion de la base d'imposition et le transfert de bénéfices ; et Lisa-Marie Stamm pour son aide avec la version française du rapport. Les autrices sont particulièrement reconnaissantes envers Ria Sandilands et Milton Pérez Rivera pour leur soutien en matière de coordination et de communication, ainsi qu'envers Karena Garnier et Carrie Tyler pour leur aide dans la préparation à la publication.

Table des matières

Suivez les publications de l'OCDE sur :

https://twitter.com/OECD

https://www.facebook.com/theOECD

https://www.linkedin.com/company/organisation-eco-cooperation-development-organisation-cooperation-developpement-eco/

https://www.youtube.com/user/OECDiLibrary

https://www.oecd.org/newsletters/

Résumé

1. Le standard minimum relatif au chalandage fiscal décrit dans le Rapport sur l'Action 6 est l'un des quatre standards minimums établis par le projet BEPS. L'Action 6 du projet BEPS mentionne l'utilisation abusive des conventions fiscales et, en particulier, le chalandage fiscal comme l'une des principales sources de préoccupation dans le domaine de l'érosion de la base d'imposition et du transfert de bénéfices (BEPS). En raison de la gravité du chalandage fiscal, les juridictions ont convenu d'adopter, comme standard minimum, des mesures de lutte contre cette pratique, et de soumettre leurs efforts à un examen annuel par les pairs (OCDE, 2017[1]). (OCDE, 2021[2]). Le Cadre inclusif sur le BEPS a publié des rapports pour chacun des cinq processus d'examen par les pairs réalisés en 2018, 2019, 2020, 2021 et 2022 (OCDE, 2019[3]), (OCDE, 2020[4]), (OCDE, 2021[5]) et (OCDE, 2022[6]) [(OECD, 2023)].

2. Ce rapport d'examen par les pairs de 2023 correspond au sixième exercice d'examen par les pairs de la mise en œuvre du standard minimum de l'Action 6. Il réunit les résultats agrégés de l'examen par les pairs, des informations générales sur le chalandage fiscal (chapitre 7), ainsi que les sections ventilées par juridiction qui fournissent des renseignements détaillés sur la mise en œuvre du standard minimum par chaque membre du Cadre inclusif (chapitre 8).

3. Ce sixième examen par les pairs a été réalisé en appliquant la méthodologie révisée décrite à la section 2 ci-après, mise en œuvre pour la première fois en 2021.

4. Au total, au 31 mai 2023, près de 1 360 conventions conclues entre membres du Cadre inclusif étaient conformes au standard minimum. Ce chiffre représente une hausse de près de 30 % par rapport à 2022.

5. Comme les années précédentes, l'examen par les pairs de cette année montre qu'en 2023, la Convention multilatérale pour la mise en œuvre des mesures relatives aux conventions fiscales pour prévenir l'érosion de la base d'imposition et le transfert de bénéfices (l'IM BEPS ou l'IM) reste le principal outil utilisé pour appliquer le standard minimum dans les juridictions qui l'ont ratifiée.

6. Le nombre de conventions conformes conclues entre membres du Cadre inclusif et couvertes par l'IM BEPS a continué d'augmenter régulièrement : il a progressé d'environ 30 % entre 2021 et 2022, puis encore de 30 % entre 2022 et 2023. Au 31 mai 2023, plus de 1 120 des 1 270 conventions conformes conclues entre membres du Cadre inclusif avaient été rendues conformes au moyen de l'IM BEPS (environ 630 conventions supplémentaires entre membres du Cadre inclusif deviendront conformes en vertu de l'IM BEPS une fois que tous ses signataires l'auront ratifié). Les juridictions qui n'ont pas signé ou ratifié l'IM BEPS ont beaucoup moins progressé, de façon générale, dans l'application du standard minimum.

7. Plus généralement, au 31 mai 2023, plus de 2 400 conventions conclues entre membres du Cadre inclusif étaient conformes, faisaient l'objet d'un instrument de mise en conformité ou de mesures prises par au moins un partenaire de convention pour appliquer le standard minimum, ou d'une déclaration générale formulée par l'un des partenaires indiquant son intention d'utiliser la règle détaillée de limitation des avantages, associée à un mécanisme ciblant les mécanismes de sociétés-relais, pour mettre en œuvre le standard minimum dans l'ensemble de ses conventions bilatérales.

8. L'examen par les pairs de cette année fait également le point sur les progrès accomplis par les juridictions afin de donner effet à leurs plans, élaborés en 2021 ou 2022, en vue d'appliquer le standard minimum dans les conventions non conformes conclues avec d'autres membres du Cadre inclusif, qui ne font pas déjà l'objet d'un instrument de mise en conformité ou d'une déclaration générale relative à la règle détaillée de limitation des avantages, et pour lesquelles aucune mesure n'a été prise aux fins de mettre en œuvre le standard minimum (sans qu'il soit fait état de raisons pour lesquelles, concernant ce membre, la convention ne soulève pas de préoccupations importantes en matière de chalandage fiscal). Dans certains cas, de nouveaux plans de mise en œuvre ont également été élaborés. La majorité des plans de mise en œuvre prévoient d'appliquer l'IM BEPS aux conventions concernées. Une fois que les dispositions prévues pour appliquer le standard minimum auront pris effet, le standard minimum sera mis en œuvre, ou en passe de l'être, dans pratiquement toutes les conventions conclues entre les membres du Cadre inclusif.

9. Enfin, comme l'année dernière, l'examen par les pairs de cette année montre que de nombreuses juridictions ont donné suite aux recommandations formulées lors de l'examen par les pairs de l'année dernière, en particulier en prenant les mesures nécessaires pour que les dispositions de l'IM BEPS prennent effet, le cas échéant.

Contexte de l'examen par les pairs

10. Ce sixième rapport sur la mise en œuvre du standard minimum de l'Action 6 correspond au troisième examen par les pairs effectué selon la méthodologie révisée.

11. Les examens de 2018, 2019 et 2020 ont été menés conformément à une approche convenue qui a été définie dans un document publié le 29 mai 2017, lequel a servi de base à la réalisation des examens par les pairs (les documents pour l'examen par les pairs de 2017) (OCDE, 2017[1]). Les documents pour l'examen par les pairs de 2017 contenaient les termes de référence, qui définissent les critères à prendre en compte afin d'évaluer la mise en œuvre du standard minimum, ainsi que la méthodologie décrivant la procédure à suivre pour mener à bien les examens par les pairs.

12. En 2021, les membres du Cadre inclusif sur le BEPS ont approuvé une méthodologie révisée dans le document pour l'examen par les pairs de 2021 (OCDE, 2021[2])[1], qui a régi la conduite des examens du standard minimum de l'Action 6 à partir de 2021. Les changements apportés à la méthodologie d'examen par les pairs ont été approuvés dans le cadre du processus d'examen défini dans les documents pour l'examen par les pairs de 2017. Le paragraphe 14 des documents pour l'examen par les pairs de 2017 disposait que la méthodologie concernant l'examen de la mise en œuvre du standard minimum sur le chalandage fiscal serait réexaminée en 2020 à la lumière des enseignements tirés de l'expérience acquise.

13. La méthodologie révisée (expliquée plus en détail au chapitre 7) vise à établir un cadre permettant de fournir une assistance à une juridiction membre du Cadre inclusif ayant conclu des conventions non conformes avec un ou plusieurs autres membres du Cadre inclusif, susceptibles selon sa propre évaluation de créer des possibilités de chalandage fiscal, et pour lesquelles la juridiction n'avait encore pris aucune mesure afin de les mettre en conformité avec le standard minimum. Selon la méthodologie révisée, les progrès accomplis dans la mise en œuvre du standard minimum sont mesurés de façon beaucoup plus détaillée.

14. Comme les années précédentes, les juridictions étaient tenues de répondre à un questionnaire d'examen par les pairs avant le 31 mai 2023, en indiquant l'état de mise en œuvre du standard minimum dans l'ensemble de leurs conventions fiscales sur le revenu alors en vigueur (y compris celles conclues avec des juridictions non membres du Cadre inclusif). Pour chaque convention répertoriée, les membres ont précisé si elle est ou non conforme au standard minimum et, si elle n'est pas conforme, si elle est ou non en voie de satisfaire au standard minimum.

15. Les juridictions étaient invitées à fournir des informations supplémentaires sur chaque convention conclue avec un membre du Cadre inclusif qui soit n'était pas conforme au standard minimum, soit ne faisait pas l'objet d'un instrument de mise en conformité (ex. l'IM BEPS ou un instrument signé portant modification issu de négociations bilatérales). Les juridictions qui ont signé l'IM BEPS, mais qui ne l'ont pas ratifié étaient également invitées à communiquer des renseignements complémentaires sur leur processus de ratification.

16. Dans ce nouveau cadre, les juridictions ont, le cas échéant, élaboré des plans de mise en œuvre du standard minimum dans certaines de leurs conventions. Cela concerne les conventions conclues avec d'autres membres du Cadre inclusif qui ne sont pas conformes, qui ne font pas l'objet d'un instrument de mise en conformité, pour lesquelles aucune mesure n'a été prise en vue de mettre en œuvre le standard minimum, et qui ne font pas l'objet d'une déclaration formulée par l'un des partenaires indiquant son intention d'utiliser la règle détaillée de limitation des avantages pour mettre en œuvre le standard minimum dans l'ensemble de ses conventions fiscales bilatérales. Les juridictions ont également été invitées à faire le point sur les progrès accomplis pour donner effet aux plans élaborés dans le cadre des processus d'examen par les pairs de 2021 ou de 2022, et à signaler toute difficulté rencontrée à cet égard, le cas échéant.

17. L'assistance apportée aux juridictions en vertu de la méthodologie révisée consiste également en l'élaboration des recommandations mentionnées dans ce rapport. Ces recommandations sont les suivantes : élaborer un plan de mise en œuvre du standard minimum en l'absence d'un tel plan ; prendre les mesures nécessaires pour que l'IM BEPS prenne effet lorsqu'une juridiction y a recours pour appliquer le standard minimum.

18. Les plans de mise en œuvre et les recommandations sont examinés plus en détail dans les chapitres 3 et 4 respectivement ainsi que dans les sections ventilées par juridiction au chapitre 8.

Références

OCDE (2022), *Prévention de l'utilisation abusive des conventions fiscales – Quatrième rapport d'examen par les pairs sur le chalandage fiscal : Cadre inclusif sur le BEPS : Action 6*, Projet OCDE/G20 sur l'érosion de la base d'imposition et le transfert de bénéfices, Éditions OCDE, Paris, https://www.oecd-ilibrary.org/sites/3fc9415b-fr/index.html?itemId=/content/publication/3fc9415b-fr. [6]

OCDE (2021), *BEPS Action 6 : Empêcher l'utilisation abusive des conventions fiscales lorsque les circonstances ne s'y prêtent pas DOCUMENTS – Révisés pour l'examen par les pairs*, Projet OCDE/G20 sur l'érosion de la base d'imposition et le transfert de bénéfices, OCDE, Paris, https://www.oecd.org/fr/fiscalite/beps/beps-action-6-empecher-utilisation-abusive-conventions-fiscales-documents-revises-examen-par-les-pairs.pdf. [2]

OCDE (2021), *Prévention de l'utilisation abusive des conventions fiscales – Troisième rapport d'examen par les pairs sur le chalandage fiscal : Le Cadre Inclusif sur le BEPS : Action 6*, Projet OCDE/G20 sur l'érosion de la base d'imposition et le transfert de bénéfices, Éditions OCDE, Paris, https://doi.org/10.1787/bcdc38c0-fr. [5]

OCDE (2020), *Prévention de l'utilisation abusive des conventions – Deuxième rapport d'examen par les pairs sur le chalandage fiscal : Cadre inclusif sur le BEPS : Action 6*, Projet OCDE/G20 sur l'érosion de la base d'imposition et le transfert de bénéfices, Éditions OCDE, Paris, https://doi.org/10.1787/031184a6-fr. [4]

OCDE (2019), *Prévention de l'utilisation abusive des conventions - Rapport d'examen par les pairs sur le chalandage fiscal : Cadre inclusif sur le BEPS : Action 6*, Projet OCDE/G20 sur l'érosion de la base d'imposition et le transfert de bénéfices, Éditions OCDE, Paris, https://doi.org/10.1787/9789264312401-fr. [3]

OCDE (2017), *BEPS Action 6 : Empêcher l'utilisation abusive des conventions fiscales lorsque les circonstances ne s'y prêtent pas - Documents pour l'examen par les pairs*, Projet OCDE/G20 sur l'érosion de la base d'imposition et le transfert de bénéfices, OCDE, Paris, https://www.oecd.org/fr/fiscalite/beps/beps-action-6-empecher-utilisation-abusive-conventions-fiscales-documents-examen-par-les-pairs.pdf. [1]

Note

[1] Approuvée le 17 février 2021 par le Cadre inclusif dans le document pour l'examen par les pairs de 2021.

1 Mise en œuvre du standard minimum : données agrégées et principaux chiffres

19. Cette section présente les données agrégées sur la mise en œuvre du standard minimum relatif au chalandage fiscal figurant dans le rapport sur l'Action 6 (OCDE, 2017[1]).

20. Pour se conformer au standard minimum, les juridictions sont tenues d'inclure deux éléments dans leurs conventions : une déclaration explicite sur la volonté d'éliminer la double non-imposition (généralement dans le préambule) et l'une des trois méthodes permettant de résoudre le problème du chalandage fiscal. Le standard minimum ne précise pas comment ces deux éléments doivent être mis en œuvre (par exemple, via l'IM BEPS ou via des instruments bilatéraux) (OCDE, 2017[1])[1].

21. Des données agrégées sur les progrès accomplis par les juridictions afin de mettre en œuvre le standard minimum figurent ci-dessous. Des informations détaillées sur les progrès accomplis par chaque juridiction sont fournies dans les sections ventilées par juridiction au chapitre 8. Les informations figurant dans la partie « Conclusion » de certaines des sections du chapitre 8 consacrées aux juridictions mettent en lumière les faits suivants :

- Les membres du Cadre inclusif qui ont signé l'IM BEPS, mais qui ne l'ont pas ratifié sont invités à prendre les mesures nécessaires pour que l'IM BEPS prenne effet le plus rapidement possible (section 5 ci-après).
- De même, certaines parties à l'IM BEPS qui ont formulé une réserve afin d'en retarder la prise d'effet jusqu'à ce que les procédures internes soient achevées sont invitées à prendre les mesures nécessaires pour que l'IM BEPS prenne effet le plus rapidement possible (chapitre 4 ci-dessous)[2].
- Un plan de mise en œuvre doit être élaboré pour les conventions conclues avec d'autres membres du Cadre inclusif qui ne sont pas conformes, ne font pas l'objet d'un instrument de mise en conformité ou d'une déclaration générale relative à la règle détaillée de limitation des avantages, pour lesquelles aucune mesure n'a été prise afin de mettre en œuvre le standard minimum et aucune raison n'a été citée pour expliquer pourquoi, pour une juridiction, la convention ne soulève pas de préoccupations importantes en matière de chalandage fiscal. Une fois le plan mis en place, la juridiction doit faire un point chaque année si des changements se produisent. Lorsqu'aucun plan de mise en œuvre n'a été élaboré pour ces conventions, les juridictions sont invitées à le faire (chapitres 3 et 4 ci-dessous).
- Le Secrétariat de l'OCDE est disposé à s'entretenir avec toute juridiction membre qui a élaboré ou qui doit élaborer un plan de mise en œuvre du standard minimum afin de réfléchir aux moyens de l'aider à mettre les conventions concernées en conformité avec le standard minimum.

Données agrégées et principaux chiffres

22. Au total, les 142 juridictions membres du Cadre inclusif[3] ont fait état de 2 510 conventions conclues entre elles (dont 6 conventions multilatérales) en vigueur au 31 mai 2023, et d'environ 850 conventions supplémentaires conclues entre des membres et des non-membres[4]. Huit juridictions membres ne disposaient d'aucune convention fiscale complète en vigueur[5].

23. Les données recueillies sur la mise en œuvre du standard minimum de l'Action 6 ont montré qu'au 31 mai 2023, 124 juridictions du Cadre inclusif comptaient certaines conventions qui étaient déjà conformes au standard minimum, qui faisaient l'objet d'un instrument de mise en conformité, pour lesquelles des mesures avaient été prises en vue d'appliquer le standard minimum, ou qui faisaient l'objet d'une déclaration générale relative à la règle détaillée de limitation des avantages[6].

24. Les conventions conclues entre des membres et des non-membres du Cadre inclusif ne sont pas soumises à l'examen par les pairs, et les résultats agrégés présentés dans ce chapitre portent sur les 2 510 conventions (dont 6 conventions multilatérales) conclues entre membres du Cadre inclusif. Néanmoins, les sections ventilées par juridiction, au chapitre 8, indiquent le statut déclaré de mise en œuvre du standard minimum dans les conventions qui ne relèvent pas du périmètre de l'examen par les pairs[7].

Conventions conformes

25. Au 31 mai 2023, plus de 1 270 conventions bilatérales et deux conventions multilatérales entre membres du Cadre inclusif étaient conformes au standard minimum. Quelque 85 conventions supplémentaires non soumises à cet examen (celles conclues entre des membres du Cadre inclusif et des non-membres) étaient également conformes au standard minimum, ce qui porte à plus de 1 360 le nombre total de conventions conformes conclues entre des membres du Cadre inclusif. Ce chiffre représente une hausse de près de 30 % par rapport à 2022.

26. Dans toutes les conventions conformes au standard minimum, la déclaration du préambule et le critère des objets principaux (COP) ont été appliqués pour se conformer au standard minimum. Dans 52 de ces conventions conformes, le critère des objets principaux était complété par une clause de limitation des avantages.

27. Le graphique ci-après illustre les progrès accomplis, depuis le lancement du premier processus d'examen par les pairs au titre de l'Action 6 en 2018, dans la mise en œuvre du standard minimum dans les conventions bilatérales entre membres du Cadre inclusif. En cinq ans, le nombre de conventions bilatérales conformes au standard minimum conclues entre membres du Cadre inclusif est passé de 13 en 2018 à plus de 1 270 en 2023. Comme indiqué ci-après, cette augmentation est principalement due à la prise d'effet des dispositions de l'IM BEPS.

Graphique 1.1. Conventions bilatérales conformes conclues entre les membres du Cadre inclusif

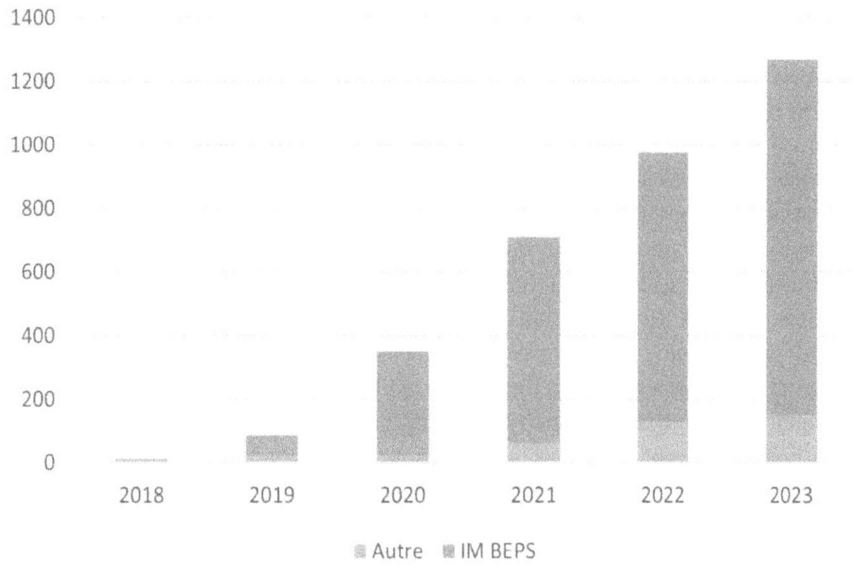

Conventions faisant l'objet d'un instrument de mise en conformité

28. De nombreuses juridictions membres du Cadre inclusif ont conclu des conventions faisant actuellement l'objet d'un instrument de mise en conformité qui a été signé mais non encore en vigueur (dans le cas d'un instrument bilatéral portant modification) ou dont les dispositions n'ont pas encore pris effet (s'agissant de l'IM BEPS), mais qui mettraient en œuvre le standard minimum. Ces conventions sont en voie de satisfaire prochainement au standard minimum.

29. Le 31 mai 2023, environ 630 des 2 504 conventions bilatérales entre membres du Cadre inclusif devaient devenir des conventions fiscales couvertes aux fins de l'IM BEPS (c'est-à-dire que les deux juridictions contractantes ont notifié une convention comme convention à être modifiée par l'IM BEPS, et, de ce fait, l'IM BEPS modifiera la convention dès sa prise d'effet), et donc conformes au standard minimum. Ces conventions seront conformes au standard minimum une fois que les dispositions pertinentes de l'IM BEPS auront pris effet, après ratification par les deux juridictions contractantes[8].

30. Vingt-deux conventions supplémentaires entres membres du Cadre inclusif font l'objet d'un instrument bilatéral portant modification qui n'est pas encore entré en vigueur. Ce chiffre, qui équivaut à 3.5 % du nombre des conventions qui doivent devenir des conventions fiscales couvertes par l'IM BEPS, met en évidence l'efficacité relative de l'IM BEPS dans la mise en œuvre du standard minimum.

31. Concernant les conventions notifiées aux fins de l'IM BEPS, la totalité des 96 membres du Cadre inclusif qui sont parties à l'IM BEPS[9] et en sont signataires mettent en œuvre le préambule et le critère des objets principaux. Treize juridictions[10] ont également choisi d'appliquer la règle simplifiée de limitation des avantages *via* l'IM BEPS, en complément du critère des objets principaux lorsqu'il était possible de le faire. Sept juridictions supplémentaires ont accepté d'intégrer une règle simplifiée de limitation des avantages dans des conventions conclues avec des partenaires ayant opté pour la règle simplifiée en vertu de l'IM BEPS.

Mesures prises afin de mettre en œuvre le standard minimum (y compris la déclaration générale relative à la règle détaillée de limitation des avantages)

32. Comme le prévoit la méthodologie révisée d'examen par les pairs, les juridictions membres du Cadre inclusif signalent toutes les mesures prises afin de mettre en œuvre le standard minimum dans leurs conventions non conformes qui ne font pas déjà l'objet d'un instrument de mise en conformité. Ces mesures visent à faire en sorte que la convention fiscale fasse l'objet d'un instrument de mise en conformité Par exemple, on considère qu'une juridiction aura pris des mesures afin de mettre en œuvre le standard minimum dans une convention aux fins de l'IM BEPS si elle a signé l'IM BEPS, et a notifié cette convention dans la liste de ses conventions qu'elle souhaite voir couvertes par l'IM BEPS, mais que son partenaire conventionnel ne l'a pas fait. (Si les deux partenaires conventionnels ont signé l'IM BEPS et notifié une convention dans la liste des conventions qu'ils souhaitent voir couvertes, l'IM BEPS sera considéré comme un instrument de mise en conformité pour cette convention ; la convention sera considérée conforme au standard minimum, en application de l'IM BEPS, une fois que ses dispositions commenceront à prendre effet.) C'est aussi le cas si un membre a engagé des renégociations bilatérales avec un partenaire conventionnel, a accepté d'engager de telles renégociations, ou a contacté son partenaire conventionnel avec un projet de protocole, ces mesures visant à mettre en œuvre le standard minimum.

33. Certaines juridictions ont sélectionné une seule méthode pour mettre en œuvre le standard minimum (en notifiant l'ensemble de leurs conventions au titre de l'IM BEPS, par exemple), tandis que d'autres ont modulé leur approche (en engageant des renégociations bilatérales de certaines conventions, et en utilisant l'IM BEPS pour d'autres conventions, par exemple).

34. Depuis 2021, le nombre de conventions pour lesquelles des mesures ont été prises par au moins un partenaire conventionnel afin de mettre en œuvre le standard minimum a fluctué (passant d'environ 620 en 2021 à environ 520 en 2022, puis à environ 650 en 2023). D'une année sur l'autre, le nombre de conventions faisant l'objet de telles mesures est réduit par les cas où des progrès sont accomplis pour faire en sorte qu'une convention fasse l'objet d'un instrument de mise en conformité (sachant qu'une fois qu'une convention fait l'objet d'un instrument de mise en conformité, on considère qu'elle ne fait plus l'objet de mesures destinées à mettre en œuvre le standard minimum) ; parallèlement, ce nombre est augmenté par les cas où des progrès sont accomplis par au moins un partenaire conventionnel pour commencer à donner effet à un plan de mise en œuvre du standard minimum dans une convention.

35. Comme on a pu l'observer en 2021 et en 2022, l'adhésion à l'IM BEPS et l'inscription d'une convention dans la liste des conventions devant être couvertes demeurent la solution la plus largement retenue pour mettre en œuvre le standard minimum dans les conventions non conformes, puisqu'elle couvre plus de 450 conventions de ce type conclues entre membres du Cadre inclusif. D'autres options que l'IM BEPS ont été exercées pour appliquer le standard minimum dans quelque 200 conventions (y compris 120 conventions environ pour lesquelles un partenaire a pris plusieurs mesures concomitantes au titre de l'IM BEPS). Comme expliqué ci-dessous (section 6), il se peut que des partenaires conventionnels aient pris différentes mesures pour appliquer le standard minimum dans une convention en particulier, et doivent encore s'entendre sur la méthode à retenir (IM BEPS ou négociations bilatérales, par exemple).

36. Les juridictions peuvent également faire une déclaration générale indiquant qu'elles prévoient de recourir à la règle détaillée de limitation des avantages conformément à leur engagement d'appliquer le standard minimum dans l'ensemble de leurs conventions fiscales bilatérales. La règle détaillée de limitation des avantages ne figure pas dans l'IM BEPS, et nécessite des discussions bilatérales approfondies et une adaptation pour chaque convention fiscale, ce qui pourrait prendre plusieurs années. Si une juridiction fournit une telle déclaration, ses partenaires conventionnels ne communiqueront en règle générale pas d'informations supplémentaires au sujet de leur convention fiscale conclue avec cette juridiction.

37. Au total, cette année, plus de 2 400 conventions conclues entre membres du Cadre inclusif sont conformes, font l'objet d'un instrument de mise en conformité ou de mesures prises par au moins un partenaire conventionnel pour appliquer le standard minimum, ou d'une déclaration générale formulée par l'un des partenaires indiquant son intention d'utiliser la règle détaillée de limitation des avantages.

Dispositions utilisées pour mettre en œuvre le standard minimum

38. Comme les années précédentes, l'examen par les pairs de cette année a montré que des trois méthodes disponibles pour appliquer la deuxième composante du standard minimum[11], la COP reste celle la plus largement employée. La plupart des juridictions ont choisi d'appliquer le standard minimum en optant pour cette solution. De fait, c'est la seule à même de satisfaire à elle seule à la deuxième composante du standard minimum, et qui peut être déployée au moyen de l'IM BEPS.

39. Environ 85 conventions sont ou seront mises en conformité avec le standard minimum au moyen de la règle COP complétée par une règle détaillée ou simplifiée de limitation des avantages. L'IM BEPS peut servir à appliquer la règle COP associée à une règle simplifiée de limitation des avantages, une solution adoptée par 13 juridictions[12]. Sept autres se sont engagées à appliquer la règle simplifiée de limitation des avantages de l'IM BEPS dans les cas où leur partenaire conventionnel a choisi d'adopter cette mesure[13].

40. En outre, 63 conventions sont couvertes par une déclaration générale de l'un des partenaires conventionnels indiquant son intention de recourir à la règle détaillée de limitation des avantages conformément à son engagement d'appliquer le standard minimum dans toutes ses conventions fiscales bilatérales en vigueur au 31 mai 2023.

Méthodes de mise en œuvre

41. Comme les années précédentes, l'IM BEPS reste la solution privilégiée pour mettre en œuvre le standard minimum. Cependant, une juridiction préférant mettre en œuvre le minimum standard au moyen d'une clause détaillée de limitation des avantages ne peut pas utiliser l'IM BEPS à cette fin. Au 31 mai 2023, cent juridictions avaient adhéré à l'IM BEPS (dont 96 membres du Cadre inclusif)[14], 81 l'avaient ratifié[15] et, une fois ayant pleinement pris effet, l'IM BEPS mettra en œuvre le standard minimum dans plus de 1 900 conventions bilatérales (de sorte qu'il modifiera la majorité des conventions conclues entre les membres du Cadre inclusif).

42. Comme les années précédentes, de façon générale, les juridictions qui n'ont pas signé ou ratifié l'IM BEPS ont beaucoup moins progressé dans l'application du standard minimum.

43. Néanmoins, la participation à l'IM BEPS n'est pas un standard minimum, et les juridictions peuvent préférer d'autres solutions, comme indiqué dans les Termes de référence. Les modalités de mise en œuvre de ce standard minimum dans chacune des conventions fiscales bilatérales doivent faire l'objet d'un accord entre les juridictions contractantes.

Référence

OCDE (2017), *Empêcher l'octroi inapproprié des avantages des conventions fiscales, Action 6 - Rapport final 2015*, Projet OCDE/G20 sur l'érosion de la base d'imposition et le transfert de bénéfices, Éditions OCDE, Paris, https://doi.org/10.1787/9789264278035-fr. [7]

Notes

[1] Le rapport final sur l'Action 6 indique en outre que : (i) une juridiction est tenue d'appliquer le standard minimum dans une convention uniquement si un autre membre du Cadre inclusif le lui demande ; (ii) la décision d'adopter l'une des trois méthodes doit être convenue entre les parties (une solution ne peut être imposée) ; et (iii) en raison du caractère bilatéral des conventions, il n'y a pas de date limite à laquelle une juridiction doit avoir atteint le standard minimum.

[2] La réserve prévue à l'article 35(7) de l'IM BEPS retarde la prise d'effet de ses dispositions concernant une Convention fiscale couverte jusqu'à ce que la Partie qui en est à l'origine (article 35(7)(b) de l'IM BEPS) indique qu'elle a accompli les procédures internes prévues à cet effet. Plusieurs parties à l'IM BEPS ont formulé une telle réserve, mais elles n'ont pas encore adressé de notification en vertu de l'article 35(7)(b) de l'IM BEPS. Aussi, leurs conventions ne peuvent pas encore être mises en conformité avec le standard minimum au titre de l'IM BEPS.

[3] Les données figurant dans ce rapport comprennent également des données sur les conventions conclues par l'Ouzbékistan. Étant donné que l'Ouzbékistan a rejoint le Cadre inclusif le 9 juin 2023, soit après la date de référence retenue pour l'exercice d'examen par les pairs de cette année (31 mai 2023), ses partenaires conventionnels n'ont pas été tenus de fournir d'informations supplémentaires sur leurs conventions conclues avec l'Ouzbékistan.

[4] En 2022, le Cadre inclusif faisait mention de 2 426 conventions entre ses membres. Les conventions supplémentaires examinées en 2023 incluent les nouvelles conventions conclues entre membres du Cadre inclusif entre le 1er juin 2022 et le 31 mai 2023, et surtout les conventions existantes concernées des nouveaux membres du Cadre inclusif, qui n'avaient pas été soumises à l'examen par les pairs de 2022.

[5] Aucune convention n'était en vigueur pour les juridictions suivantes : Anguilla, Bahamas, Îles Caïman, Îles Cook, Djibouti, Haïti, Honduras et Îles Turques-et-Caïques.

[6] Au 31 mai 2023, 100 juridictions étaient signataires ou parties à l'IM BEPS, mais quatre d'entre elles (Chypre, Fidji, le Koweït et le Lesotho) n'étaient pas membres du Cadre inclusif. Au 31 mai 2023, 96 membres du Cadre inclusif étaient par conséquent signataires ou parties à l'IM BEPS. L'Eswatini et l'Azerbaïdjan, membres du Cadre inclusif, ont signé l'IM BEPS le 27 septembre 2023 et le 20 novembre 2023 respectivement. Le Koweït, signataire de l'IM BEPS, est devenu membre du Cadre inclusif le 15 novembre 2023. Par conséquent, à cette date, 102 juridictions étaient signataires ou parties à l'IM BEPS, dont 99 sont membres du Cadre inclusif. D'autres membres du Cadre inclusif, bien que n'étant pas

signataires ou parties à l'IM BEPS, ont conclu des protocoles portant modification afin de mettre en œuvre le standard minimum.

[7] Un « instrument de mise en conformité » peut désigner l'IM BEPS ou un nouveau protocole portant modification qui n'est pas encore entré en vigueur. Il peut également s'agir d'une convention entièrement nouvelle qui n'est pas encore entrée en vigueur.

[8] Et, le cas échéant, la notification conformément à l'article 35(7)(b) de l'IM BEPS (voir la note de bas de page 3 pour plus d'explications).

[9] Sachant que l'Eswatini et l'Azerbaïdjan ont signé l'IM BEPS le 27 septembre 2023 et le 20 novembre 2023 respectivement et que le Koweït, signataire de l'IM BEPS, est devenu membre du Cadre inclusif le 15 novembre 2023. À cette date, 99 membres du Cadre inclusif ont adhéré à l'IM BEPS.

[10] Une quatorzième juridiction, l'Eswatini, a signé l'IM BEPS le 27 septembre 2023 et a également choisi d'appliquer la règle simplifiée de limitation des avantages.

[11] Ces trois méthodes sont les suivantes : la règle COP, la règle COP complétée par une règle détaillée ou simplifiée de limitation des avantages, ou une règle détaillée de limitation des avantages complétée par un mécanisme anti-sociétés-relais.

[12] Voir note 10.

[13] Comme le prévoit l'article 7(7) de l'IM BEPS.

[14] L'Eswatini et l'Azerbaïdjan ont signé l'IM BEPS le 27 septembre 2023 et le 20 novembre 2023 respectivement. Le Koweït, signataire de l'IM BEPS, est devenu membre du Cadre inclusif le 15 novembre 2023. À cette date, 102 juridictions avaient adhéré à l'IM BEPS, dont 99 membres du Cadre inclusif.

[15] L'Arménie, la Côte d'Ivoire, la Papouasie-Nouvelle-Guinée et la Tunisie ont déposé leur instrument de ratification de l'IM après le 31 mai 2023. Au 1er décembre 2023, 85 juridictions avaient ratifié l'IM BEPS.

2 Rôle essentiel de l'IM BEPS

Ratification de l'IM BEPS

44. Depuis que ses dispositions ont commencé à prendre effet en 2019, l'IM BEPS a rapidement permis de renforcer le réseau de conventions fiscales bilatérales des juridictions qui l'ont ratifié. Le nombre de conventions conclues entre membres du Cadre inclusif qui sont devenues conformes à l'IM BEPS a régulièrement augmenté de plusieurs centaines chaque année : il était supérieur à 1 120 au 31 mai 2023 et continue d'augmenter à mesure que de nouveaux signataires ratifient l'IM BEPS. Tout comme les années précédentes, l'examen par les pairs révèle toujours un écart important dans les progrès de mise en œuvre du standard minimum entre les juridictions qui ont ratifié l'IM et celles qui ne l'ont pas ratifié.

45. Au cours de l'année écoulée, huit juridictions membres du Cadre inclusif ont ratifié l'IM BEPS : l'Afrique du Sud, l'Arménie, la Bulgarie, la Côte d'Ivoire, le Mexique, la Papouasie-Nouvelle-Guinée, la Tunisie et le Viet Nam[1].

46. En moyenne, environ 55 % des réseaux de conventions des juridictions pour lesquelles l'IM BEPS a pris effet à compter du 1er janvier 2023[2] étaient conformes au standard minimum en 2023, comme l'indique le tableau 2.1.

47. Pour les juridictions qui ont ratifié l'IM BEPS après octobre 2022[3], les dispositions concernées de l'IM BEPS n'avaient généralement pas commencé à prendre effet pour leurs conventions le 31 mai 2023. En effet, les dispositions de l'IM BEPS ne peuvent généralement commencer à prendre effet pour une convention qu'après expiration d'une certaine période qui suit la dernière des dates à laquelle l'IM BEPS entre en vigueur pour chacun des partenaires ayant conclu une convention. Cette période pourrait correspondre à environ un an à compter de la dernière ratification[4].

48. Comme le montrent les précédents examens par les pairs, alors que les juridictions qui ont ratifié l'IM ont beaucoup progressé dans la mise en œuvre du standard minimum, ce n'est généralement pas le cas, en comparaison, de celles qui n'ont pas signé ou ratifié l'IM BEPS. Seules 15 % des conventions conclues par ces juridictions sont conformes au standard minimum.

49. Les examens par les pairs successifs illustrent donc à nouveau l'importance d'une ratification rapide de l'IM BEPS. Dès lors, tous les signataires de l'IM BEPS qui ne l'ont pas encore ratifié sont invités à le faire.

Tableau 2.1. Réseaux de conventions et ratification de l'IM BEPS

Juridiction	Date de signature de l'IM BEPS	Date de ratification de l'IM BEPS	Conventions en vigueur au 31 mai 2023	Conventions conformes au 31 mai 2023	% du réseau en conformité	% du réseau comptant des membres du CI en conformité
Albanie	28 mai 2019	22 septembre 2020	43	27	63 %	65 %
Andorre	7 juin 2017	29 septembre 2021	10	10	100 %	100 %
Arménie	7 juin 2017	25 septembre 2023	52	3	6 %	7 %
Australie	7 juin 2017	26 septembre 2018	45	29	64 %	71 %
Autriche	7 juin 2017	22 septembre 2017	90	40	44 %	51 %
Bahreïn	27 novembre 2020	23 février 2022	45	23	51 %	67 %
Barbade	24 janvier 2018	21 décembre 2020	30	19	63 %	67 %
Belgique	7 juin 2017	26 juin 2019	95	55	58 %	68 %
Belize	11 janvier 2019	7 avril 2022	5	2	40 %	40 %
Bosnie-Herzégovine	30 octobre 2019	16 septembre 2020	38	22	58 %	64 %
Bulgarie	7 juin 2017	16 septembre 2022	71	41	58 %	66 %
Burkina Faso	7 juin 2017	30 octobre 2020	4	2	50 %	50 %
Cameroun	11 juillet 2017	21 avril 2022	6	4	67 %	67 %
Canada	7 juin 2017	29 août 2019	94	50	53 %	62 %
Chili	7 juin 2017	26 novembre 2020	36	28	78 %	80 %
Chine (République populaire de)	7 juin 2017	25 mai 2022	105	60	57 %	67 %
Costa Rica	7 juin 2017	22 septembre 2020	4	1	25 %	25 %
Côte d'Ivoire	24 janvier 2018	25 septembre 2023	11	0	0 %	0 %
Croatie	07 juin 2017	18 février 2021	66	45	68 %	75 %
Curaçao	7 juin 2017	29 mars 2019	4	1	25 %	33 %
Tchéquie[1]	7 juin 2017	13 mai 2020	95	48	51 %	56 %
Danemark	7 juin 2017	30 septembre 2019	71	41	57 %	64 %
Égypte	7 juin 2017	30 septembre 2020	59	34	58 %	69 %
Estonie[2]	29 juin 2018	15 janvier 2021	62	19	31 %	32 %
Finlande	07 juin 2017	25 février 2019	74	48	64 %	72 %
France	7 juin 2017	26 septembre 2018	120	59	49 %	62 %
Géorgie	07 juin 2017	29 mars 2019	57	33	58 %	62 %
Allemagne[2]	7 juin 2017	18 décembre 2020	94	12	13 %	14 %
Grèce	7 juin 2017	30 mars 2021	57	42	74 %	77 %
Guernesey	7 juin 2017	12 février 2019	14	13	93 %	92 %
Hong Kong (Chine)2	7 juin 2017	25 mai 2022	43	34	79 %	83 %

Juridiction	Date de signature de l'IM BEPS	Date de ratification de l'IM BEPS	Conventions en vigueur au 31 mai 2023	Conventions conformes au 31 mai 2023	% du réseau en conformité	% du réseau comptant des membres du CI en conformité
Hongrie	7 juin 2017	25 mars 2021	83	55	66 %	73 %
Islande	7 juin 2017	26 septembre 2019	41	31	76 %	75 %
Inde	7 juin 2017	25 juin 2019	96	54	56 %	67 %
Indonésie[2]	7 juin 2017	28 avril 2020	70	31	44 %	55 %
Irlande	7 juin 2017	29 janvier 2019	74	55	74 %	78 %
Île de Man	7 juin 2017	25 octobre 2017	10	9	90 %	90 %
Israël	7 juin 2017	13 septembre 2018	60	39	65 %	71 %
Japon	7 juin 2017	26 septembre 2018	79	57	72 %	80 %
Jersey	7 juin 2017	15 décembre 2017	15	10	67 %	69 %
Jordanie	19 décembre 2019	29 septembre 2020	39	21	54 %	71 %
Kazakhstan	25 juin 2018	24 juin 2020	55	30	55 %	63 %
Corée	7 juin 2017	13 mai 2020	94	57	61 %	69 %
Lettonie	7 juin 2017	29 octobre 2019	64	44	69 %	75 %
Liechtenstein	7 juin 2017	19 décembre 2019	21	21	100 %	100 %
Lituanie	07 juin 2017	11 septembre 2018	58	41	71 %	76 %
Luxembourg	7 juin 2017	9 avril 2019	84	62	74 %	77 %
Malaisie	24 janvier 2018	18 février 2021	74	44	59 %	73 %
Malte	07 juin 2017	18 décembre 2018	78	56	72 %	76 %
Maurice	5 juillet 2017	18 octobre 2019	44	23	52 %	64 %
Mexique	7 juin 2017	15 mars 2023	60	3	5 %	4 %
Monaco	7 juin 2017	10 janvier 2019	11	8	73 %	80 %
Pays-Bas	7 juin 2017	29 mars 2019	94	59	63 %	70 %
Nouvelle-Zélande	7 juin 2017	27 juin 2018	40	27	68 %	73 %
Norvège	7 juin 2017	17 juillet 2019	84	26	30 %	33 %
Oman	26 novembre 2019	7 juillet 2020	37	17	46 %	59 %
Pakistan	7 juin 2017	18 décembre 2020	66	38	58 %	72 %
Panama	24 janvier 2018	5 novembre 2020	17	13	76 %	76 %
Papouasie-Nouvelle-Guinée	23 janvier 2019	31 août 2023	10	0	0 %	0 %
Pologne	7 juin 2017	23 janvier 2018	82	52	63 %	73 %
Portugal	7 juin 2017	28 février 2020	78	50	64 %	73 %
Qatar	4 décembre 2018	23 décembre 2019	80	44	55 %	66 %
Roumanie[2]	7 juin 2017	28 février 2022	88	1	1 %	1 %
Fédération de Russie2	7 juin 2017	18 juin 2019	83	41	49 %	60 %
Saint-Marin	7 juin 2017	11 mars 2020	25	18	72 %	71 %
Arabie saoudite	18 septembre 2018	23 janvier 2020	56	30	54 %	63 %
Sénégal	7 juin 2017	10 mai 2022	20	12	60 %	67 %

Juridiction	Date de signature de l'IM BEPS	Date de ratification de l'IM BEPS	Conventions en vigueur au 31 mai 2023	Conventions conformes au 31 mai 2023	% du réseau en conformité	% du réseau comptant des membres du CI en conformité
Serbie	07 juin 2017	5 juin 2018	64	43	67 %	72 %
Seychelles	7 juin 2017	14 février 2021	29	20	69 %	73 %
Singapour	07 juin 2017	21 décembre 2018	93	62	67 %	78 %
République slovaque	7 juin 2017	20 septembre 2018	70	41	59 %	67 %
Slovénie	7 juin 2017	22 mars 2018	60	42	70 %	76 %
Afrique du Sud	07 juin 2017	30 septembre 2022	79	44	56 %	66 %
Espagne[2]	7 juin 2017	28 septembre 2021	93	54	58 %	67 %
Suède[2]	7 juin 2017	22 juin 2018	83	9	11 %	12 %
Suisse[2]	7 juin 2017	29 août 2019	108	24	22 %	23 %
Thaïlande	9 février 2022	31 mars 2022	61	34	56 %	66 %
Tunisie	24 janvier 2018	24 juillet 2023	56	0	0 %	0 %
Ukraine	23 juillet 2018	8 août 2019	73	41	56 %	66 %
Émirats arabes unis	27 juin 2018	29 mai 2019	110	54	49 %	58 %
Royaume-Uni	7 juin 2017	29 juin 2018	132	73	55 %	68 %
Uruguay	7 juin 2017	6 février 2020	23	17	74 %	77 %
Viet Nam	9 février 2022	23 mai 2023	76	0	0 %	0 %

1. La Tchéquie compte 95 conventions en vigueur. Ces 95 conventions concernent 96 juridictions, parce que la Tchéquie continue d'appliquer la convention conclue avec l'ancienne Serbie-et-Monténégro à la Serbie et au Monténégro. Elle a inscrit cette convention dans la liste des conventions devant être couvertes par l'IM BEPS uniquement pour ce qui est de la Serbie. La convention est conforme au standard minimum uniquement en ce qui concerne la Serbie.
2. L'Allemagne, l'Espagne, l'Estonie, la Fédération de Russie, Hong Kong (Chine), l'Indonésie, la Roumanie, la Suède et la Suisse ont formulé une réserve en vertu de l'article 35(7) de l'IM BEPS afin de reporter la prise d'effet de l'IM BEPS jusqu'au moment où ils auront accompli leurs procédures internes.

Lacunes dans la couverture de l'IM BEPS

50. Bien que le champ d'application de l'IM BEPS soit vaste, certaines lacunes subsistent. Ces lacunes s'expliquent par le fait que l'IM BEPS est un instrument flexible qui autorise chaque signataire à choisir parmi ses conventions celles qu'il souhaite couvrir sous l'IM BEPS. Ainsi, au moment de la signature, les signataires sont tenus de déposer des listes de conventions qu'ils souhaitent modifier. L'IM BEPS modifie uniquement les conventions bilatérales notifiées par les deux partenaires de convention.

Conventions unilatérales

51. Lorsque deux partenaires de convention ont signé l'IM BEPS mais qu'un seul a notifié une convention aux fins de l'IM BEPS, le standard minimum ne sera pas mis en œuvre dans cette convention. Lorsque deux partenaires ont signé l'IM BEPS mais qu'un seul a notifié la convention, la notification de cette convention est interprétée comme une demande de mise en œuvre du standard minimum. Les parties seraient alors tenues de mettre en œuvre le standard minimum dans la convention et de s'entendre au niveau bilatéral sur les modalités de cette mise en œuvre.

52. Au 31 mai 2023, environ 160 conventions bilatérales, conclues entre des paires de signataires de l'IM qui sont membres du Cadre inclusif, ne seraient pas modifiées par l'IM BEPS parce qu'au stade actuel, une seule juridiction a notifié la convention aux fins de l'IM BEPS (« conventions unilatérales »)[5].

53. Dans certains cas, le partenaire conventionnel qui n'a pas notifié une « convention unilatérale » pour qu'elle soit couverte par l'IM BEPS a élaboré un plan visant à mettre en œuvre le standard minimum dans cette convention en l'incluant dans la liste de ses conventions fiscales couvertes par l'IM BEPS. Dans d'autres cas, ces « conventions unilatérales » n'ont pas été notifiées aux fins de l'IM BEPS parce que la partie au traité mène des renégociations bilatérales en vue de la mise en œuvre du standard minimum. Ce partenaire conventionnel peut également avoir l'intention de couvrir des éléments qui vont au-delà de la mise en œuvre du standard minimum et d'autres mesures BEPS se rapportant aux conventions. Cela étant, s'il est aisément concevable que des juridictions souhaitent préserver leurs ressources et renégocier différents aspects d'une convention au cours d'un même processus de renégociation, le fait d'accepter de mettre en œuvre le standard minimum ne doit pas être conditionné à d'autres modifications apportées à la convention.

Conventions en attente

54. Outre la convention unilatérale, on décompte plus de 280 conventions bilatérales conclues entre des paires de juridictions membres du Cadre inclusif pour lesquelles une seule d'entre elles a signé l'IM BEPS (« conventions en attente »). Aussi, au stade actuel, aucune de ces conventions ne serait modifiée par l'IM BEPS. Presque toutes ces conventions seraient couvertes par l'IM BEPS si le partenaire conventionnel qui ne l'a pas encore signé y adhérait et notifiait la convention.

55. Le Secrétariat de l'OCDE a communiqué avec certaines des juridictions qui se préparaient à signer l'IM BEPS dans le cadre de leur plan de mise en œuvre du standard minimum (voir chapitre 3 ci-dessous). Il s'agissait notamment d'Antigua-et-Barbuda, du Bénin, de la Mauritanie et du Monténégro, qui ont parmi eux plus de 70 conventions en attente qui deviendront des conventions couvertes aux fins de l'IM BEPS une fois celui-ci signé.

Notes

[1] Une autre juridiction non membre du Cadre inclusif (le Lesotho) a également ratifié l'IM BEPS l'année dernière.

[2] En général, l'IM BEPS a commencé à prendre effet au 1er janvier 2023 pour les conventions conclues par les juridictions qui l'ont ratifié avant la fin septembre 2022.

[3] L'Arménie, la Côte d'Ivoire, le Mexique, la Papouasie-Nouvelle-Guinée, la Tunisie et le Viet Nam ont déposé leur instrument de ratification de l'IM BEPS après le mois d'octobre 2022.

[4] L'article 35 de l'IM BEPS énonce les règles de prise d'effet et répartit les modifications en deux catégories en fonction du type d'impôts auxquels elles s'appliquent. En général, en vertu de l'article 35(1)(a), s'agissant des impôts prélevés à la source sur des sommes payées ou attribuées à des non-résidents, l'IM prend effet à partir du premier jour de l'année civile qui commence à compter de la dernière des dates à laquelle la Convention entre en vigueur pour chacune des Juridictions contractantes ayant conclu une Convention fiscale couverte. Concernant tous les autres impôts prélevés par une juridiction, l'article 35(1)(b) dispose que l'IM BEPS prend généralement effet au titre de périodes d'imposition commençant à l'expiration ou après l'expiration d'une période de six mois calendaires à compter de la

dernière des dates à laquelle la Convention entre en vigueur pour chacune des Juridictions contractantes ayant conclu une Convention fiscale couverte.

[5] L'IM BEPS ne peut modifier que les conventions bilatérales qui ont été notifiées par les deux partenaires aux fins de l'IM BEPS.

3 Plans en vue de la mise en œuvre du standard minimum, et soutien apporté aux juridictions

Cadre régissant l'élaboration de plans de mise en œuvre du standard minimum

56. Un certain nombre de juridictions ont signalé des conventions, conclues avec d'autres membres du Cadre inclusif, qui ne sont pas conformes, qui ne font pas l'objet d'un instrument de mise en conformité ou d'une déclaration générale relative à l'adoption de la règle détaillée de limitation des avantages, et pour lesquelles aucune mesure n'a été prise en vue de mettre en œuvre le standard minimum. Ces conventions sont répertoriées dans le tableau intitulé « Autres conventions » des sections consacrées aux différentes juridictions.

57. Lorsqu'une juridiction n'a pas indiqué les raisons pour lesquelles, à ses yeux, ces conventions ne soulèvent pas de préoccupations importantes en matière de chalandage fiscal, elle était invitée à élaborer un plan visant à mettre en œuvre le standard minimum dans ces conventions conclues avec un autre membre du Cadre inclusif[1].

58. Les juridictions ayant déjà formulé un tel plan dans le cadre des examens par les pairs de 2021 et 2022 ont été invitées à faire le point à ce sujet en cas de modification de leur plan. Les juridictions qui éprouveraient des difficultés à mettre en œuvre leur plan pourront signaler ces difficultés au Secrétariat.

59. Le plan devra préciser les modalités de mise en œuvre du standard minimum – par exemple, les juridictions devront :

- inscrire leurs conventions fiscales dans la liste des conventions couvertes par l'IM BEPS ;
- entreprendre des négociations bilatérales en vue de mettre en œuvre le standard minimum ; ou
- signer et ratifier l'IM BEPS et ajouter les conventions à la liste des conventions fiscales couvertes.

60. Chaque année, les juridictions seront invitées à indiquer les éventuels changements apportés à leur plan de mise en œuvre et, le cas échéant, à signaler au Secrétariat toute difficulté rencontrée dans la mise en application de ce plan.

61. Une recommandation a été adressée aux juridictions qui n'ont pas élaboré de plan (ou qui n'ont pas fourni de mise à jour d'un plan existant) visant à mettre en œuvre le standard minimum et qui étaient tenues de le faire. Ces recommandations sont présentées au chapitre 4 ci-dessous.

Statut des plans de mise en œuvre du standard minimum

62. Comme mentionné précédemment, les plans de mise en œuvre peuvent prendre des formes diverses. Alors que certaines juridictions ont adopté le même plan de mise en œuvre pour toutes les

conventions concernées, d'autres ont élaboré un plan sur mesure pour chaque convention. Un petit nombre de juridictions a fait savoir que leur plan, qui a été examiné avec le Secrétariat de l'OCDE, est toujours à l'étude, de sorte que le présent rapport n'en fait pas état.

63. Au total, 28 juridictions s'emploient actuellement à donner effet à leurs plans respectifs de mise en œuvre du standard minimum, qui couvrent environ 260 conventions non conformes.

64. Le tableau ci-dessous résume les différentes catégories de plans de mise en œuvre mis en application en 2023 par les juridictions concernées.

Tableau 3.1. Plans de mise en œuvre du standard minimum

Juridiction	IM BEPS		Autre	À l'étude
	Projet d'adhérer à l'IM BEPS	Projet de compléter la liste des conventions fiscales couvertes		
Albanie			x	
Antigua-et-Barbuda	x			
Autriche			x	
Bénin	x			
Botswana	x			
Brunei Darussalam	x			
Cabo Verde			x	
Tchéquie		x	x	
République démocratique du Congo	x			
République dominicaine			x	
Îles Féroé			x	
Gabon		x		
Géorgie		x		
Hongrie		x		
Italie		x		
Kenya		x		
Mauritanie	x			
Monténégro	x			
Norvège			x	
Paraguay				x
Saint-Kitts-et-Nevis				x
Afrique du Sud			x	
Sri Lanka			x	
et Trinité-et-Tobago.			x	
Togo				x
Émirats arabes unis		x		x
Ouzbékistan				x
Zambie				x

Note : la section consacrée à chaque juridiction contient des renseignements détaillés sur le plan de mise en œuvre correspondant à cette juridiction.

65. La plupart des plans qui ont été établis depuis 2021 en vue de mettre en œuvre le standard minimum prévoient l'application des dispositions de l'IM BEPS. Ces plans sont aussi ceux qui sont mis en œuvre le plus rapidement. De fait, quatre des six juridictions qui ont donné effet à leurs plans de mise en œuvre au cours de l'année écoulée (l'Autriche, l'Azerbaïdjan, l'Eswatini et l'Indonésie) l'ont fait soit en adhérant à l'IM BEPS, soit en élargissant leur liste de conventions fiscales couvertes. En outre, les

membres les plus récents du Cadre inclusif (à savoir l'Azerbaïdjan et la Mauritanie) ont choisi de mettre en œuvre le standard minimum dans leurs conventions en adhérant à l'IM BEPS et en inscrivant ces conventions à la liste des conventions devant être couvertes. À l'heure actuelle, 14 des 23 juridictions qui ont confirmé leur plan ont l'intention d'appliquer le standard minimum dans les conventions concernées en complétant leur liste de conventions fiscales couvertes ou en adhérant à l'IM BEPS. À la lumière de l'expérience acquise par de nombreux membres du Cadre inclusif concernant la signature, la ratification et la mise en œuvre de l'IM BEPS, cet instrument reste de toute évidence la solution privilégiée pour appliquer le standard minimum. De nombreuses juridictions font observer que la majorité de leurs conventions sont ou devraient devenir des conventions appariées en vertu de l'IM, et apprécient l'efficience offerte par l'IM BEPS en termes de temps et de ressources.

66. Les juridictions qui choisissent d'appliquer le standard minimum par d'autres moyens, comme des négociations bilatérales, le font pour plusieurs raisons. Parfois, ce plan s'inscrit dans un effort plus large visant à renégocier différents aspects d'une convention, au-delà de la mise en œuvre du standard minimum. Il se peut aussi que leur partenaire conventionnel ait indiqué qu'il ne souhaitait pas utiliser l'IM BEPS pour mettre en œuvre le standard minimum dans cette convention. Par ailleurs, les juridictions qui disposent d'un réseau de conventions restreint sont plus susceptibles d'envisager des négociations bilatérales pour appliquer le standard minimum.

67. La prochaine édition du rapport d'examen par les pairs au titre de l'Action 6 fera un point sur l'état d'avancement de chacun des plans de mise en œuvre.

Note

[1] Le Secrétariat a pris contact avec les juridictions qui comptent des conventions pour lesquelles un plan de mise en œuvre du standard minimum devait être élaboré afin de les aider à concevoir et à déployer un tel plan. Si une juridiction souhaite mettre en œuvre le standard minimum par l'intermédiaire de la règle du critère des objets principaux, et que certains ou la totalité de ses partenaires conventionnels sont déjà signataires de l'IM BEPS, le Secrétariat l'encourage à signer et ratifier l'IM BEPS. Si une juridiction a déjà adhéré à l'IM BEPS, le Secrétariat l'encourage également à inclure les conventions concernées dans la liste de ses conventions fiscales devant être couvertes par l'IM BEPS. En ce qui concerne les conventions fiscales qui ne seront pas couvertes par l'IM BEPS, le Secrétariat engage les partenaires conventionnels à élaborer un plan, et si possible un plan conjoint, visant à mettre en œuvre le standard minimum.

4 Recommandations

68. Dans le cadre du soutien apporté aux juridictions dans la mise en œuvre du standard minimum selon la méthodologie révisée d'examen par les pairs, les membres se voient adresser des recommandations dans deux cas de figure. Premièrement, les membres qui mettent en œuvre le standard minimum en signant l'IM BEPS seront invités à prendre les mesures nécessaires pour qu'il prenne effet au regard des conventions fiscales qu'ils ont conclues. Deuxièmement, les juridictions ayant conclu des conventions fiscales pour lesquelles un plan de mise en œuvre du standard minimum doit être élaboré se verront adresser, si elles n'en ont pas formulé un (ou communiqué une version actualisée d'un plan existant), une recommandation leur permettant d'en présenter un au regard des conventions fiscales concernées.

69. Dans le contexte de l'examen par les pairs de 2022, 19 juridictions ont été invitées à prendre des mesures pour que l'IM BEPS prenne effet au regard de leurs conventions fiscales devant être couvertes[1]. Huit de ces juridictions ont depuis pris les mesures nécessaires à cet égard : l'Arménie, la Côte d'Ivoire, le Mexique, la Papouasie-Nouvelle-Guinée, la Roumanie, la Tunisie et le Viet Nam. Celles de leurs conventions qui seront modifiées par l'IM BEPS deviendront conformes au standard minimum une fois que les dispositions de l'IM BEPS auront pris effet. Cette année, 12 juridictions se sont vu recommander de prendre des mesures en vue de la prise d'effet de l'IM BEPS.

70. Par ailleurs, quatre juridictions se sont vu adresser des recommandations cette année en vue de l'élaboration d'un plan ou de la communication d'une version actualisée d'un plan existant pour la mise en œuvre du standard minimum. On trouvera au chapitre 8 dans les sections consacrées aux différentes juridictions, plus de détails sur les recommandations formulées.

71. Le Secrétariat a contacté les juridictions concernées pour leur proposer son soutien, en tant que de besoin, pour prendre les mesures nécessaires pour que l'IM BEPS prenne effet et pour élaborer un plan de mise en œuvre du standard minimum. Comme indiqué à la section 4, le plan devra préciser les modalités de mise en œuvre du standard minimum. Les juridictions devront, par exemple :

- inscrire leurs conventions fiscales dans la liste des conventions fiscales couvertes par l'IM BEPS ;
- entamer des négociations bilatérales en vue de mettre en œuvre le standard minimum ; ou
- signer et ratifier l'IM BEPS et inscrire les conventions fiscales dans la liste des conventions fiscales couvertes.

72. Des recommandations ont été adressées aux juridictions n'ayant pas confirmé l'élaboration d'un plan de mise en œuvre pour les conventions qui en nécessitent un.

73. La prochaine édition du rapport d'examen par les pairs au titre de l'Action 6 fera un point sur les mesures prises par chaque juridiction qui s'est vu adresser une recommandation.

Note

[1] Ce type de recommandations concernent principalement les juridictions qui ont signé l'IM BEPS, mais n'ont pas encore entrepris les démarches relatives au dépôt de son instrument de ratification (conformément aux articles 34 et 35 de l'IM BEPS, les dispositions de l'IM BEPS ne peuvent pas commencer à prendre effet avant l'accomplissement de ces formalités). Dans certains cas, une recommandation similaire est adressée aux juridictions qui sont Parties à l'IM BEPS, mais ont formulé une réserve, aux termes de l'article 35(7) de l'IM BEPS, retardant la prise d'effet des dispositions de l'IM BEPS jusqu'à l'aboutissement de leurs procédures internes, et n'ont pas encore fait savoir que celui-ci était intervenu pour l'une quelconque de leurs conventions fiscales couvertes.

5 Difficultés liées à la mise en œuvre du standard minimum

74. L'examen par les pairs permet aux juridictions qui se heurtent à des difficultés pour obtenir l'accord d'une autre juridiction en vue de la mise en œuvre du standard minimum de l'Action 6 de soumettre la question au Secrétariat de l'OCDE. Ce processus, décrit au paragraphe 35 de la version révisée des documents pour l'examen par les pairs, existe depuis la version 2017 des documents pour l'examen par les pairs (paragraphe 19) afin de recenser les situations où une juridiction se retrouve face à un partenaire conventionnel membre du Cadre inclusif qui refuse d'honorer son engagement à mettre en œuvre le standard minimum.

75. Aucune préoccupation n'a été soulevée concernant la mise en œuvre du standard minimum dans le cadre du processus d'examen par les pairs de 2023 au titre de l'Action 6. En outre, toutes les préoccupations soulevées au cours des années précédentes ont été prises en compte.

Préoccupation concernant la convention de la CARICOM

76. La Convention de la CARICOM, conclue en 1994 afin d'encourager le commerce régional et l'investissement au sein de la Communauté des Caraïbes, contient plusieurs particularités[1], absentes du Modèle de Convention fiscale de l'OCDE ou du Modèle de Convention des Nations Unies concernant les doubles impositions, qui pourraient conduire certains flux de revenus à complètement échapper à l'impôt. Il est possible qu'à l'époque, ces dérogations aux dispositions types des conventions fiscales aient encouragé une plus grande intégration économique au sein de la Communauté de la CARICOM, mais il se peut aussi qu'elles aient rendu la Convention de la CARICOM plus vulnérable au chalandage fiscal et à d'autres formes d'abus.

77. À ce stade, la Convention de la CARICOM ne contient pas les éléments requis pour satisfaire au standard minimum de l'Action 6. La mise en œuvre du standard minimum de l'Action 6, ou une mise à jour plus générale de la Convention de la CARICOM, nécessite l'accord des onze juridictions qui y sont parties.

78. Les États membres de la CARICOM ont entamé des discussions en vue d'actualiser la Convention de la CARICOM. Ces pourparlers font suite aux précédents processus d'examen par les pairs au titre de l'Action 6, dans le cadre desquels des préoccupations avaient été exprimées concernant la Convention de la CARICOM. Au cours de l'examen par les pairs de 2019, une juridiction a fait part de ses préoccupations concernant la Convention et a appelé les autres partenaires conventionnels à engager des discussions en vue de le moderniser. Lors des examens par les pairs menés en 2020 et 2021, les juridictions qui ont adhéré à la convention de la CARICOM ont été invitées à actualiser cette convention en engageant des discussions avec l'ensemble des partenaires conventionnels. Lors de l'examen par les pairs de 2022, il a été reconnu que les discussions visant à actualiser la convention de la CARICOM devaient se poursuivre.

79. Le Secrétariat a apporté son plein soutien aux juridictions parties à la Convention de la CARICOM qui sont membres du Cadre inclusif afin d'œuvrer à la mise en conformité de cette convention avec le standard minimum.

Note

[1]La Convention de la CARICOM prévoit une imposition à la source quasi exclusive de tous les revenus, gains et bénéfices. Par ailleurs, certains revenus, les dividendes par exemple, sont entièrement exonérés d'impôt en application de cette convention.

6 Conclusion et prochaines étapes

80. De même que les examens par les pairs des années précédentes, celui de 2023 montre qu'en général, la plupart des juridictions membres du Cadre inclusif respectent leur engagement à mettre en œuvre le standard minimum. L'examen par les pairs de 2023 montre également que l'IM BEPS, principal outil utilisé pour appliquer le standard minimum, continue de produire un effet important et vient désormais renforcer le réseau de conventions fiscales bilatérales des juridictions qui l'ont ratifié.

81. Cela étant, à l'instar des années précédentes, l'examen par les pairs de cette année révèle que le standard minimum établi au titre de l'Action 6 n'est toujours pas mis en œuvre de façon homogène et, en particulier, qu'il existe une nette différence, au regard de la progression dans la mise en œuvre, entre les juridictions qui ont ratifié l'IM BEPS et les autres.

82. Il montre en effet que les juridictions qui n'ont pas signé ou ratifié l'IM BEPS progressent généralement plus lentement dans la mise en œuvre du standard minimum. L'examen par les pairs de 2023 met ainsi en évidence le fait que la ratification de l'IM BEPS est un outil efficace pour la mise en œuvre du standard minimum.

83. Cela dit, de nouveaux éclairages ont été apportés sur les démarches accomplies pour mettre en œuvre le standard minimum autres que les mesures prises au titre de l'IM BEPS. Pour l'heure, des démarches de cette nature ont été engagées pour quelque 200 conventions (parmi lesquelles environ 120 sont aussi concernées par des mesures prises par le partenaire conventionnel au titre de l'IM BEPS). Par ailleurs, 53 autres conventions conclues entre membres du Cadre inclusif, couvrant 55 relations bilatérales, font l'objet d'une déclaration générale, de la part d'une partie, quant à son intention de recourir à la règle détaillée de limitation des avantages dans le cadre de son engagement à mettre en œuvre le standard minimum. À titre de comparaison, des mesures destinées à mettre en œuvre le standard minimum au titre de l'IM BEPS ont été prises pour plus de 430 conventions (parmi lesquelles les 120 susmentionnées, visées par des démarches accomplies par le partenaire conventionnel autres qu'au titre de l'IM BEPS).

84. Cette année, près de 1 360 conventions conclues entre membres du Cadre inclusif étaient conformes au standard minimum. Ce chiffre représente une hausse de près de 30 % par rapport à 2022. Au total, plus de 2 400 conventions conclues entre membres du Cadre inclusif étaient conformes, faisaient l'objet d'un instrument de mise en conformité ou de mesures prises par au moins un partenaire conventionnel pour appliquer le standard minimum, ou d'une déclaration générale formulée par l'un des partenaires indiquant son intention d'utiliser la règle LOB détaillée pour mettre en œuvre le standard minimum dans l'ensemble de ses conventions bilatérales.

85. En outre, l'examen par les pairs de cette année révèle des progrès continus réalisés par les juridictions dans l'élaboration et la mise en application des plans de mise en œuvre du standard minimum (voir le chapitre 3 plus haut). La majorité de ces plans prévoient d'appliquer l'IM BEPS aux conventions concernées. Une fois que les dispositions prévues pour appliquer le standard minimum auront pris effet, le standard minimum sera mis en œuvre, ou en passe de l'être, dans pratiquement toutes les conventions conclues entre les membres du Cadre inclusif.

Prochaines étapes pour certains membres du Cadre inclusif

86. Conformément à la méthodologie révisée d'examen par les pairs applicable depuis 2021, l'examen par les pairs de cette année contient, au chapitre 8, des recommandations adressées aux juridictions qui n'ont pas encore accompli les démarches permettant à l'IM BEPS de prendre effet ainsi qu'à celles qui n'ont pas encore élaboré de plan de mise en œuvre (ou communiqué une version actualisée d'un plan existant) dans le but de pouvoir leur apporter le soutien nécessaire à l'application du standard minimum. Les prochaines étapes immédiates consisteront, pour les juridictions, à prendre note de ces recommandations et à les suivre dans leur progression vers la mise en œuvre du standard minimum.

87. Lorsqu'aucune recommandation n'est formulée, qu'aucun autre problème de mise en œuvre n'est soulevé concernant la juridiction concernée et qu'aucune autre juridiction n'a fait part de préoccupations concernant les conventions qu'elle a conclues avec la juridiction concernée, cette dernière ne se voit pas indiquer d'étapes immédiates à suivre[1].

Prochaines étapes pour le Cadre inclusif

88. La mise en œuvre du standard minimum, en particulier les mesures prises pour suivre les recommandations formulées et les progrès accomplis dans l'application des plans de mise en œuvre qui ont été élaborés, continuera de faire l'objet d'un suivi et de rapports dans le cadre du nouvel exercice d'examen par les pairs.

Note

[1] La section consacrée à chaque juridiction indique la mention « Aucune juridiction n'a soulevé de préoccupations concernant les conventions qu'elle a conclues avec la juridiction ».

7 Rappel des faits concernant le standard minimum établi par l'Action 6 du BEPS et le mécanisme d'examen par les pairs

Contexte de l'examen par les pairs

89. Ces dernières décennies, les conventions fiscales bilatérales conclues par la plupart des juridictions dans le monde ont permis d'empêcher une double imposition préjudiciable et de lever les obstacles aux échanges internationaux de biens et de services, ainsi qu'aux mouvements de capitaux, de technologies et de personnes. Néanmoins, ce réseau étendu de conventions fiscales a aussi donné lieu à des mécanismes de « chalandage fiscal ».

90. Ainsi que l'explique le rapport final sur l'Action 6, le chalandage fiscal désigne habituellement le fait pour une personne de tenter de bénéficier indirectement des avantages prévus par une convention conclue entre deux États sans être résidente de l'un de ces États.[1]

91. Le chalandage fiscal est dommageable pour plusieurs raisons, notamment :

- Les avantages négociés entre les parties à une convention sont économiquement étendus aux résidents d'une juridiction tierce selon des modalités qui ne correspondaient pas à l'intention des parties. Le principe de réciprocité est donc violé et l'équilibre des concessions effectuées par les parties s'en trouve perturbé ;
- Le revenu peut échapper totalement à l'impôt ou faire l'objet d'une imposition inadéquate selon des modalités qui n'étaient pas voulues par les parties ; et
- La juridiction de résidence du bénéficiaire ultime du revenu est moins incitée à conclure une convention fiscale avec la juridiction de la source parce que les résidents de la juridiction de résidence du bénéficiaire ultime peuvent recevoir indirectement des avantages de la juridiction de la source sans obligation pour la juridiction de résidence d'accorder des avantages réciproques.

Tentatives précédentes de traiter le problème du chalandage fiscal

92. Les préoccupations soulevées par le chalandage fiscal ne sont pas nouvelles. Par exemple, en 1977, le concept de « bénéficiaire effectif » a été introduit dans les articles relatifs aux dividendes, intérêts et redevances du Modèle de Convention fiscale de l'OCDE afin de préciser la signification des termes « payés à » et de traiter les situations simples de chalandage fiscal dans lesquelles les revenus sont versés à un résident intermédiaire d'un pays signataire de la convention qui n'est pas considéré comme le bénéficiaire de ce revenu à des fins d'imposition (tel qu'un agent ou un mandataire).[2]

93. En 1977, les Commentaires sur l'article 1 du Modèle de Convention fiscale de l'OCDE ont également été mis à jour en vue d'inclure une section consacrée à l'usage incorrect des conventions fiscales.[3] En 1986, le Comité des affaires fiscales (CAF) a publié deux rapports : *Les conventions préventives de la double imposition et l'utilisation des sociétés-écrans* et *Les conventions préventives de la double imposition et l'utilisation des sociétés relais*. En 2002, le Comité a publié le rapport intitulé *La limitation du droit aux avantages des conventions fiscales*. Les Commentaires sur l'article 1 ont été enrichis à plusieurs occasions, notamment en 2003, avec l'ajout de divers exemples de dispositions dont les pays pouvaient s'inspirer pour lutter contre le chalandage fiscal.

94. L'examen des pratiques des juridictions montre qu'elles ont tenté de résoudre les problèmes de chalandage fiscal par le passé en suivant diverses approches. Certaines ont eu recours à des règles anti-abus spécifiques fondées sur la nature juridique, la propriété et les activités générales des résidents d'une juridiction partie à une convention fiscale.[4] D'autres ont privilégié une règle anti-abus de portée plus générale faisant référence à l'objet principal des montages ou des transactions.

Le BEPS et chalandage fiscal

95. Le Plan d'action BEPS[5], élaboré par le CAF et validé par les dirigeants des pays du G20[6] en septembre 2013, recensait 15 actions à engager pour apporter une réponse aux pratiques d'érosion de la base d'imposition et de transfert de bénéfices (BEPS). Il mentionnait l'utilisation abusive des conventions fiscales et, en particulier, le chalandage fiscal, comme l'un des plus importants sujets de préoccupation dans le domaine du BEPS.

96. L'Action 6 (Empêcher l'utilisation abusive des conventions fiscales) du Plan d'action BEPS prévoyait l'élaboration de dispositions conventionnelles visant à empêcher l'octroi des avantages des conventions fiscales lorsque les circonstances ne s'y prêtent pas. En parallèle, l'Action 15 du Plan d'action BEPS prévoyait d'analyser la possibilité d'élaborer un instrument multilatéral en vue de déployer les mesures BEPS relatives aux conventions fiscales « permettant aux juridictions qui le souhaitent de mettre en œuvre les mesures mises au point dans le cadre des travaux relatifs au Projet BEPS et de modifier les conventions fiscales bilatérales ».

97. Après deux années de travaux, le CAF, réunissant les pays de l'OCDE et du G20 œuvrant sur un pied d'égalité, a produit l'Ensemble final des rapports BEPS[7], qui a été entériné par le Conseil de l'OCDE et par les dirigeants du G20 en novembre 2015.

98. Les juridictions sont convenues que quatre mesures BEPS constitueraient des standards minimums que les juridictions participantes devraient s'engager à appliquer. Le Rapport sur l'Action 6 établit l'un de ces standards minimums, à savoir que les juridictions s'engagent à inclure dans leurs conventions fiscales des dispositions portant sur le chalandage fiscal visant à garantir une protection minimale contre l'utilisation abusive des conventions.

Le standard minimum établi par l'Action 6

99. Le standard minimum relatif au chalandage fiscal impose aux juridictions d'inclure deux éléments dans leurs conventions fiscales : une déclaration explicite sur la volonté d'éliminer la double imposition sans créer de possibilités de non-imposition (généralement dans le préambule) et l'une des trois méthodes permettant de résoudre le problème du chalandage fiscal.

100. Le standard minimum ne précise pas comment ces deux éléments doivent être mis en œuvre (via l'IM BEPS ou des instruments portant modification). Il est toutefois reconnu que ces dispositions doivent être adoptées au niveau bilatéral et qu'une juridiction sera tenue d'appliquer le standard minimum lorsqu'un autre membre du Cadre inclusif le lui demande.

La déclaration explicite

101. Comme indiqué aux paragraphes 22 et 23 du rapport final sur l'Action 6, les juridictions se sont engagées à inclure dans leurs conventions fiscales une déclaration explicite indiquant que leur intention commune est d'éliminer la double imposition sans créer de possibilités de non-imposition ou d'imposition réduite résultant de comportements de fraude ou d'évasion fiscale, en particulier par le recours à des mécanismes de chalandage fiscal. La disposition suivante figure désormais dans la version 2017 du Modèle de Convention fiscale :

> *Entendant conclure une Convention pour l'élimination de la double imposition en matière d'impôts sur le revenu et sur la fortune sans créer de possibilités de non-imposition ou d'imposition réduite par l'évasion ou la fraude fiscale (y compris par des mécanismes de chalandage fiscal destinés à obtenir les allégements prévus dans la présente Convention au bénéfice indirect de résidents d'États tiers)*

Trois méthodes pour traiter le chalandage fiscal

102. Les juridictions se sont également engagées à concrétiser leur « intention commune » en intégrant des dispositions dans leurs conventions sous l'une des trois formes suivantes :

- un critère des objets principaux (COP) équivalent au paragraphe 9 de l'article 29 du Modèle de Convention fiscale de l'OCDE de 2017, accompagné d'une version simplifiée ou d'une version détaillée de la règle de la limitation des avantages figurant aux paragraphes 1 à 7 du Modèle de l'OCDE de 2017 ; ou
- le critère des objets principaux uniquement ; ou
- une version détaillée de la règle de la limitation des avantages complétée par un mécanisme (sous la forme d'un critère des objets principaux limité aux mécanismes de relais ou de règles législatives ou jurisprudentielles anti-abus nationales aboutissant à un résultat similaire) permettant de viser les mécanismes de relais qui ne sont pas déjà traités dans les conventions fiscales.

L'obligation de mettre en œuvre le standard minimum

103. Le rapport sur l'Action 6 reconnaît qu'une « certaine souplesse dans l'application du standard minimum est requise, car ces dispositions doivent être adaptées à la situation spécifique du pays et aux circonstances qui entourent la négociation des conventions bilatérales ». En particulier :

- Une juridiction est tenue d'appliquer le standard minimum dans une convention uniquement si un autre membre du Cadre inclusif le lui demande.
- Les modalités de mise en œuvre de ce standard minimum dans chacune des conventions fiscales bilatérales devront faire l'objet d'un accord entre les juridictions contractantes.
- Cet engagement s'applique aux conventions existantes et futures, mais étant donné que la conclusion d'une nouvelle convention et la modification d'une convention existante dépendent de l'équilibre général des dispositions d'une convention, cet engagement ne doit pas être interprété comme l'engagement de conclure de nouvelles conventions ou de modifier des conventions existantes dans un certain délai.
- Si une juridiction n'est pas inquiète des conséquences du chalandage fiscal sur ses propres droits d'imposition en tant qu'État de la source, elle ne sera pas obligée d'appliquer des dispositions telles que la règle de la limitation des avantages ou du critère des objectifs principaux dès lors qu'elle accepte d'inclure dans une convention des dispositions que son partenaire conventionnel pourra utiliser à cette fin.

104. Il ressort aussi de l'Action 6 que, si l'IM BEPS offre aux juridictions qui choisissent d'appliquer la règle du critère des objets principaux un moyen efficace d'assurer la mise en œuvre rapide du standard

minimum, la participation à l'IM BEPS n'étant pas obligatoire, les juridictions peuvent préférer d'autres options pour garantir le respect du standard minimum. Toutefois, les juridictions qui ont adhéré à l'IM BEPS sont censées prendre des mesures pour s'assurer qu'il commence à prendre effet au regard de leurs conventions fiscales couvertes. Lorsque deux parties à une convention fiscale ont signé l'IM BEPS mais qu'une seule a inclus la convention fiscale dans la liste des conventions fiscales couvertes, le fait d'inscrire la convention fiscale équivaut à une demande de mise en œuvre du standard minimum.

105. En mai 2017, le Cadre inclusif a défini les termes de référence et la méthodologie applicables à l'examen par les pairs (documents pour l'examen par les pairs de 2017)) (OCDE, 2017[1]), et a décidé que la méthodologie serait réexaminée en 2020. En 2021, les membres du Cadre inclusif ont approuvé le document pour l'examen par les pairs de 2021, (OCDE, 2021[2]) qui est une version actualisée des documents d'examen par les pairs de 2017. Les modifications apportées aux documents pour l'examen par les pairs portent sur la méthodologie ; les modifications concernant les autres sections sont essentiellement de nature rédactionnelle. Le standard minimum de l'Action 6 et les éléments figurant dans les Termes de référence restent inchangés.

106. Ce document pour l'examen par les pairs de 2021 sert de base à la conduite des examens par les pairs du standard minimum de l'Action 6 menés à partir de 2021. Il décrit : le principal résultat de l'examen par les pairs et du processus de suivi ; le processus de résolution des questions d'interprétation et d'application susceptibles de se poser au cours de la mise en œuvre du standard minimum sur le chalandage fiscal ; la procédure à suivre par les juridictions qui rencontrent des difficultés à obtenir l'accord d'une autre juridiction membre du Cadre inclusif sur le BEPS pour mettre en œuvre le standard minimum de l'Action 6 ; et la confidentialité des documents produits au cours du processus d'examen.

L'examen par les pairs 2018

107. Le premier examen par les pairs a été réalisé en 2018 et couvrait les 116 juridictions membres du Cadre inclusif au 30 juin 2018. Le rapport d'examen par les pairs, adopté par le Cadre inclusif en janvier 2019, a été publié le 14 février 2019.

108. L'examen par les pairs de 2018 a révélé que, dans la mesure où les dispositions de l'IM BEPS n'avaient pas pris effet au moment de ce premier examen, pratiquement aucune des conventions examinées pour ce rapport n'était encore conforme au standard minimum. Des progrès substantiels avaient cependant été accomplis en 2017 et 2018 en faveur de la mise en œuvre du standard minimum, et les membres du Cadre inclusif, dans leur grande majorité, avaient commencé à traduire leur engagement vis-à-vis du chalandage fiscal en actions concrètes et s'employaient à modifier leur réseau de conventions.

109. Au total, l'examen par les pairs a révélé qu'au 30 juin 2018, 82 juridictions comptaient un certain nombre de conventions déjà conformes au standard minimum ou faisant l'objet d'un instrument de mise en conformité qui devaient les rendre conformes[8]. Le premier examen par les pairs a mis en exergue l'efficacité avec laquelle l'IM BEPS met en œuvre les mesures relatives aux conventions fiscales pour prévenir le BEPS. Cet instrument constituait de loin l'outil préféré par les membres du Cadre inclusif pour mettre en œuvre le standard minimum.

110. Toutes les inquiétudes soulevées par les juridictions dans le cadre du premier examen par les pairs quant à la mise en œuvre du standard minimum dans leurs conventions avaient été levées lors de l'approbation du rapport par le Cadre inclusif. Par conséquent, aucune recommandation n'a été formulée dans le cadre du premier examen par les pairs.

L'examen par les pairs 2019

111. Réalisé en 2019, le deuxième examen par les pairs couvrait les 129 juridictions membres du Cadre inclusif au 30 juin 2019. Le rapport d'examen par les pairs, adopté par le Cadre inclusif en janvier 2020, a été publié le 24 mars 2020.

112. L'examen par les pairs de 2019 a révélé qu'au 30 juin 2019, 91 membres du Cadre inclusif avaient commencé à actualiser leur réseau de conventions fiscales bilatérales et mettaient en œuvre le standard minimum. Les données compilées pour cet examen par les pairs montraient que l'IM BEPS avait été l'outil utilisé par la grande majorité des juridictions qui avaient commencé à mettre en œuvre le standard minimum.

113. Au 30 juin 2019, l'IM BEPS avait déjà modifié environ 60 conventions bilatérales et son impact devait augmenter rapidement avec sa ratification par les juridictions.

114. Au cours du deuxième examen par les pairs, une juridiction a exprimé une inquiétude concernant la Convention de la CARICOM, convention multilatérale conclue entre onze juridictions, dont dix membres du Cadre inclusif. La Convention de la CARICOM, conclue en 1994 afin d'encourager le commerce régional et l'investissement au sein de la Communauté des Caraïbes, contient plusieurs particularités9, absentes du Modèle de Convention fiscale de l'OCDE ou du Modèle de Convention des Nations Unies concernant les doubles impositions, qui pourraient conduire certains flux de revenus à complètement échapper à l'impôt. Il est possible qu'à l'époque, ces dérogations aux dispositions types des conventions fiscales aient encouragé une plus grande intégration économique au sein de la Communauté de la CARICOM. Cependant, il est également possible qu'elles aient rendu la Convention de la CARICOM plus vulnérable au chalandage fiscal et à d'autres formes d'abus. Les précédentes tentatives de renégociation de la Convention de la CARICOM s'étaient heurtées à des difficultés.

L'examen par les pairs 2020

115. Réalisé en 2020, le troisième examen par les pairs couvrait les 137 juridictions membres du Cadre inclusif au 30 juin 2020. Le Rapport d'examen par les pairs, adopté par le Cadre inclusif en février 2021, a été publié le 1er avril 2021.

116. Il a révélé qu'au 30 juin 2020, 98 juridictions du Cadre inclusif comptaient des conventions déjà conformes au standard minimum ou qui, parce qu'elles faisaient l'objet d'un instrument de mise en conformité, étaient en passe de l'être. Les données compilées pour cet examen par les pairs montraient que l'IM BEPS avait été l'outil utilisé par la grande majorité des juridictions qui avaient commencé à mettre en œuvre le standard minimum.

117. Au 30 juin 2020, l'IM BEPS avait déjà modifié environ 350 conventions bilatérales et son impact devait augmenter rapidement avec sa ratification par les juridictions.

118. En ce qui concerne la convention de la CARICOM, la préoccupation soulevée en 2019 était toujours actuelle, puisque les parties à la convention de la CARICOM ne l'avaient pas encore modernisée. Toutes les juridictions qui ont adhéré à la convention de la CARICOM ont été invitées à actualiser cette convention en engageant des discussions avec l'ensemble des partenaires conventionnels.

119. En outre, des encouragements ont été adressés aux membres du Cadre inclusif ayant signé l'IM BEPS, mais ne l'ayant pas encore ratifié, car les conventions notifiées au titre de l'IM BEPS ne commencent à devenir conformes qu'à l'issue de leur ratification.

120. Par ailleurs, le rapport d'examen par les pairs 2020 sur l'Action 6 a mis en évidence des lacunes dans la couverture de l'IM BEPS ou des « conventions non couvertes » par l'IM BEPS (conventions conclues entre des paires de signataires de l'IM BEPS dont l'un des partenaires n'a pas notifié la

convention aux fins de l'IM BEPS, et conventions conclues entre des juridictions dont une seule a signé l'IM BEPS).

L'examen par les pairs 2021

121. Le quatrième examen par les pairs a été réalisé en 2021 et couvrait les 139 juridictions membres du Cadre inclusif au 30 juin 2021. Le Rapport d'examen par les pairs, adopté par le Cadre inclusif en février 2022, a été publié le 21 mars 2022.

122. L'examen par les pairs de 2021 a été le premier à être régi par la méthodologie révisée énoncée dans le document d'examen par les pairs de 2021. En 2021, la mise en œuvre du standard minimum a continué d'être considérablement élargie en ce qui concerne les juridictions ayant ratifié l'IM BEPS. Le nombre de conventions conformes conclues entre membres du Cadre inclusif et couvertes par l'IM BEPS a presque doublé, passant d'environ 350 à plus de 650 (sur un total de quelque 710 conventions conformes) entre les examens par les pairs de 2020 et de 2021.

123. Au total, au 30 juin 2021, environ 2 330 conventions conclues entre membres du Cadre inclusif étaient conformes, faisaient l'objet d'un instrument de mise en conformité ou de mesures prises par au moins un partenaire de convention pour appliquer le standard minimum, ou d'une déclaration générale formulée par l'un des partenaires indiquant son intention d'utiliser la règle détaillée de limitation des avantages, associée à un mécanisme ciblant les mécanismes de sociétés-relais, pour mettre en œuvre le standard minimum dans l'ensemble de ses conventions bilatérales.

124. En outre, l'examen par les pairs a mis en lumière les plans élaborés par les juridictions en vue d'appliquer le standard minimum dans les conventions non conformes conclues avec d'autres membres du Cadre inclusif, qui ne faisaient pas déjà l'objet d'un instrument de mise en conformité ou d'une déclaration générale relative à la règle détaillée de limitation des avantages, et pour lesquelles aucune mesure n'a été prise en vue de mettre en œuvre le standard minimum (sans qu'il soit fait état des raisons pour lesquelles, concernant ce membre, la convention ne soulève pas de préoccupations importantes en matière de chalandage fiscal). La grande majorité de ces plans prévoyaient d'appliquer l'IM BEPS aux conventions concernées. Une fois que les dispositions prévues pour appliquer le standard minimum avaient pris effet, le standard minimum devait être mis en œuvre, ou en passe de l'être, dans pratiquement toutes les conventions conclues entre les membres du Cadre inclusif.

125. Enfin, le rapport d'examen a adressé des recommandations aux juridictions qui devaient établir un plan de mise en œuvre du standard minimum, et à celles qui avaient signé l'IM BEPS mais n'avaient pas encore pris toutes les mesures nécessaires pour que ses dispositions prennent effet.

L'examen par les pairs 2022

126. Le cinquième examen par les pairs a été réalisé en 2022 et couvrait les 141 juridictions membres du Cadre inclusif au 31 mai 2022. Le Rapport d'examen par les pairs, adopté par le Cadre inclusif en février 2023, a été publié le 21 mars 2023.

127. L'examen par les pairs de 2022 a été le deuxième à être régi par la méthodologie révisée énoncée dans le document d'examen par les pairs de 2021. En 2022, la mise en œuvre du standard minimum a continué d'être considérablement élargie en ce qui concerne les juridictions ayant ratifié l'IM BEPS. Au 31 mai 2022, plus de 850 des 975 conventions conformes conclues entre membres du Cadre inclusif avaient été mises en conformité en application de l'IM BEPS.

128. Au total, au 31 mai 2022, plus de 2 400 conventions conclues entre membres du Cadre inclusif étaient conformes, faisaient l'objet d'un instrument de mise en conformité ou de mesures prises par au moins un partenaire de convention pour appliquer le standard minimum, ou d'une déclaration générale formulée par l'un des partenaires indiquant son intention d'utiliser la règle détaillée de limitation des

avantages, associée à un mécanisme ciblant les mécanismes de sociétés-relais, pour mettre en œuvre le standard minimum dans l'ensemble de ses conventions bilatérales.

129. En outre, l'examen par les pairs de 2022 a mis en lumière les progrès accomplis par les juridictions pour donner effet aux plans qu'elles ont élaborés en vue d'appliquer le standard minimum dans les conventions non conformes conclues avec d'autres membres du Cadre inclusif, qui ne faisaient pas déjà l'objet d'un instrument de mise en conformité ou d'une déclaration générale relative à la règle détaillée de limitation des avantages, et pour lesquelles aucune mesure n'a été prise en vue de mettre en œuvre le standard minimum (sans qu'il soit fait état de raisons pour lesquelles, concernant ce membre, la convention ne soulève pas de préoccupations importantes en matière de chalandage fiscal). La majorité de ces plans prévoyaient d'appliquer l'IM BEPS aux conventions concernées. Une fois que les dispositions prévues pour appliquer le standard minimum avaient pris effet, le standard minimum devait être mis en œuvre, ou en passe de l'être, dans pratiquement toutes les conventions conclues entre les membres du Cadre inclusif.

130. Enfin, le rapport d'examen a adressé des recommandations aux juridictions qui devaient établir un plan de mise en œuvre du standard minimum, et à celles qui avaient signé l'IM BEPS mais n'avaient pas encore pris toutes les mesures nécessaires pour que ses dispositions prennent effet.

Conduite de l'examen par les pairs 2023

131. L'examen a débuté avec l'envoi d'un questionnaire aux membres du Cadre inclusif en mars 2023. Du fait de la méthodologie révisée figurant dans le document pour l'examen par les pairs de 2021, ce questionnaire était semblable à celui diffusé en 2022. Comme pour les questionnaires envoyés les années précédentes[10], les juridictions étaient invitées à dresser la liste de l'ensemble de leurs conventions fiscales complètes sur le revenu alors en vigueur.

132. Pour chaque convention fiscale répertoriée, les membres précisent si elle est ou non conforme au standard minimum tel que décrit dans les termes de référence évoqués ci-dessus. Une convention fiscale est considérée comme conforme au le standard minimum si tel était le cas au moment de sa conclusion, si un instrument portant modification qui met en œuvre le standard minimum est en vigueur, ou si les dispositions applicables de l'IM BEPS ont commencé à prendre effet pour cette convention fiscale (conformément à l'article 35 de l'IM BEPS).

133. Pour chaque convention fiscale répertoriée non conforme au standard minimum, les membres précisent si la convention est ou non en voie de satisfaire au standard minimum (c'est-à-dire si elle fait l'objet d'un instrument de mise en conformité). C'est le cas si un membre a signé l'IM BEPS et que les deux juridictions ont inscrit la convention dans la liste des conventions devant être couvertes par l'IM BEPS. C'est aussi le cas si une convention fiscale bilatérale portant modification et mettant en œuvre le standard minimum dans la convention a été signée ou si une toute nouvelle convention conforme au standard minimum de l'Action 6 et destinée à remplacer cette convention a été signée.

134. Les membres ont été invités à communiquer des informations supplémentaires au sujet des conventions fiscales non conformes et ne faisant pas l'objet d'un instrument de mise en conformité :

- *Projet de mise en œuvre d'une règle détaillée de limitation des avantages* : si un membre prévoit de recourir à la règle détaillée de limitation des avantages au titre de son engagement à mettre en œuvre le standard minimum dans toutes ses conventions fiscales bilatérales, les informations supplémentaires qu'il devra fournir sont une déclaration générale stipulant qu'il a l'intention de mettre en œuvre le standard minimum au niveau bilatéral en négociant une règle détaillée de limitation des avantages et que la négociation de ses conventions aura lieu sous réserve du temps et des ressources disponibles.
- *Mesures prises afin de faire en sorte que la convention fiscale fasse l'objet d'un instrument de mise en conformité* : les membres qui ne prévoient pas d'utiliser la règle détaillée de limitation des

avantages au titre de leur engagement à mettre en œuvre le standard minimum dans toutes leurs conventions fiscales bilatérales doivent fournir des informations sur les mesures qu'ils ont prises afin de mettre en œuvre le standard minimum pour chaque convention fiscale non conforme ou qui ne fait pas l'objet d'un instrument de mise en conformité.

- *Autres conventions fiscales* : en ce qui concerne les conventions fiscales autres que celles mentionnées ci-dessus et conclues avec d'autres membres du Cadre inclusif, les membres doivent indiquer les raisons pour lesquelles la convention fiscale en question ne soulève pas de préoccupations importantes en matière de chalandage fiscal. Lorsqu'une juridiction ne fournit pas ces informations relativement à une convention fiscale, elle doit élaborer un plan afin d'inclure le standard minimum dans cette convention fiscale. Les juridictions ayant élaboré un tel plan en 2021 ou 2022 ont été invitées à faire le point sur celui-ci.

135. Chaque juridiction a été invitée à remplir le questionnaire en tenant compte des conventions en vigueur ou en passe de l'être au 31 mai 2023.

136. Chaque juridiction a également été invitée à répondre à d'autres questions sur la ratification des instruments de mise en conformité et sur les points décrits dans les sections D et E du document pour l'examen par les pairs concernant les difficultés rencontrées pour l'obtention de l'accord d'une autre juridiction pour mettre en œuvre la norme minimale. Les juridictions ont en outre eu la liberté d'ajouter tout autre commentaire éventuel. La liste des 142 juridictions ayant fait l'objet d'un examen par les pairs[11] et tous les détails concernant chaque juridiction figurent en annexe.

137. Le Secrétariat a analysé les réponses des juridictions afin de vérifier et de recouper les informations éventuellement divergentes et établi un avant-projet de rapport.

Références

OCDE (2021), *BEPS Action 6 : Empêcher l'utilisation abusive des conventions fiscales lorsque les circonstances ne s'y prêtent pas DOCUMENTS – Révisés pour l'examen par les pairs*, Projet OCDE/G20 sur l'érosion de la base d'imposition et le transfert de bénéfices, OCDE, Paris, https://www.oecd.org/fr/fiscalite/beps/beps-action-6-empecher-utilisation-abusive-conventions-fiscales-documents-revises-examen-par-les-pairs.pdf. [2]

OCDE (2017), *BEPS Action 6 : Empêcher l'utilisation abusive des conventions fiscales lorsque les circonstances ne s'y prêtent pas - Documents pour l'examen par les pairs*, Projet OCDE/G20 sur l'érosion de la base d'imposition et le transfert de bénéfices, OCDE, Paris, https://www.oecd.org/fr/fiscalite/beps/beps-action-6-empecher-utilisation-abusive-conventions-fiscales-documents-examen-par-les-pairs.pdf. [1]

Notes

[1]Voir le paragraphe 17 du Rapport final sur l'Action 6 du BEPS (2015). Comme le rapport l'indique, les cas dans lesquels un résident de l'État contractant où le revenu a sa source tente d'obtenir des avantages au titre d'une convention (par exemple, par un transfert de résidence vers l'autre État contractant ou en

recourant à une entité établie dans cet autre État) pourraient également être considérés comme constituant une forme de chalandage fiscal.

[2]Voir le paragraphe 2 des articles 10 et 11 et le paragraphe 1 de l'article 12 du Modèle de convention fiscale de l'OCDE.

[3]Voir les paragraphes 7 à 10 des Commentaires sur l'article 1 du Modèle de Convention fiscale de l'OCDE de 1977.

[4] Les dispositions sur la limitation des avantages généralement contenues dans les conventions conclues par les États-Unis en sont le meilleur exemple.

[5] https://www.oecd.org/fr/ctp/PlanActionBEPS.pdf.

[6] http://www.g20.utoronto.ca/2013/2013-0906-declaration.html.

[7]En octobre 2015, le CAF, incluant les pays de l'OCDE et du G20 œuvrant sur un pied d'égalité, a produit l'Ensemble final des rapports BEPS, présenté sous la forme de rapports portant sur chacune des 15 actions, accompagné d'un Projet BEPS — Exposé des actions 2015. L'Ensemble final BEPS donne aux États et aux économies les outils dont ils ont besoin pour garantir l'imposition des bénéfices là où s'exercent réellement les activités économiques qui génèrent ces bénéfices et là où la valeur est créée, tout en offrant aux entreprises une sécurité accrue grâce à la réduction du nombre de différends relatifs à l'application.

[8] Sept autres juridictions ne disposaient d'aucune convention fiscale complète en vigueur et n'étaient donc pas incluses dans le champ de cet exercice.

[9]La Convention de la CARICOM prévoit une imposition à la source quasi exclusive de tous les revenus, gains et bénéfices. Par ailleurs, certains revenus, les dividendes par exemple, sont entièrement exonérés d'impôt en application de cette convention.

[10] Voir par exemple le questionnaire de l'examen par les pairs de 2018 sur l'Action 6.

[11] Voir également la note de bas de page n°3.

8 Sections ventilées par juridiction

Liste des membres du Cadre inclusif au 31 mai 2023

1	Afrique du Sud	51	Finlande	101	Nigéria
2	Albanie	52	France	102	Norvège
3	Allemagne	53	Gabon	103	Nouvelle-Zélande
4	Andorre	54	Géorgie	104	Oman
5	Angola	55	Gibraltar	105	Pakistan
6	Anguilla	56	Grèce	106	Panama
7	Antigua-et-Barbuda	57	Grenade	107	Papouasie-Nouvelle-Guinée
8	Arabie saoudite	58	Groenland	108	Paraguay
9	Argentine	59	Guernesey	109	Pays-Bas
10	Arménie	60	Haïti	110	Pérou
11	Aruba	61	Honduras	111	Pologne
12	Australie	62	Hong Kong, Chine	112	Portugal
13	Autriche	63	Hongrie	113	Qatar
14	Azerbaïdjan	64	Île de Man	114	République démocratique du Congo
15	Bahamas	65	Îles Caïmanes	115	République dominicaine
16	Bahreïn	66	Îles Cook	116	République slovaque
17	Barbade	67	Îles Féroé	117	Roumanie
18	Bélarus	68	Îles Turques et Caïques	118	Royaume-Uni
19	Belgique	69	Îles Vierges britanniques	119	Sainte-Lucie
20	Belize	70	Inde	120	Saint-Kitts-et-Nevis
21	Bénin	71	Indonésie	121	Saint-Marin
22	Bermudes	72	Irlande	122	Saint-Vincent-et-les-Grenadines
23	Bosnie-Herzégovine	73	Islande	123	Samoa
24	Botswana	74	Israël	124	Sénégal
25	Brésil	75	Italie	125	Serbie
26	Brunei Darussalam	76	Jamaïque	126	Seychelles
27	Bulgarie	77	Japon	127	Sierra Leone
28	Burkina Faso	78	Jersey	128	Singapour
29	Cabo Verde	79	Jordanie	129	Slovénie
30	Cameroun	80	Kazakhstan	130	Sri Lanka
31	Canada	81	Kenya	131	Suède
32	Chili	82	Lettonie	132	Suisse
33	Chine (République populaire de)	83	Libéria	133	Tchéquie
34	Colombie	84	Liechtenstein	134	Thaïlande
35	Congo	85	Lituanie	135	Togo
36	Corée	86	Luxembourg	136	Trinité-et-Tobago
37	Costa Rica	87	Macao, Chine	137	Tunisie
38	Côte d'Ivoire	88	Macédoine du Nord	138	Türkiye
39	Croatie	89	Malaisie	139	Ukraine
40	Curaçao	90	Maldives	140	Uruguay
41	Danemark	91	Malte	141	Viet Nam

42	Djibouti	92	Maroc	142	Zambie
43	Dominique	93	Maurice		
44	Égypte	94	Mauritanie		
45	Émirats arabes unis	95	Mexique		
46	Espagne	96	Monaco		
47	Estonie	97	Mongolie		
48	Eswatini	98	Monténégro		
49	États-Unis	99	Montserrat		
50	Fédération de Russie	100	Namibie		

1. Les sections ventilées par juridictions incluent les conventions fiscales conclues avec des juridictions qui ne sont pas membres du Cadre inclusif. Ces conventions sont signalées par un astérisque (*).
2. Le chapitre 8 contient une juridiction consacrée à l'Ouzbékistan. Étant donné que l'Ouzbékistan a rejoint le Cadre inclusif le 9 juin 2023, soit après la date de référence retenue pour l'exercice d'examen par les pairs de cette année (31 mai 2023), ses partenaires conventionnels n'ont pas été tenus de fournir des informations supplémentaires sur leurs conventions conclues avec l'Ouzbékistan.
3. Le chapitre 8 ne comporte pas de section sur les Philippines et le Koweït. Étant donné que les Philippines et le Koweït ont rejoint le Cadre inclusif respectivement le 10 novembre 2023 et le 15 novembre 2023, soit après la date de référence retenue pour l'exercice d'examen par les pairs de cette année (31 mai 2023), leurs partenaires conventionnels n'ont pas été tenus de fournir des informations supplémentaires sur leurs conventions conclues avec les Philippines et le Koweït.
4. Le chapitre 8 ne comporte pas de section sur le Bélarus et la Fédération de Russie.

Afrique du Sud

A. Progrès dans la mise en œuvre du standard minimum

L'Afrique du Sud compte 79 conventions fiscales en vigueur, comme l'indique sa réponse au questionnaire d'examen par les pairs. Quarante-quatre de ces conventions sont conformes au standard minimum.

L'Afrique du Sud a signé l'IM en 2017 et a déposé son instrument de ratification le 30 septembre 2022. L'IM entrera en vigueur pour l'Afrique du Sud le 1er janvier 2023. Les conventions qui seront modifiées par l'IM deviendront conformes au standard minimum une fois que les dispositions de l'IM auront pris effet.

L'Afrique du Sud n'a pas notifié sa convention avec l'Allemagne, Grenade, la Sierra Leone et la Zambie aux fins de l'IM. Aussi, à ce stade, ces conventions ne seront pas modifiées par l'IM.

L'Afrique du Sud a indiqué dans sa réponse au questionnaire d'examen par les pairs avoir pris des mesures (autres qu'au titre de l'IM) afin de mettre en œuvre le standard minimum dans ses conventions avec l'Allemagne, le Malawi* et la Zambie.

L'Afrique du Sud met en œuvre le standard minimum par l'inclusion de la déclaration du préambule et de la règle COP[1].

B. Conclusion

L'Afrique du Sud a mis au point un plan de mise en œuvre du standard minimum dans ses convention avec la Grenade et la Sierra Leone. L'Afrique du Sud a indiqué dans sa réponse au questionnaire d'examen par les pairs que des négociations bilatérales seraient engagées concernant ces conventions.

Synthèse de la réponse de la juridiction – Afrique du Sud

	1. Partenaires conventionnels	2. Conformité avec le standard	3. Signature d'un instrument de mise en conformité	4. Recours à la disposition relative au standard minimum
1	Algérie*	Non	Non	COP
2	Allemagne	Non	Non	COP
3	Arabie saoudite	Oui, IM		COP
4	Australie	Oui, IM		COP
5	Autriche	Oui, IM		COP
6	Bélarus	Non	Non	COP
7	Belgique	Oui, IM		COP
8	Botswana	Non	Non	COP
9	Brésil	Non	Non	COP
10	Bulgarie	Oui, IM		COP
11	Cameroun	Oui, IM		COP
12	Canada	Oui, IM		COP
13	Chili	Oui, IM		COP
14	Chine (République populaire de)	Oui, IM		COP
15	Corée	Oui, IM		COP

[1] Pour ses conventions notifiées aux fins de l'IM, l'Afrique du Sud choisit d'appliquer la disposition de la déclaration du préambule (article 6 de l'IM) et la règle COP (article 7 de l'IM).

16	Croatie	Oui, IM		COP
17	Chypre*	Oui, IM		COP
18	Danemark	Oui, IM		COP
19	Égypte	Oui, IM		COP
20	Émirats arabes unis	Oui, IM		COP
21	Espagne	Non	Oui, IM	COP
22	Eswatini	Non	Non	COP
23	États-Unis	Non	Non	LOB dans la CDI
24	Éthiopie*	Non	Non	COP
25	Fédération de Russie	Non	Oui, IM	COP
26	Finlande	Oui, IM		COP
27	France	Oui, IM		COP
28	Ghana*	Non	Non	COP
29	Grèce	Oui, IM		COP
30	Hong Kong (Chine)	Oui, IM		COP
31	Hongrie	Oui, IM		COP
32	Inde	Oui, IM		COP
33	Indonésie	Non	Oui, IM	COP
34	Iran*	Non	Non	COP
35	Irlande	Oui, IM		COP
36	Israël	Oui, IM		COP
37	Italie	Non	Oui, IM	COP
38	Japon	Oui, IM		COP
39	Kenya	Non	Oui, IM	COP
40	Koweït	Non	Oui, IM	COP
41	Lesotho*	Oui, IM		COP
42	Luxembourg	Oui, IM		COP
43	Malawi*	Non	Non	COP
44	Malaisie	Oui, IM		COP
45	Malte	Oui, IM		COP
46	Maurice	Oui, IM		COP
47	Mexique	Non	Oui, IM	COP
48	Mozambique*	Non	Non	COP
49	Namibie	Non	Non	COP
50	Nigéria	Non	Oui, IM	COP
51	Norvège	Oui, IM		COP
52	Nouvelle-Zélande	Oui, IM		COP
53	Oman	Oui, IM		COP
54	Ouganda*	Non	Non	COP
55	Pakistan	Oui, IM		COP
56	Pays-Bas	Oui, IM		COP
57	Pologne	Oui, IM		COP
58	Portugal	Oui, IM		COP
59	Qatar	Oui, IM		COP
60	République démocratique du Congo	Non	Non	COP
61	République slovaque	Oui, IM		COP
62	Roumanie	Non	Oui, IM	COP
63	Royaume-Uni	Oui, IM		COP
64	Rwanda*	Non	Non	COP
65	Seychelles	Oui, IM		COP
66	Singapour	Oui, IM		COP
67	Suède	Non	Oui, IM	COP
68	Suisse	Non	Oui, IM	COP

69	Taipei chinois*	Non	Non	COP
70	Tanzanie*	Non	Non	COP
71	Tchéquie	Oui, IM		COP
72	Thaïlande	Oui, IM		COP
73	Tunisie	Non	Oui, IM	COP
74	Türkiye	Non	Oui, IM	COP
75	Ukraine	Oui, IM		COP
76	Zambie	Non	Non	COP
77	Zimbabwe*	Non	Non	COP

Autres conventions

	1. Partenaires conventionnels	2. Membre du Cadre inclusif
1	Grenade	Oui
2	Sierra Leone	Oui

Albanie

A. Progrès dans la mise en œuvre du standard minimum

L'Albanie compte 43 conventions fiscales en vigueur, comme l'indique sa réponse au questionnaire d'examen par les pairs. Vingt-sept de ces conventions sont conformes au standard minimum.

L'Albanie a signé l'IM en 2019 et a déposé son instrument de ratification le 22 septembre 2020. L'IM est entré en vigueur pour l'Albanie le 1er janvier 2021. Les conventions qui seront modifiées par l'IM deviendront conformes au standard minimum une fois que les dispositions de l'IM auront pris effet.

L'Albanie n'a pas notifié sa convention avec l'Arabie saoudite aux fins de l'IM, mais a indiqué dans sa réponse au questionnaire d'examen par les pairs que cette convention ne soulevait pas de préoccupations significatives en matière de chalandage fiscal au regard de sa juridiction. L'Arabie saoudite a notifié sa convention avec l'Albanie dans sa liste de conventions fiscales qui seront couvertes par l'IM.

L'Albanie met en œuvre le standard minimum par l'inclusion de la déclaration du préambule et de la règle COP[2].

B. Conclusion

L'Arabie saoudite a notifié sa convention avec l'Albanie aux fins de l'IM, ce qui équivaut à une demande de mise en œuvre du standard minimum.

L'Albanie a indiqué dans sa réponse au questionnaire d'examen par les pairs que quoique cette convention ne soulevait pas de préoccupations significatives en matière de chalandage fiscal au regard de sa juridiction, elle souhaitait mettre en œuvre le standard minimum dans cette convention par le biais de négociations bilatérales.

Synthèse de la réponse de la juridiction – Albanie

	1. Partenaires conventionnels	2. Conformité avec le standard	3. Signature d'un instrument de mise en conformité	4. Recours à la disposition relative au standard minimum
1	Allemagne	Non	Non	COP
2	Autriche	Non	Non	COP
3	Belgique	Oui, IM		COP
4	Bosnie-Herzégovine	Oui, IM		COP
5	Bulgarie	Oui IM		COP
6	Chine (République populaire de)	Oui IM		COP
7	Corée	Non	Non	COP
8	Croatie	Oui, IM		COP
9	Égypte	Oui, IM		COP
10	Émirats arabes unis	Oui, IM		COP
11	Espagne	Oui, IM		COP

[2] Pour ses conventions notifiées aux fins de l'IM, l'Albanie choisit d'appliquer la disposition de la déclaration du préambule (article 6 de l'IM) et la règle COP (article 7 de l'IM).

12	Estonie	Non	Oui, IM	COP
13	Fédération de Russie	Oui, IM		COP
14	France	Oui, IM		COP
15	Grèce	Oui, IM		COP
16	Hongrie	Oui, IM		COP
14	Inde	Oui, IM		COP
17	Irlande	Oui, IM		COP
18	Islande	Oui, IM		COP
19	Israël	Oui, autres		
20	Italie	Non	Non	COP
21	Kosovo*	Oui, autres		COP
22	Koweït	Non	Non	COP
23	Lettonie	Oui, IM		COP
24	Macédoine du Nord	Non	Oui, IM	COP
25	Malaisie	Oui, IM		COP
26	Malte	Oui, IM		COP
27	Moldova*	Non	Non	COP
28	Monténégro	Non	Non	COP
29	Norvège	Non	Non	COP
30	Pays-Bas	Oui, IM		COP
31	Pologne	Oui, IM		COP
32	Qatar	Oui, IM		COP
33	Roumanie	Non	Oui, IM	COP
34	Royaume-Uni	Oui, IM		COP
35	Serbie	Oui, IM		COP
36	Singapour	Oui, IM		COP
38	Slovénie	Oui, IM		COP
39	Suède	Non	Oui, IM	COP
40	Suisse	Non	Non	COP
41	Tchéquie	Non	Non	COP
42	Türkiye	Non	Oui, IM	COP

Autres conventions

	1. Partenaires conventionnels	2. Membre du Cadre inclusif
1	Arabie saoudite	Oui

Allemagne

A. Progrès dans la mise en œuvre du standard minimum

L'Allemagne compte 94 conventions fiscales en vigueur, comme l'indique sa réponse au questionnaire d'examen par les pairs. Douze de ces conventions sont conformes au standard minimum.

L'Allemagne a signé l'IM en 2017 et a déposé son instrument de ratification le 18 décembre 2020, notifiant 14 de ses conventions alors en vigueur. L'IM est entré en vigueur pour l'Allemagne le 1er avril 2021. Les conventions qui seront modifiées par l'IM deviendront conformes au standard minimum une fois que les dispositions de l'IM auront pris effet.

L'Allemagne se réserve le droit de retarder la prise d'effet des dispositions de l'IM jusqu'à ce qu'elle ait accompli les procédures internes prévues à cet effet au regard de chacune des conventions notifiées[3]. L'Allemagne n'a pas encore indiqué qu'elle avait accompli ses procédures internes relatives à la prise d'effet de l'IM au regard de ses conventions fiscales.

L'Allemagne n'a pas notifié aux fins de l'IM ses conventions avec l'Afrique du Sud, l'Albanie, l'Argentine, l'Arménie, la Belgique, le Bélarus, la Bosnie-Herzégovine, le Canada, la Chine (République populaire de), la Corée, le Costa Rica, la Côte d'Ivoire, l'Égypte, la Géorgie, l'Islande, l'Inde, l'Indonésie, Israël, la Jamaïque, le Kazakhstan, le Kenya, le Libéria, la Malaisie, la Mongolie, le Monténégro, le Maroc, la Namibie, la Macédoine du Nord, la Norvège, la Nouvelle-Zélande, le Pakistan, la Pologne, le Portugal, la Fédération de Russie, la Serbie, la Slovénie, le Sri Lanka, la Suisse, la Thaïlande, la Tunisie, l'Ukraine, l'Uruguay, le Viet Nam et la Zambie aux fins de l'IM. Aussi, à ce stade, ces conventions ne seront pas modifiées par l'IM. L'Albanie, l'Arménie, la Bosnie-Herzégovine, la Chine (République populaire de), la Côte d'Ivoire, l'Égypte, l'Inde, la Jamaïque, le Kazakhstan, la Macédoine du Nord, la Malaisie, le Maroc, la Mongolie, la Namibie, la Nouvelle-Zélande, le Pakistan, le Portugal, la Serbie, la Thaïlande, la Tunisie, l'Ukraine, l'Uruguay et le Viet Nam ont notifié leur convention avec l'Allemagne aux fins de l'IM.

Dans sa réponse au questionnaire d'examen par les pairs, l'Allemagne a indiqué que des mesures ont été prises (autres que dans le cadre de l'IM) pour mettre en œuvre le standard minimum dans ses conventions avec l'Afrique du Sud, l'Albanie, l'Argentine, l'Arménie, le Bangladesh*, la Belgique, la Bolivie*, la Bosnie-Herzégovine, le Canada, la Chine (République populaire de), la Corée, le Costa Rica, la Côte d'Ivoire, l'Équateur*, l'Égypte, la Fédération de Russie, l'Islande, l'Inde, l'Indonésie, l'Iran*, Israël, la Jamaïque, le Kazakhstan, le Kenya, le Kosovo*, le Koweït, le Libéria, la Malaisie, le Maroc, la Mongolie, le Monténégro, la Namibie, la Norvège, la Nouvelle-Zélande, le Pakistan, la Pologne, le Portugal, la Serbie, la Slovénie, le Sri Lanka, la Suisse, la Thaïlande, Trinité-et-Tobago, la Tunisie, l'Ukraine, l'Uruguay et le Viet Nam.

L'Allemagne a signé un instrument bilatéral de mise en conformité concernant ses conventions avec la Bulgarie, la Lettonie, la Lituanie, le Mexique[4] et la Suède.

L'Allemagne a indiqué dans sa réponse au questionnaire d'examen par les pairs que la convention conclue avec la Zambie ne soulevait pas de préoccupations significatives en matière de chalandage fiscal au regard de sa juridiction, notant l'application des dispositions anti-abus nationales, telles que l'article 42 du Code fiscal allemand (GAAR) ou l'article 50d, paragraphe 3 de la loi allemande de l'impôt sur le revenu (règle anti-montages-relais), autorisant le refus proportionnel des avantages conférés par les conventions fiscales aux sociétés dont les actionnaires ne sont pas éligibles. L'Allemagne indique en outre que les conventions conclues avec l'Azerbaïdjan, le Bélarus, la Géorgie et la Macédoine du Nord ne soulevaient

[3] Des réserves ont été formulées conformément à l'article 35(7)(a) de l'IM.

[4] L'instrument de mise en conformité concernant la convention avec le Mexique est entré en vigueur le 6 août 2023.

pas de préoccupations significatives en matière de chalandage fiscal au regard de sa juridiction, car elles contiennent une réserve générale permettant l'application des dispositions nationales anti-abus telles que les deux articles susmentionnés et la législation applicable aux SEC.

L'Allemagne met en œuvre le standard minimum par l'inclusion de la déclaration du préambule et de la règle COP[5].

B. Conclusion

L'Albanie, l'Arménie, la Bosnie-Herzégovine, la Chine (République populaire de), la Côte d'Ivoire, l'Égypte, l'Inde, la Jamaïque, le Kazakhstan, la Macédoine du Nord, la Malaisie, le Maroc, la Mongolie, la Namibie, la Nouvelle-Zélande, le Pakistan, le Portugal, la Serbie, la Thaïlande, la Tunisie, l'Ukraine, l'Uruguay et le Viet Nam ont notifié leur convention avec l'Allemagne aux fins de l'IM, ce qui équivaut à une demande de mise en œuvre du standard minimum.

Recommandations

Il est recommandé que l'Allemagne prenne les mesures nécessaires afin que l'IM prenne effet au regard de ses conventions fiscales notifiées aux fins de l'IM, car ces conventions ne seront modifiées par l'IM (et ne deviendront conformes au standard minimum) qu'une fois que les dispositions de l'IM auront pris effet.

Synthèse de la réponse de la juridiction – Allemagne

	1. Partenaires de convention	2. Conformité avec le standard	3. Signature d'un instrument de mise en conformité	4. Recours à la disposition relative au standard minimum
1	Afrique du Sud	Non	Non	
2	Albanie	Non	Non	
3	Argentine	Non	Non	
4	Arménie	Non	Non	
5	Australie	Oui, autres		COP
6	Autriche	Non	Oui, IM	COP
7	Bangladesh*	Non	Non	
8	Belgique	Non	Non	
9	Bolivie*	Non	Non	
10	Bosnie-Herzégovine	Non	Non	
11	Bulgarie	Non	Oui, autres	
12	Canada	Non	Non	
13	Chine (République populaire de)	Non	Non	

[5] Pour ses conventions notifiées aux fins de l'IM, l'Allemagne choisit d'appliquer la disposition de la déclaration du préambule (article 6 de l'IM) et la règle COP (article 7 de l'IM). L'Allemagne a formulé une réserve conformément à l'article 6(4) de l'IM afin de ne pas appliquer l'article 6(1) concernant les conventions qui contiennent déjà la version adéquate du préambule (une convention). L'Allemagne a également formulé une réserve conformément à l'article 7(15)(b) de l'IM afin de ne pas appliquer l'article 7(1) concernant les conventions qui contiennent déjà une règle COP (une convention).

14	Chypre*	Oui, autres		COP
15	Corée	Non	Non	
16	Costa Rica	Non	Non	
17	Côte d'Ivoire	Non	Non	
18	Croatie	Non	Oui, IM	COP
19	Danemark	Oui, autres		COP
20	Égypte	Non	Non	
21	Équateur*	Non	Non	
22	Espagne	Non	Oui, IM	COP
23	Estonie	Oui, autres		COP
24	États-Unis	Non	Non	LOB détaillée
25	Fédération de Russie	Non	Non	
26	Finlande	Oui, autres		COP
27	France	Non	Oui, IM	COP
28	Grèce	Non	Oui, IM	COP
29	Hongrie	Non	Oui, IM	COP
30	Inde	Non	Non	
31	Indonésie	Non	Non	
32	Iran*	Non	Non	
33	Irlande	Oui, autres		COP
34	Islande	Non	Non	
35	Israël	Non	Non	
36	Italie	Non	Oui, IM	COP
37	Jamaïque	Non	Non	
38	Japon	Oui, autres		COP + LOB
39	Kazakhstan	Non	Non	
40	Kenya	Non	Non	
41	Kosovo*	Non	Non	
42	Koweït	Non	Non	
43	Lettonie	Non	Oui, autres	
44	Libéria	Non	Non	
45	Liechtenstein	Oui, autres		COP
46	Lituanie	Non	Oui, autres	
47	Luxembourg	Non	Oui, IM	COP
48	Malaisie	Non	Non	
49	Malte	Non	Oui, IM	COP
50	Maroc	Non	Non	
51	Maurice	Oui, autres		COP
52	Mexique	Non	Oui, autres	COP
53	Mongolie	Non	Non	
54	Monténégro	Non	Non	
55	Namibie	Non	Non	
56	Norvège	Non	Non	
57	Nouvelle-Zélande	Non	Non	
58	Pakistan	Non	Non	
59	Pays-Bas	Oui, autres		COP
60	Pologne	Non	Non	
61	Portugal	Non	Non	
62	République slovaque	Non	Oui, IM	COP
63	Roumanie	Non	Non	COP
64	Royaume-Uni	Oui, autres		COP
65	Serbie	Non	Non	
66	Singapour	Oui, autres		COP

67	Slovénie	Non	Non	
68	Sri Lanka	Non	Non	
69	Suède	Non	Oui, autres	COP
70	Suisse	Non	Non	COP
71	Tchéquie	Non	Oui, IM	COP
72	Thaïlande	Non	Non	
73	Trinité-et-Tobago	Non	Non	
74	Tunisie	Non	Non	
75	Türkiye	Non	Oui, IM	COP
76	Ukraine	Non	Non	
77	Uruguay	Non	Non	
78	Viet Nam	Non	Non	

Autres conventions

	1. Partenaires conventionnels	2. Membre du Cadre inclusif
1	Algérie*	Non
2	Azerbaïdjan	Oui
3	Bélarus	Oui
4	Géorgie	Oui
5	Ghana*	Non
6	Kirghizistan*	Non
7	Macédoine du Nord	Oui
8	Moldova*	Non
9	Ouzbékistan	Oui
10	Philippines	Oui
11	République arabe syrienne*	Non
12	Tadjikistan*	Non
13	Turkménistan*	Non
14	Venezuela*	Non
15	Zambie	Oui
16	Zimbabwe*	Non

Andorre

A. Progrès dans la mise en œuvre du standard minimum

Andorre compte dix conventions fiscales en vigueur, comme l'indique sa réponse au questionnaire d'examen par les pairs. Chacune de ces conventions est conforme au standard minimum.

Andorre a signé l'IM en 2017 et déposé son instrument de ratification le 29 septembre 2021, et a notifié ses conventions fiscales non conformes. L'IM est entré en vigueur pour Andorre le 1er janvier 2022. Les conventions qui ont été modifiées par l'IM sont devenues conformes au standard minimum une fois que les dispositions de l'IM ont pris effet.

Andorre met en œuvre le standard minimum par l'inclusion de la déclaration du préambule et de la règle COP[6].

B. Conclusion

Aucune juridiction n'a signalé de préoccupation relative à ses conventions conclues avec Andorre.

Synthèse de la réponse de la juridiction – Andorre

	1. Partenaires conventionnels	2. Conformité avec le standard	3. Signature d'un instrument de mise en conformité	4. Recours à la disposition relative au standard minimum
1	Chypre*	Oui, autres		COP
2	Émirats arabes unis	Oui, IM		COP
3	Espagne	Oui, IM		COP
4	France	Oui, IM		COP
5	Hongrie	Oui autre		COP
6	Liechtenstein	Oui, IM		COP
7	Luxembourg	Oui, IM		COP
8	Malte	Oui, IM		COP
9	Portugal	Oui, IM		COP
10	Saint-Marin	Oui, autres		COP

[6] Pour ses conventions notifiées aux fins de l'IM, Andorre choisit d'appliquer la disposition de la déclaration du préambule (article 6 de l'IM) et la règle COP (article 7 de l'IM). Andorre a formulé une réserve conformément à l'article 7(15)(b) de l'IM afin de ne pas appliquer l'article 7(1) concernant les conventions qui contiennent déjà une règle COP (deux conventions).

Angola

A. Progrès dans la mise en œuvre du standard minimum

L'Angola compte trois conventions fiscales en vigueur, comme l'indique sa réponse au questionnaire d'examen par les pairs. Chacune de ces conventions est conforme au standard minimum.

L'Angola met en œuvre le standard minimum par l'inclusion de la déclaration du préambule et de la règle COP.

B. Conclusion

Aucune juridiction n'a signalé de préoccupation relative à ses conventions conclues avec l'Angola.

Synthèse de la réponse de la juridiction — Angola

	1. Partenaires de convention	2. Conformité avec le standard	3. Signature d'un instrument de mise en conformité	4. Recours à la disposition relative au standard minimum
1	Chine (République populaire de)	Oui, autres		COP
2	Émirats arabes unis	Oui, autres		COP
3	Portugal	Oui, autres		COP

Anguilla

A. Progrès dans la mise en œuvre du standard minimum

Anguilla n'a aucune convention fiscale en vigueur, comme l'indique sa réponse au questionnaire d'examen par les pairs.

B. Conclusion

Aucune juridiction n'a soulevé de préoccupation concernant Anguilla.

Antigua-et-Barbuda

A. Progrès dans la mise en œuvre du standard minimum

Antigua-et-Barbuda compte quatre conventions fiscales en vigueur, comme l'indique sa réponse au questionnaire d'examen par les pairs, y compris la convention multilatérale entre les membres de la CARICOM conclue avec dix de ses partenaires (la Convention de la CARICOM)[7]. Aucune de ces conventions n'est conforme au standard minimum.

Antigua-et-Barbuda n'a pas signé l'IM.

Antigua-et-Barbuda a indiqué dans sa réponse au questionnaire d'examen par les pairs avoir pris des mesures (autres qu'au titre de l'IM) afin de mettre en œuvre le standard minimum dans la convention de la CARICOM.

La Suisse a indiqué dans sa réponse au questionnaire d'examen par les pairs que la convention conclue avec Antigua-et-Barbuda ne soulevait pas de préoccupations significatives en matière de chalandage fiscal au regard de sa juridiction.

B. Conclusion

Antigua-et-Barbuda a développé un plan de mise en œuvre du standard minimum dans ses conventions conclues avec les Émirats arabes unis et le Royaume-Uni. Antigua-et-Barbuda a indiqué dans sa réponse au questionnaire d'examen par les pairs qu'il prévoyait de signer l'IM et de notifier les conventions qui seront couvertes par l'IM.

Synthèse de la réponse de la juridiction — Antigua-et-Barbuda

	1. Partenaires de convention	2. Conformité avec le standard	3. Signature d'un instrument de mise en conformité	4. Recours à la disposition relative au standard minimum
1	Partenaires conventionnels membres de la CARICOM (Barbade, Belize, Dominique, Grenade, Guyana*, Jamaïque, Saint-Kitts-et-Nevis, Sainte-Lucie, Saint-Vincent-et-les-Grenadines, Trinité-et-Tobago)	Non	Non	

Autres conventions

	1. Partenaires conventionnels	2. Membre du Cadre inclusif

[7] Accord entre les gouvernements des États membres de la Communauté des Caraïbes tendant à éviter la double imposition et à prévenir l'évasion fiscale en matière d'impôts sur le revenu, sur les profits ou les gains en capital et pour l'encouragement du commerce régional et de l'investissement, Saint-Michel (Barbade), 6 juillet 1994 ; entre Antigua-et-Barbuda (18 février 1998), la Barbade (7 juillet 1995), le Belize (30 novembre 1994), la Dominique (19 juin 1996), Grenade (1er mars 1996), le Guyana* (26 novembre 1997), la Jamaïque (16 février 1995), Saint Kitts-et-Nevis (8 mai 1997), Sainte Lucie (22 mai 1995) Saint Vincent (12 février 1998) et Trinité-et-Tobago (29 novembre 1994).

1	Émirats arabes unis	Oui
2	Royaume-Uni	Oui
3	Suisse	Oui

Arabie saoudite

A. Progrès dans la mise en œuvre du standard minimum

L'Arabie saoudite compte 56 conventions fiscales en vigueur, comme l'indique sa réponse au questionnaire d'examen par les pairs. Trente de ces conventions sont conformes au standard minimum.

L'Arabie saoudite a signé l'IM en 2018 et a déposé son instrument de ratification le 23 janvier 2020. L'IM est entré en vigueur pour l'Arabie saoudite le 1er mai 2020. Les conventions qui seront modifiées par l'IM deviendront conformes au standard minimum une fois que les dispositions de l'IM auront pris effet.

L'Arabie saoudite met en œuvre le standard minimum par l'inclusion de la déclaration du préambule et de la règle COP[8].

B. Conclusion

Aucune juridiction n'a signalé de préoccupation relative à ses conventions conclues avec l'Arabie saoudite.

Synthèse de la réponse de la juridiction – Arabie saoudite

	1. Partenaires conventionnels	2. Conformité avec le standard	3. Signature d'un instrument de mise en conformité	4. Recours à la disposition relative au standard minimum
1	Afrique du Sud	Oui, IM		COP
2	Albanie	Non	Non	COP
3	Algérie*	Non	Non	COP
4	Autriche	Non	Non	COP
5	Azerbaïdjan	Non	Non	COP
6	Bangladesh*	Non	Non	COP
7	Bélarus	Non	Non	COP
8	Bulgarie	Oui, autres		COP
9	Chine (République populaire de)	Oui, IM		COP
10	Chypre*	Oui, IM		COP
11	Corée	Oui, IM		COP
12	Égypte	Oui, IM		COP
13	Émirats arabes unis	Oui, autres		COP
14	Espagne	Oui, IM		COP
15	Éthiopie*	Non	Non	COP
16	Fédération de Russie	Oui, IM		COP
17	France	Oui, IM		COP
18	Gabon	Non	Non	COP
19	Géorgie	Non	Non	COP
20	Grèce	Oui, IM		COP
21	Hong Kong (Chine)	Oui, IM		COP
22	Hongrie	Oui, IM		COP
23	Inde	Oui, IM		COP

[8] Pour ses conventions notifiées aux fins de l'IM, l'Arabie saoudite choisit d'appliquer la disposition de la déclaration du préambule (article 6 de l'IM) et la règle COP (article 7 de l'IM).

24	Irlande	Oui, IM		COP
25	Italie	Non	Oui, IM	COP
26	Japon	Oui, IM		COP
27	Jordanie	Oui, IM		COP
28	Kazakhstan	Oui, IM		COP
29	Kirghizistan*	Non	Non	COP
30	Lettonie	Oui, autres		
31	Luxembourg	Oui, IM		COP
32	Macédoine du Nord	Non	Oui, IM	COP
33	Malaisie	Oui, IM		COP
34	Malte	Oui, IM		COP
35	Maroc	Non	Oui, IM	COP
36	Mexique	Non	Oui, IM	COP
37	Ouzbékistan	Non	Non	COP
38	Pakistan	Oui, IM		COP
39	Pays-Bas	Oui, IM		COP
40	Pologne	Oui, IM		COP
41	Portugal	Oui, IM		COP
42	Roumanie	Non	Oui, IM	COP
43	Royaume-Uni	Oui, IM		COP
44	Singapour	Oui, IM		COP
45	Suède	Non	Oui, IM	COP
46	Suisse	Oui, autres		COP
47	Syrie*	Non	Non	COP
48	Tadjikistan*	Non	Non	COP
49	Tchéquie	Non	Non	COP
50	Tunisie	Non	Non	COP
51	Türkiye	Non	Oui, IM	COP
52	Turkménistan*	Non	Non	COP
53	Ukraine	Oui, IM		COP
54	Venezuela*	Non	Non	COP
55	Viet Nam	Non	Oui, IM	COP

Autres conventions

	1. Partenaires conventionnels	2. Membre du Cadre inclusif
1	Kosovo*	Non

Argentine

A. Progrès dans la mise en œuvre du standard minimum

L'Argentine compte 21 conventions fiscales en vigueur, comme l'indique sa réponse au questionnaire d'examen par les pairs. Quatre de ces conventions sont conformes au standard minimum.

L'Argentine a signé l'IM en 2017. Les conventions qui seront modifiées par l'IM deviendront conformes au standard minimum une fois que les dispositions de l'IM auront pris effet.

L'Argentine n'a pas notifié sa convention avec l'Allemagne aux fins de l'IM, mais a indiqué dans sa réponse au questionnaire d'examen par les pairs avoir pris des mesures (autres qu'au titre de l'IM) afin de mettre en œuvre le standard minimum dans cette convention.

L'Argentine met en œuvre le standard minimum par l'inclusion de la disposition de la déclaration du préambule et de la règle COP associée à la règle LOB[9].

B. Conclusion

Recommandation

Il est recommandé que l'Argentine prenne les mesures nécessaires afin que l'IM prenne effet au regard de ses conventions fiscales notifiées aux fins de l'IM, car ces conventions ne seront modifiées par l'IM (et ne deviendront conformes au standard minimum) qu'une fois que les dispositions de l'IM auront pris effet.

Synthèse de la réponse de la juridiction – Argentine

	1. Partenaires conventionnels	2. Conformité avec le standard	3. Signature d'un instrument de mise en conformité	4. Recours à la disposition relative au standard minimum
1	Allemagne	Non	Non	
2	Australie	Non	Oui, IM	COP
3	Belgique	Non	Oui, IM	COP
4	Brésil	Oui, autres		COP
5	Canada	Non	Oui, IM	COP
6	Chili	Oui, autres		COP + LOB
7	Danemark	Non	Oui, IM	COP + LOB

[9] Pour 15 de ses conventions notifiées aux fins de l'IM, l'Argentine choisit d'appliquer la disposition de la déclaration du préambule (article 6 de l'IM) et la règle COP (article 7 de l'IM). L'Argentine a formulé une réserve conformément à l'article 6(4) de l'IM afin de ne pas appliquer l'article 6(1) concernant les conventions qui contiennent déjà la version adéquate du préambule (deux conventions). L'Argentine a également formulé une réserve conformément à l'article 7(15)(b) de l'IM afin de ne pas appliquer l'article 7(1) concernant les conventions qui contiennent déjà une règle COP (quatre conventions). L'Argentine a également adopté la règle LOB simplifiée au titre de l'article 7(6) de l'IM.

8	Émirats arabes unis	Non	Oui, IM	COP
9	Espagne	Non	Oui, IM	COP
10	Fédération de Russie	Non	Oui, IM	COP + LOB
11	Finlande	Non	Oui, IM	COP
12	France	Non	Oui, IM	COP
13	Italie	Non	Oui, IM	COP
14	Mexique	Oui, autres		COP + LOB
15	Norvège	Non	Oui, IM	COP + LOB
16	Pays-Bas	Non	Oui, IM	COP
17	Qatar	Oui, autres		COP
18	Royaume-Uni	Non	Oui, IM	COP
19	Suède	Non	Oui, IM	COP
20	Suisse	Non	Oui, IM	COP

Autres conventions

	1. Partenaires conventionnels	2. Membre du Cadre inclusif
1	Bolivie*	Non

Arménie

A. Progrès dans la mise en œuvre du standard minimum

L'Arménie compte 52 conventions fiscales en vigueur, comme l'indique sa réponse au questionnaire d'examen par les pairs. Trois de ces conventions sont conformes au standard minimum.

L'Arménie a signé l'IM en 2017 et a déposé son instrument de ratification le 25 septembre 2023. L'IM est entré en vigueur pour l'Arménie le 1er janvier 2024. Les conventions qui seront modifiées par l'IM deviendront conformes au standard minimum une fois que les dispositions de l'IM auront pris effet.

L'Arménie n'a pas notifié sa convention avec le Japon aux fins de l'IM. Aussi, à ce stade, cette convention ne sera pas modifiée par l'IM. Dans sa réponse au questionnaire d'examen par les pairs, le Japon a indiqué que sa convention avec l'Arménie ne soulevait pas de préoccupations significatives en matière de chalandage fiscal, au regard de sa juridiction.

L'Arménie met en œuvre le standard minimum par l'inclusion de la disposition de la déclaration du préambule et la règle COP associée à la règle LOB[10].

B. Conclusion

Aucune juridiction n'a signalé de préoccupation relative à ses conventions conclues avec l'Arménie.

Synthèse de la réponse de la juridiction – Arménie

	1. Partenaires conventionnels	2. Conformité avec le standard	3. Signature d'un instrument de mise en conformité	4. Recours à la disposition relative au standard minimum
1	Allemagne	Non	Non	COP
2	Autriche	Non	Non	COP
3	Bélarus	Non	Non	COP
4	Belgique	Non	Oui, IM	COP
5	Bulgarie	Non	Oui, IM	COP
6	Canada	Non	Oui, IM	COP
7	Chine (République populaire de)	Non	Oui, IM	COP
8	Chypre*	Non	Oui, IM	COP
9	Croatie	Non	Oui, IM	COP
10	Danemark	Non	Non	COP
11	Émirats arabes unis	Non	Oui, IM	COP
12	Espagne	Non	Oui, IM	COP
13	Estonie	Non	Oui, IM	COP
14	Fédération de Russie	Non	Oui, IM	COP
15	Finlande	Non	Oui, IM	COP
16	France	Non	Oui, IM	COP
17	Géorgie	Non	Non	COP

10 Pour ses conventions notifiées aux fins de l'IM, l'Arménie choisit d'appliquer la disposition de la déclaration du préambule (article 6 de l'IM) et la règle COP (article 7 de l'IM). L'Arménie a également adopté la règle LOB simplifiée au titre de l'article 7(6) de l'IM.

18	Grèce	Non	Oui, IM	COP
19	Hongrie	Non	Oui, IM	COP
20	Inde	Non	Oui, IM	COP
21	Indonésie	Non	Oui, IM	COP
22	Iran*	Non	Non	COP
23	Irlande	Non	Oui, IM	COP
24	Israël	Non	Oui, IM	COP
25	Italie	Non	Oui, IM	COP
26	Kazakhstan	Non	Oui, IM	COP
27	Kirghizistan*	Non	Non	
28	Koweït	Non	Oui, IM	COP
29	Lettonie	Non	Oui, IM	COP
30	Liban*	Non	Non	COP
31	Lituanie	Non	Oui, IM	COP
32	Luxembourg	Non	Oui, IM	COP
33	Malte	Oui, autres		COP
34	Moldova*	Non	Non	COP
35	Pays-Bas	Non	Oui, IM	COP
36	Pologne	Non	Oui, IM	COP
37	Qatar	Non	Oui, IM	COP
38	République arabe syrienne*	Non	Non	COP
39	République slovaque	Non	Non	COP
40	Roumanie	Non	Oui, IM	COP
41	Royaume-Uni	Non	Oui, IM	COP
42	Serbie	Non	Oui, IM	COP
43	Singapour	Oui, autres		COP
44	Slovénie	Non	Oui, IM	COP
45	Suède	Non	Oui, IM	COP
46	Suisse	Oui, autres		COP
47	Tadjikistan*	Non	Non	COP
48	Tchéquie	Non	Oui, IM	COP
49	Thaïlande	Non	Oui, IM	COP
50	Turkménistan*	Non	Non	COP
51	Ukraine	Non	Oui, IM	COP

Autres conventions

	1. Partenaires conventionnels	2. Membre du Cadre inclusif
1	Japon	Oui

Aruba

A. Progrès dans la mise en œuvre du standard minimum

Aruba compte une convention fiscale en vigueur avec les Pays-Bas, comme l'indique sa réponse au questionnaire d'examen par les pairs. Cette convention n'est pas conforme au standard minimum.

Aruba n'a pas adhéré à l'IM.

La convention entre Aruba et les Pays-Bas est un instrument régi par le droit interne du Royaume des Pays-Bas[11]. Aruba a indiqué dans sa réponse au questionnaire d'examen par les pairs avoir pris des mesures (autres qu'au titre de l'IM) afin de mettre en œuvre le standard minimum dans sa convention avec les Pays-Bas.

B. Conclusion

Aucune juridiction n'a soulevé de préoccupation concernant Aruba.

Synthèse de la réponse de la juridiction – Aruba

	1. Partenaires conventionnels	2. Conformité avec le standard	3. Signature d'un instrument de mise en conformité	4. Recours à la disposition relative au standard minimum
1	Pays-Bas	Non	Non	

[11] Aruba a indiqué dans sa réponse que l'arrangement fiscal actuellement en vigueur avec le Royaume des Pays-Bas s'appliquait entre Aruba et les Pays-Bas (y compris dans la partie néerlandaise des Caraïbes), Curaçao et Sint-Maarten*. À la lumière de la mise en œuvre du standard minimum, Aruba a rédigé un projet d'arrangement fiscal distinct avec les Pays-Bas afin de mettre en œuvre le standard minimum. Des mesures (autres qu'au titre de l'IM) ont été prises afin de mettre en œuvre le standard minimum dans l'arrangement fiscal avec Curaçao et Sint-Maarten*.

Australie

A. Progrès dans la mise en œuvre du standard minimum

L'Australie compte 45 conventions fiscales en vigueur, comme l'indique sa réponse au questionnaire d'examen par les pairs. Vingt-neuf de ces conventions sont conformes au standard minimum.

L'Australie a signé l'IM en 2017, déposé son instrument de ratification le 26 septembre 2018, et notifié ses conventions fiscales non conformes conclues avec d'autres membres du Cadre inclusif. L'IM est entré en vigueur pour l'Australie le 1er janvier 2019. Les conventions qui seront modifiées par l'IM deviendront conformes au standard minimum une fois que les dispositions de l'IM auront pris effet.

L'Australie met en œuvre le standard minimum par l'inclusion de la déclaration du préambule et de la règle COP[12].

B. Conclusion

Aucune juridiction n'a signalé de préoccupation relative à ses conventions conclues avec l'Australie.

Synthèse de la réponse de la juridiction — Australie

	1. Partenaires de convention	2. Conformité avec le standard	3. Signature d'un instrument de mise en conformité	4. Recours à la disposition relative au standard minimum
1	Afrique du Sud	Oui IM		COP uniquement
2	Allemagne	Oui, autres		COP uniquement
3	Argentine	Non	Oui, IM	COP uniquement
4	Autriche	Non	Non	
5	Belgique	Oui, IM		COP uniquement
6	Canada	Oui, IM		COP uniquement
7	Chili	Oui, IM		COP uniquement
8	Chine (République populaire de)	Oui IM		COP uniquement
9	Corée	Oui, IM		COP uniquement
10	Danemark	Oui, IM		COP uniquement
11	Espagne	Oui, IM		COP uniquement
12	États-Unis	Non	Non	
13	Fédération de Russie	Oui, IM		COP uniquement
14	Fidji*	Non	Oui, IM	COP uniquement
15	Finlande	Oui, IM		COP uniquement
16	France	Oui, IM		COP uniquement
17	Hongrie	Oui, IM		COP uniquement
18	Inde	Oui, IM		COP uniquement
19	Indonésie	Oui, IM		COP uniquement
20	Irlande	Oui, IM		COP uniquement
21	Israël	Oui, autres		COP uniquement

12 Pour ses conventions notifiées aux fins de l'IM, l'Australie choisit d'appliquer la disposition de la déclaration du préambule (article 6 de l'IM) et la règle COP (article 7 de l'IM). Dans le cas de la convention conclue avec le Japon, l'Australie a complété la règle COP par une règle LOB.

22	Italie	Non	Oui, IM	COP uniquement
23	Japon	Oui, IM		COP + LOB
24	Kiribati*	Non	Non	
25	Malaisie	Oui, IM		COP uniquement
26	Malte	Oui, IM		COP uniquement
27	Mexique	Non	Oui, IM	COP uniquement
28	Norvège	Oui, IM		COP uniquement
29	Nouvelle-Zélande	Oui, IM		COP uniquement
30	Papouasie–Nouvelle-Guinée	Non	Oui, IM	COP uniquement
31	Pays-Bas	Oui, IM		COP uniquement
32	Philippines	Non	Non	
33	Pologne	Oui, IM		COP uniquement
34	République slovaque	Oui, IM		COP uniquement
35	Roumanie	Non	Oui, IM	COP uniquement
36	Royaume-Uni	Oui, IM		COP uniquement
37	Singapour	Oui, IM		COP uniquement
38	Sri Lanka	Non	Non	
39	Suède	Non	Non	
40	Suisse	Non	Non	
41	Tchéquie	Oui, IM		COP uniquement
42	Thaïlande	Oui, IM		COP uniquement
43	Türkiye	Non	Oui, IM	COP uniquement
44	Viet Nam	Non	Oui, IM	COP uniquement

Autres conventions

	1. Partenaires conventionnels	2. Membre du Cadre inclusif
1	Taipei chinois*	Non

Autriche

A. Progrès dans la mise en œuvre du standard minimum

L'Autriche compte 89 conventions fiscales en vigueur, comme l'indique sa réponse au questionnaire d'examen par les pairs[13]. Quarante de ces conventions sont conformes au standard minimum[14].

L'Autriche a signé l'IM en 2017 et a déposé son instrument de ratification le 22 septembre 2017. L'IM est entré en vigueur pour l'Autriche le 1er juillet 2018. Le 28 août 2023, l'Autriche a formulé une notification supplémentaire afin d'élargir la liste des conventions qui seront couvertes par l'IM. Les conventions qui seront modifiées par l'IM deviendront conformes au standard minimum une fois que les dispositions de l'IM auront pris effet[15].

L 'Autriche n'a pas notifié ses conventions avec l'Australie, le Bahreïn, le Brésil, les États-Unis, l'Indonésie, le Koweït, la Nouvelle-Zélande, l'Ouzbékistan, le Qatar et la Suède aux fins de l'IM, mais a indiqué dans sa réponse au questionnaire d'examen par les pairs avoir pris des mesures (autres qu'au titre de l'IM) afin de mettre en œuvre le standard minimum dans ces conventions ainsi que les conventions conclues avec l'Allemagne et la Suisse.

L'Autriche met en œuvre le standard minimum par l'inclusion de la déclaration du préambule et de la règle COP. [16]

B. Conclusion

Aucune juridiction n'a signalé de préoccupation relative à ses conventions conclues avec l'Autriche.

L'Australie, le Bahreïn et la Nouvelle-Zélande ont notifié leurs conventions conclues avec l'Autriche aux fins de l'IM, ce qui équivaut à une demande de mise en œuvre du standard minimum.

Synthèse de la réponse de la juridiction — Autriche

	1. Partenaires de convention	2. Conformité avec le standard	3. Signature d'un instrument de mise en conformité	4. Recours à la disposition relative au standard minimum
1	Afrique du Sud	Oui IM		COP
2	Albanie	Non	Oui, IM	COP
3	Algérie*	Non	Non	COP
4	Allemagne	Non	Oui, IM	COP

[13] L'Autriche a indiqué dans sa réponse que la convention conclue avec le Taipei chinois est un Accord en vue d'éviter la double imposition et de prévenir la fraude fiscale en matière d'impôts sur le revenu entre la Chambre de commerce autrichienne et celle de Taipei.

[14] L'Autriche a également signé une convention avec l'Argentine qui lorsqu'elle entrera en vigueur sera conforme au standard minimum.

[15] L'Autriche a formulé une réserve conformément à l'article 35(3) de l'IM (Prise d'effet).

[16] Pour ses conventions notifiées aux fins de l'IM, l'Autriche choisit d'appliquer la disposition de la déclaration du préambule (article 6 de l'IM) et la règle COP (article 7 de l'IM). Dans le cas de la convention conclue avec le Japon, l'Autriche a complété la règle COP par une règle LOB.

5	Arabie saoudite	Non	Oui, IM	COP
6	Arménie	Non	Oui, IM	COP
7	Australie	Non	Non	
8	Azerbaïdjan	Non	Non	COP
9	Bahreïn	Non	Non	
10	Barbade	Oui, IM		COP
11	Bélarus	Non	Non	COP
12	Belgique	Oui, IM		COP
13	Belize	Non	Oui, IM	COP
14	Bosnie-Herzégovine	Non	Oui, IM	COP
15	Brésil	Non	Non	
16	Bulgarie	Oui IM		COP
17	Canada	Oui, IM		COP
18	Chili	Oui, IM		COP
19	Chine (République populaire de)	Oui IM		COP
20	Chypre*	Oui, IM		COP
21	Corée	Oui, autres		COP
22	Croatie	Oui, IM		COP
23	Cuba*	Non	Non	COP
24	Danemark	Non	Oui, IM	COP
25	Égypte	Non	Oui, IM	COP
26	Émirats arabes unis	Oui, autres		COP
27	Espagne	Oui, IM		COP
28	Estonie	Oui, IM		COP
29	États-Unis	Non	Non	
30	Fédération de Russie	Oui, IM		COP
31	Finlande	Oui, IM		COP
32	France	Oui, IM		COP
33	Géorgie	Non	Non	COP
34	Grèce	Oui, IM		COP
35	Hong Kong (Chine)	Oui IM		COP
36	Hongrie	Oui, IM		COP
37	Inde	Oui, IM		COP
38	Indonésie	Non	Non	
39	Iran*	Non	Non	COP
40	Irlande	Oui, IM		COP
41	Islande	Non	Oui, IM	COP
42	Israël	Oui, IM		COP
43	Italie	Non	Oui, IM	COP
44	Japon	Oui, autres		COP + LOB
45	Kazakhstan	Non	Oui, IM	COP
46	Kirghizistan*	Non	Non	COP
47	Kosovo*	Oui, autres		COP
48	Koweït	Non	Non	
49	Lettonie	Oui, IM		COP
50	Liechtenstein	Oui, autres		COP
51	Lituanie	Oui, IM		COP
52	Luxembourg	Oui, IM		COP
53	Macédoine du Nord	Non	Oui, IM	COP
54	Malaisie	Non	Oui, IM	COP
55	Malte	Oui, IM		COP
56	Maroc	Non	Oui, IM	COP
57	Mexique	Non	Oui, IM	COP

58	Moldova*	Non	Non	COP
59	Mongolie	Non	Oui, IM	COP
60	Monténégro	Non	Non	COP
61	Népal*	Non	Non	COP
62	Norvège	Non	Non	COP
63	Nouvelle-Zélande	Non	Non	
64	Ouzbékistan	Non	Non	
65	Pakistan	Oui, IM		COP
66	Pays-Bas	Oui, IM		COP
67	Philippines	Non	Non	COP
68	Pologne	Oui, IM		COP
69	Portugal	Oui, IM		COP
70	Qatar	Non	Non	
71	République slovaque	Oui, IM		COP
72	Roumanie	Non	Oui, IM	COP
73	Royaume-Uni	Oui, autres		COP
74	Saint-Marin	Non	Oui, IM	COP
75	Serbie	Oui, IM		COP
76	Singapour	Oui, IM		COP
77	Slovénie	Oui, IM		COP
78	Suède	Non	Non	
79	Suisse	Non	Oui, IM	COP
80	Tadjikistan*	Non	Non	COP
81	Tchéquie	Oui IM		COP
82	Thaïlande	Non	Oui, IM	COP
83	Tunisie	Non	Non	COP
84	Türkiye	Non	Oui, IM	COP
85	Turkménistan*	Non	Non	COP
86	Ukraine	Oui, autres		COP
87	Venezuela*	Non	Non	COP
88	Viet Nam	Non	Oui, IM	COP

Autres conventions

	1. Partenaires conventionnels	2. Membre du Cadre inclusif
1	Taipei chinois*	Non

Azerbaïdjan

A. Progrès dans la mise en œuvre du standard minimum

L'Azerbaïdjan compte 54 conventions fiscales en vigueur, comme l'indique sa réponse au questionnaire d'examen par les pairs. Aucune de ces conventions n'est conforme au standard minimum.

L'Azerbaïdjan a signé l'IM le 20 novembre 2023, notifiant ses conventions non conformes. Les conventions qui seront modifiées par l'IM deviendront conformes au standard minimum une fois que les dispositions de l'IM auront pris effet.

L'Azerbaïdjan a signé un instrument bilatéral de mise en conformité concernant sa convention avec le Japon.

L'Azerbaïdjan a indiqué dans sa réponse au questionnaire d'examen par les pairs avoir pris des mesures (autres qu'au titre de l'IM) afin de mettre en œuvre le standard minimum dans sa convention avec la Türkiye.

L'Azerbaïdjan met en œuvre le standard minimum par l'inclusion de la déclaration du préambule et de la règle COP[17].

Dans leurs réponses au questionnaire d'examen par les pairs, l'Allemagne, la Norvège et la Suisse ont indiqué que leurs conventions avec l'Azerbaïdjan ne soulevaient pas de préoccupations significatives en matière de chalandage fiscal au regard de leurs juridictions respectives.

B. Conclusion

L'Azerbaïdjan a donné effet à son plan de mise en œuvre du standard minimum dans ses conventions avec l'Allemagne, l'Arabie saoudite, l'Autriche, le Bélarus, la Belgique, la Bosnie-Herzégovine, la Bulgarie, la Croatie, le Canada, la Chine (République populaire de), la Corée, le Danemark, les Émirats arabes unis, l'Espagne, l'Estonie, la Fédération de Russie, la Finlande, la France, la Grèce, la Géorgie, la Hongrie, l'Iran, Israël, l'Italie, la Jordanie, le Kazakhstan, la Lettonie, la Lituanie, le Luxembourg, la Macédoine du Nord, Malte, Moldova, le Monténégro, la Norvège, l'Ouzbékistan, le Pakistan, les Pays-Bas, la Pologne, le Qatar, la Roumanie, Saint-Marin, la Serbie, la Slovénie, la Suède, la Suisse, le Royaume-Uni, la Tchéquie, l'Ukraine et le Viet Nam, en signant l'IM en novembre 2023 et en inscrivant ces conventions dans la liste des conventions devant être couvertes par l'IM.

Synthèse de la réponse de la juridiction — Azerbaïdjan

	1. Partenaires de convention	2. Conformité avec le standard	3. Signature d'un instrument de mise en conformité	4. Recours à la disposition relative au standard minimum
1	Allemagne	Non	Non	
2	Arabie saoudite	Non	Oui, IM	COP
3	Autriche	Non	Oui, IM	COP
4	Bélarus	Non	Non	
5	Belgique	Non	Oui, IM	COP

[17] Pour ses conventions notifiées aux fins de l'IM, l'Azerbaïdjan choisit d'appliquer la disposition de la déclaration du préambule (article 6 de l'IM) et la règle COP (article 7 de l'IM).

6	Bosnie-Herzégovine	Non	Oui, IM	COP
7	Bulgarie	Non	Oui, IM	COP
8	Canada	Non	Oui, IM	COP
9	Chine (République populaire de)	Non	Oui, IM	COP
10	Corée	Non	Oui, IM	COP
11	Croatie	Non	Oui, IM	COP
12	Danemark	Non	Oui, IM	COP
13	Émirats arabes unis	Non	Oui, IM	COP
14	Espagne	Non	Oui, IM	COP
15	Estonie	Non	Oui, IM	COP
16	Fédération de Russie	Non	Oui, IM	COP
17	Finlande	Non	Oui, IM	COP
18	France	Non	Oui, IM	COP
19	Géorgie	Non	Oui, IM	COP
20	Grèce	Non	Oui, IM	COP
21	Hongrie	Non	Oui, IM	COP
22	Iran*	Non	Non	
23	Israël	Non	Oui, IM	COP
24	Italie	Non	Oui, IM	COP
25	Japon	Non	Oui, autres	COP
26	Jordanie	Non	Oui, IM	COP
27	Kazakhstan	Non	Oui, IM	COP
28	Koweït	Non	Non	
29	Lettonie	Non	Oui, IM	COP
30	Lituanie	Non	Oui, IM	COP
31	Luxembourg	Non	Oui, IM	COP
32	Macédoine du Nord	Non	Oui, IM	COP
33	Malte	Non	Oui, IM	COP
34	Moldova*	Non	Non	
35	Monténégro	Non	Non	
36	Norvège	Non	Non	
37	Ouzbékistan	Non	Non	
38	Pakistan	Non	Oui, IM	COP
39	Pays-Bas	Non	Oui, IM	COP
40	Pologne	Non	Oui, IM	COP
41	Qatar	Non	Oui, IM	COP
42	Roumanie	Non	Oui, IM	COP
43	Royaume-Uni	Non	Oui, IM	COP
44	Saint-Marin	Non	Oui, IM	COP
45	Serbie	Non	Oui, IM	COP
46	Slovénie	Non	Oui, IM	COP
47	Suède	Non	Oui, IM	COP
48	Suisse	Non	Non	
49	Tadjikistan*	Non	Non	
50	Tchéquie	Non	Non	
51	Türkiye	Non	Non	
52	Turkménistan*	Non	Non	COP
53	Ukraine	Non	Oui	COP
54	Viet Nam	Non	Oui, IM	COP

Bahamas

A. Progrès dans la mise en œuvre du standard minimum

Les Bahamas n'ont aucune convention fiscale en vigueur, comme l'indique leur réponse au questionnaire d'examen par les pairs.

B. Conclusion

Aucune juridiction n'a signalé de préoccupation concernant les Bahamas.

Bahreïn

A. Progrès dans la mise en œuvre du standard minimum

Bahreïn compte 45 conventions fiscales en vigueur, comme l'indique sa réponse au questionnaire d'examen par les pairs. Vingt-trois de ces conventions sont conformes au standard minimum.

Bahreïn a signé l'IM en 2020, déposé son instrument de ratification le 23 février 2022 et a notifié l'ensemble de ses conventions fiscales. L'IM est entré en vigueur pour Bahreïn le 1er juin 2022. Les conventions qui seront modifiées par l'IM deviendront conformes au standard minimum une fois que les dispositions de l'IM auront pris effet.

Bahreïn a indiqué dans sa réponse au questionnaire d'examen par les pairs avoir pris des mesures (autres qu'au titre de l'IM) afin de mettre en œuvre le standard minimum dans ses conventions avec l'Autriche et les Bermudes.

Bahreïn met en œuvre le standard minimum par l'inclusion de la déclaration du préambule et de la règle COP[18].

B. Conclusion

Aucune juridiction n'a signalé de préoccupation relative à ses conventions conclues avec Bahreïn.

Synthèse de la réponse de la juridiction — Bahreïn

	1. Partenaires de convention	2. Conformité avec le standard	3. Signature d'un instrument de mise en conformité	4. Recours à la disposition relative au standard minimum
1	Algérie*	Non	Non	COP
2	Autriche	Non	Non	COP
3	Bangladesh*	Non	Non	COP
4	Barbade	Oui, IM		COP
5	Bélarus	Non	Non	COP
6	Belgique	Oui, IM		COP
7	Bermudes	Non	Non	COP
8	Brunei Darussalam	Non	Non	COP
9	Bulgarie	Oui IM		COP
10	Chine (République populaire de)	Oui IM		COP
11	Chypre*	Oui, IM		COP
12	Corée	Oui, IM		COP
13	Égypte	Oui, IM		COP
14	Estonie	Non	Oui, IM	COP
15	France	Oui, IM		COP
16	Géorgie	Non	Non	COP
17	Hongrie	Oui, IM		COP
18	Île de Man	Oui, IM		COP

18 Pour ses conventions notifiées aux fins de l'IM, Bahreïn choisit d'appliquer la disposition de la déclaration du préambule (article 6 de l'IM) et la règle COP (article 7 de l'IM).

19	Iran*	Non	Non	COP
20	Irlande	Oui, IM		COP
21	Jordanie	Oui, IM		COP
22	Liban*	Non	Non	COP
23	Luxembourg	Oui, IM		COP
24	Malaisie	Oui, IM		COP
25	Malte	Oui, IM		COP
26	Maroc	Non	Oui, IM	COP
27	Mexique	Non	Oui, IM	COP
28	Ouzbékistan	Non	Non	COP
29	Pakistan	Oui, IM		COP
30	Pays-Bas	Oui, IM		COP
31	Philippines	Non	Non	COP
32	Portugal	Oui, IM		COP
33	République arabe syrienne*	Non	Non	COP
34	Royaume-Uni	Oui, IM		COP
35	Seychelles	Oui, IM		COP
36	Singapour	Oui, IM		COP
37	Soudan*	Non	Non	COP
38	Sri Lanka	Non	Non	COP
39	Suisse	Oui, autres		COP
40	Tadjikistan*	Non	Non	COP
41	Tchéquie	Non	Non	COP
42	Thaïlande	Oui, IM		COP
43	Türkiye	Non	Oui, IM	COP
44	Turkménistan*	Non	Non	COP
45	Yémen*	Non	Non	COP

Barbade

A. Progrès dans la mise en œuvre du standard minimum

La Barbade compte 31 conventions fiscales en vigueur, comme l'indique sa réponse au questionnaire d'examen par les pairs, y compris la convention multilatérale entre les membres de la CARICOM conclue avec dix de ses partenaires (la Convention de la CARICOM)[19]. Dix-neuf de ces conventions sont conformes au standard minimum.

La Barbade a signé l'IM en 2018, déposé son instrument de ratification le 21 décembre 2020, et notifié ses conventions fiscales bilatérales non conformes conclues avec d'autres membres du Cadre inclusif. L'IM est entrée en vigueur pour la Barbade le 1er avril 2021. Les conventions qui seront modifiées par l'IM deviendront conformes au standard minimum une fois que les dispositions de l'IM auront pris effet.

La Barbade a indiqué dans sa réponse au questionnaire d'examen par les pairs avoir pris des mesures (autres qu'au titre de l'IM) afin de mettre en œuvre le standard minimum dans la convention de la CARICOM.

La Barbade met en œuvre le standard minimum par l'inclusion de la déclaration du préambule et de la règle COP[20].

B. Conclusion

Aucune juridiction n'a signalé de préoccupation relative à ses conventions conclues avec la Barbade.

Synthèse de la réponse de la juridiction – Barbade

	1. Partenaires de convention	2. Conformité avec le standard	3. Signature d'un instrument de mise en conformité	4. Recours à la disposition relative au standard minimum
1	Autriche	Non	Non	COP
2	Bahreïn	Oui, IM		COP
3	Botswana	Non	Non	COP
4	Canada	Oui, IM		COP
5	Chine (République populaire de)	Oui, IM		COP
6	Chypre*	Oui, IM		COP
7	Émirats arabes unis	Oui, IM		COP
8	Espagne	Oui, IM		COP
9	États-Unis	Non	Non	

[19] Accord entre les gouvernements des États membres de la Communauté des Caraïbes tendant à éviter la double imposition et à prévenir l'évasion fiscale en matière d'impôts sur le revenu, sur les profits ou les gains en capital et pour l'encouragement du commerce régional et de l'investissement, 6 juillet 1994, Saint-Michel (Barbade) ; entre Antigua-et-Barbuda (18 février 1998), la Barbade (7 juillet 1995), le Belize (30 novembre 1994), la Dominique (19 juin 1996), Grenade (1er mars 1996), le Guyana* (26 novembre 1997), Jamaïque (16 février 1995), Saint-Kitts-et-Nevis (8 mai 1997), Sainte-Lucie (22 mai 1995), Saint-Vincent (12 février 1998) et Trinité-et-Tobago (29 novembre 1994).

[20] Pour ses conventions notifiées aux fins de l'IM, l'Allemagne choisit d'appliquer la disposition de la déclaration du préambule (article 6 de l'IM) et la règle COP (article 7 de l'IM).

10	Finlande	Oui, IM		COP
11	Islande	Oui, IM		COP
12	Italie	Non	Oui, IM	COP
13	Luxembourg	Oui, IM		COP
14	Malte	Oui, IM		COP
15	Maurice	Oui, IM		COP
16	Mexique	Non	Oui, IM	COP
17	Norvège	Non	Non	COP
18	Panama	Oui, IM		COP
19	Partenaires conventionnels membres de la CARICOM (Antigua-et-Barbuda, Belize, Dominique, Grenade, Guyana*, Jamaïque, Saint-Kitts-et-Nevis, Sainte-Lucie, Saint-Vincent-et-les-Grenadines, Trinité-et-Tobago)	Non	Non	COP
20	Pays-Bas	Oui, IM		COP
21	Portugal	Oui, IM		COP
22	Qatar	Oui, IM		COP
23	Royaume-Uni	Oui, IM		COP
24	Saint-Marin	Oui, IM		COP
25	Seychelles	Oui, IM		COP
26	Singapour	Oui, IM		COP
27	Suède	Non	Oui, IM	COP
28	Suisse	Non	Non	COP
29	Tchéquie	Non	Non	COP
30	Venezuela*	Non	Non	COP

Autres conventions

	1. Partenaires conventionnels	2. Membre du Cadre inclusif
1	Cuba*	Non

Belgique

A. Progrès dans la mise en œuvre du standard minimum

La Belgique compte 95 conventions fiscales en vigueur, comme l'indique sa réponse au questionnaire d'examen par les pairs. Cinquante-cinq de ces conventions sont conformes au standard minimum.

La Belgique a signé l'IM en 2017 et a déposé son instrument de ratification le 26 juin 2019. L'IM est entré en vigueur pour la Belgique le 1er octobre 2019. Les conventions qui seront modifiées par l'IM deviendront conformes au standard minimum une fois que les dispositions de l'IM auront pris effet.

La Belgique n'a pas notifié ses conventions avec l'Allemagne et la Suisse aux fins de l'IM mais a indiqué dans sa réponse au questionnaire d'examen par les pairs avoir pris des mesures (autres qu'au titre de l'IM) afin de mettre en œuvre le standard minimum dans ces conventions.

La Belgique a signé un instrument bilatéral de mise en conformité concernant sa convention avec la Norvège.

La Belgique met en œuvre le standard minimum par l'inclusion de la déclaration du préambule et de la règle COP[21].

B. Conclusion

Aucune juridiction n'a signalé de préoccupation relative à ses conventions conclues avec la Belgique.

Synthèse de la réponse de la juridiction – Belgique

	1. Partenaires de convention	2. Conformité avec le standard	3. Signature d'un instrument de mise en conformité	4. Recours à la disposition relative au standard minimum
1	Afrique du Sud	Oui, IM		COP
2	Albanie	Oui, IM		COP
3	Algérie*	Non	Non	COP
4	Allemagne	Non	Non	COP
5	Argentine	Non	Oui, IM	COP
6	Arménie	Non	Oui, IM	COP
7	Australie	Oui, IM		COP
8	Autriche	Oui, IM		COP
9	Azerbaïdjan	Non	Non	COP
10	Bahreïn	Oui, IM		COP
11	Bangladesh*	Non	Non	COP
12	Bélarus	Non	Non	COP
13	Bosnie-Herzégovine	Oui, IM		COP
14	Brésil	Non	Non	COP
15	Bulgarie	Oui, IM		COP
16	Canada	Oui, IM		COP

21 Pour ses conventions notifiées aux fins de l'IM, l'Allemagne choisit d'appliquer la disposition de la déclaration du préambule (article 6 de l'IM) et la règle COP (article 7 de l'IM). Dans le cas de la convention conclue avec le Japon, la Belgique a complété la règle COP par une règle LOB.

17	Chili	Oui, IM		COP
18	Chine (République populaire de)	Oui, IM		COP
19	Chypre*	Oui, IM		COP
20	Corée	Oui, IM		COP
21	Côte d'Ivoire	Non	Oui, IM	COP
22	Croatie	Oui, IM		COP
23	Danemark	Oui, IM		COP
24	Égypte	Oui, IM		COP
25	Émirats arabes unis	Oui, IM		COP
26	Équateur*	Non	Non	COP
27	Espagne	Oui, IM		COP
28	Estonie	Oui, IM		COP
29	États-Unis	Non	Non	
30	Fédération de Russie	Oui, IM		COP
31	Finlande	Oui, IM		COP
32	France	Oui, IM		COP
33	Gabon	Non	Oui, IM	COP
34	Géorgie	Oui, IM		COP
35	Ghana*	Non	Non	COP
36	Grèce	Oui, IM		COP
37	Hong Kong (Chine)	Oui, IM		COP
38	Hongrie	Oui, IM		COP
39	Inde	Oui, IM		COP
40	Indonésie	Oui, IM		COP
41	Irlande	Oui, IM		COP
42	Islande	Oui, IM		COP
43	Israël	Oui, IM		COP
44	Italie	Non	Oui, IM	COP
45	Japon	Oui, autres		COP + LOB
46	Kazakhstan	Oui, IM		COP
47	Kirghizistan*	Non	Non	COP
48	Kosovo*	Non	Non	COP
49	Koweït	Non	Oui, IM	COP
50	Lettonie	Oui, IM		COP
51	Lituanie	Oui, IM		COP
52	Luxembourg	Oui, IM		COP
53	Macédoine du Nord	Non	Oui, IM	COP
54	Malaisie	Oui, IM		COP
55	Malte	Oui, IM		COP
56	Maroc	Non	Oui, IM	COP
57	Maurice	Oui, IM		COP
58	Mexique	Non	Oui, IM	COP
59	Moldova*	Non	Non	COP
60	Mongolie	Non	Oui, IM	COP
61	Monténégro	Non	Non	COP
62	Nigéria	Non	Oui, IM	COP
63	Norvège	Non	Oui, autres	COP
64	Nouvelle-Zélande	Oui, IM		COP
65	Ouzbékistan	Non	Non	COP
66	Pakistan	Oui, IM		COP
67	Pays-Bas	Oui, IM		COP
68	Philippines	Non	Non	COP
69	Pologne	Oui, IM		COP

70	Portugal	Oui, IM		COP
71	République démocratique du Congo	Non	Non	COP
72	République slovaque	Oui, IM		COP
73	Roumanie	Non	Oui, IM	COP
74	Royaume-Uni	Oui, IM		COP
75	Rwanda*	Non	Non	COP
76	Saint-Marin	Oui, IM		COP
77	Sénégal	Oui, IM		COP
78	Serbie	Oui, IM		COP
79	Seychelles	Oui, IM		COP
80	Singapour	Oui, IM		COP
81	Slovénie	Oui, IM		COP
82	Sri Lanka	Non	Non	COP
83	Suède	Non	Oui, IM	COP
84	Suisse	Non	Non	COP
85	Tadjikistan*	Non	Non	COP
86	Tchéquie	Oui, IM		COP
87	Thaïlande	Oui, IM		COP
88	Tunisie	Non	Oui, IM	COP
89	Türkiye	Non	Oui, IM	COP
90	Turkménistan*	Non	Non	COP
91	Ukraine	Oui, IM		COP
92	Uruguay	Oui, IM		COP
93	Venezuela*	Non	Non	COP
94	Viet Nam	Non	Oui, IM	COP

Autres conventions

	1. Partenaires conventionnels	2. Membre du Cadre inclusif
1	Taipei chinois*	Non

Belize

A. Progrès dans la mise en œuvre du standard minimum

Le Belize compte cinq conventions fiscales en vigueur, comme l'indique sa réponse au questionnaire d'examen par les pairs, y compris la convention multilatérale entre les membres de la CARICOM conclue avec dix de ses partenaires (la Convention de la CARICOM)[22]. Deux de ces conventions sont conformes au standard minimum.

Le Bélize a signé l'IM en 2019, a déposé son instrument de ratification le 7 avril 2022, et a notifié ses conventions fiscales non conformes. L'IM est entré en vigueur pour Belize le 1er août 2022. Les conventions qui seront modifiées par l'IM deviendront conformes au standard minimum une fois que les dispositions de l'IM auront pris effet.

Le Belize a indiqué dans sa réponse au questionnaire d'examen par les pairs avoir pris des mesures (autres qu'au titre de l'IM) afin de mettre en œuvre le standard minimum dans la convention de la CARICOM.

Le Belize met en œuvre le standard minimum par l'inclusion de la déclaration du préambule et de la règle COP[23].

B. Conclusion

Aucune juridiction n'a signalé de préoccupation relative à ses conventions conclues avec le Belize.

Synthèse de la réponse de la juridiction – Belize

	1. Partenaires de convention	2. Conformité avec le standard	3. Signature d'un instrument de mise en conformité	4. Recours à la disposition relative au standard minimum
1	Autriche	Non	Non	COP
2	Émirats arabes unis	Oui, IM		COP
3	Partenaires conventionnels membres de la CARICOM (Antigua-et-Barbuda, Barbade, Dominique, Grenade, Guyana*, Jamaïque, Saint-Kitts-et-Nevis, Sainte-Lucie, Saint-Vincent-et-les-Grenadines, Trinité-et-Tobago)	Non	Non	COP

22 Accord entre les gouvernements des États membres de la Communauté des Caraïbes tendant à éviter la double imposition et à prévenir l'évasion fiscale en matière d'impôts sur le revenu, sur les profits ou les gains en capital et pour l'encouragement du commerce régional et de l'investissement, 6 juillet 1994, Saint-Michel (Barbade) ; entre Antigua-et-Barbuda (18 février 1998), la Barbade (7 juillet 1995), le Belize (30 novembre 1994), la Dominique (19 juin 1996), Grenade (1er mars 1996), le Guyana* (26 novembre 1997), Jamaïque (16 février 1995), Saint-Kitts-et-Nevis (8 mai 1997), Sainte-Lucie (22 mai 1995), Saint-Vincent (12 février 1998) et Trinité-et-Tobago (29 novembre 1994).

23 Pour ses conventions notifiées aux fins de l'IM, le Belize choisit d'appliquer la disposition de la déclaration du préambule (article 6 de l'IM) et la règle COP (article 7 de l'IM).

4	Royaume-Uni	Oui, IM		COP
5	Suisse	Non	Non	COP

Bénin

A. Progrès dans la mise en œuvre du standard minimum

Le Bénin compte quatre conventions fiscales en vigueur, ainsi que l'indique sa réponse au questionnaire d'examen par les pairs, y compris le Règlement multilatéral 08/2008/COM portant adoption des règles visant à éviter la double imposition au sein de l'Union économique et monétaire ouest-africaine (l'UEMOA) et des règles d'assistance en matière fiscale conclu avec sept de ses partenaires[24], ainsi que l'Acte additionnel multilatéral A/SA 5/12/18 portant adoption des règles communautaires pour l'élimination de la double imposition en matière d'impôts sur les revenus, les capitaux et les successions et la prévention de la fraude et de l'évasion fiscale entre les États membres de la CEDEAO (l'Acte additionnel de la CEDEAO) conclu avec 14 partenaires. Deux de ces conventions, dont l'Acte additionnel de la CEDEAO, sont conformes au standard minimum.

Le Bénin n'a pas signé l'IM.

Le Bénin met en œuvre le standard minimum par l'inclusion de la déclaration du préambule et de la règle COP.

B. Conclusion

Le Bénin a élaboré un plan de mise en œuvre du standard minimum dans ses conventions conclues avec la France et la Norvège. Le Bénin a indiqué dans sa réponse au questionnaire d'examen par les pairs qu'il prévoyait de signer l'IM, et de notifier les conventions devant être couvertes par l'IM.

La Convention de l'UEMOA n'est pas conforme au standard minimum à ce stade, et des discussions visant à la mettre à jour devraient être envisagées[25].

Synthèse de la réponse de la juridiction – Bénin

	1. Partenaires de convention	2. Conformité avec le standard	3. Signature d'un instrument de mise en conformité	4. Recours à la disposition relative au standard minimum
1	Maroc	Oui, autres		COP
2	Partenaires conventionnels membres de l'Acte additionnel de la CEDEAO (Burkina Faso, Cabo Verde, Côte d'Ivoire, Gambie*, Ghana*, Guinée-Bissau*, Guinée Conakry*, Libéria, Mali*, Niger*, Nigéria, Sénégal, Sierra Leone, Togo)	Oui, autres		COP

[24] Règlement n° 08/2008/CM des pays de l'Union économique et monétaire ouest-africaine (UEMOA) du 26 septembre 2008 portant adoption des règles visant à éviter la double imposition au sein de l'UEMOA et des règles d'assistance en matière fiscale.

[25] Les révisions de la Convention de l'UEMOA nécessitent l'accord de ses huit partenaires.

Autres conventions

	1. Partenaires conventionnels	2. Membre du Cadre inclusif
1	France	Oui
2	Norvège	Oui
3	Partenaires conventionnels membres de l'UEMOA (Burkina Faso, Côte d'Ivoire, Guinée-Bissau*, Mali*, Niger*, Sénégal, Togo)	Oui (Burkina Faso, Côte d'Ivoire, Sénégal, Togo) Non (Guinée-Bissau*, Mali*, Niger*)

Bermudes

A. Progrès dans la mise en œuvre du standard minimum

Les Bermudes comptent quatre conventions fiscales en vigueur, ainsi que l'indique leur réponse au questionnaire d'examen par les pairs. Aucune de ces conventions n'est conforme au standard minimum.

Les Bermudes ont signé un instrument bilatéral de mise en conformité concernant les conventions conclues avec Bahreïn et le Qatar.

Les Bermudes ont indiqué dans leur réponse au questionnaire d'examen par les pairs avoir pris des mesures (autres qu'au titre de l'IM) afin de mettre en œuvre le standard minimum dans leurs conventions avec les Seychelles et les Émirats arabes unis.

B. Conclusion

Aucune juridiction n'a signalé de préoccupation relative à ses conventions conclues avec les Bermudes.

Synthèse de la réponse de la juridiction – Bermudes

	1. Partenaires de convention	2. Conformité avec le standard	3. Signature d'un instrument de mise en conformité	4. Recours à la disposition relative au standard minimum
1	Bahreïn	Non	Oui, autres	COP
2	Émirats arabes unis	Non	Non	COP
3	Qatar	Non	Oui, autres	COP
4	Seychelles	Non	Non	COP

Bosnie-Herzégovine

A. Progrès dans la mise en œuvre du standard minimum

La Bosnie-Herzégovine compte 38 conventions fiscales en vigueur, comme l'indique sa réponse au questionnaire d'examen par les pairs. Vingt-deux de ces conventions sont conformes au standard minimum.

La Bosnie-Herzégovine a signé l'IM en 2019, déposé son instrument de ratification le 16 septembre 2020, et notifié ses conventions fiscales non conformes conclues avec d'autres membres du Cadre inclusif. L'IM est entré en vigueur pour la Bosnie-Herzégovine le 1er janvier 2021. Les conventions qui seront modifiées par l'IM deviendront conformes au standard minimum une fois que les dispositions de l'IM auront pris effet.

La Bosnie-Herzégovine met en œuvre le standard minimum par l'inclusion de la déclaration du préambule et de la règle COP[26].

B. Conclusion

Aucune juridiction n'a signalé de préoccupation relative à ses conventions conclues avec la Bosnie-Herzégovine.

Synthèse de la réponse de la juridiction – Bosnie-Herzégovine

	1. Partenaires de convention	2. Conformité avec le standard	3. Signature d'un instrument de mise en conformité	4. Recours à la disposition relative au standard minimum
1	Albanie	Oui, IM		COP
2	Algérie*	Non	Non	COP
3	Allemagne	Non	Non	COP
4	Autriche	Non	Non	COP
5	Azerbaïdjan	Non	Non	COP
6	Belgique	Oui, IM		COP
7	Chine (République populaire de)	Oui, IM		COP
8	Chypre*	Oui, IM		COP
9	Croatie	Oui, IM		COP
10	Émirats arabes unis	Oui, IM		COP
11	Espagne	Oui, IM		COP
12	Finlande	Oui, IM		COP
13	France	Oui, IM		COP
14	Grèce	Oui, IM		COP
15	Hongrie	Oui, IM		COP
16	Irlande	Oui, IM		COP
17	Italie	Non	Oui, IM	COP
18	Jordanie	Oui, IM		COP
19	Koweït	Non	Oui, IM	COP
20	Macédoine du Nord	Non	Oui, IM	COP

26 Pour ses conventions notifiées aux fins de l'IM, la Bosnie-Herzégovine choisit d'appliquer la disposition de la déclaration du préambule (article 6 de l'IM) et la règle COP (article 7 de l'IM).

21	Malaisie	Oui, IM		COP
22	Moldova*	Non	Non	COP
23	Monténégro	Non	Non	COP
24	Norvège	Non	Non	COP
25	Pakistan	Oui, IM		COP
26	Pays-Bas	Oui, IM		COP
27	Pologne	Oui, IM		COP
28	Qatar	Oui, IM		COP
29	République slovaque	Oui, IM		COP
30	Roumanie	Non	Oui, IM	COP
31	Royaume-Uni	Oui, IM		COP
32	Serbie	Oui, IM		COP
33	Slovénie	Oui, IM		COP
34	Sri Lanka	Non	Non	COP
35	Suède	Non	Non	COP
36	Tchéquie	Non	Non	COP
37	Türkiye	Non	Oui, IM	COP

Autres conventions

	1. Partenaires conventionnels	2. Membre du Cadre inclusif
1	Iran*	Non

Botswana

A. Progrès dans la mise en œuvre du standard minimum

Le Botswana compte 20 conventions fiscales en vigueur, comme l'indique sa réponse au questionnaire d'examen par les pairs. Deux de ces conventions sont conformes au standard minimum.

Le Botswana n'a pas signé l'IM.

Le Botswana a indiqué dans sa réponse au questionnaire d'examen par les pairs avoir pris des mesures (autres qu'au titre de l'IM) afin de mettre en œuvre le standard minimum dans sa convention avec Maurice.

Le Botswana met en œuvre le standard minimum par l'inclusion de la déclaration du préambule et de la règle COP.

B. Conclusion

Le Botswana a élaboré un plan de mise en œuvre du standard minimum dans ses conventions avec la Barbade, la Chine (République populaire de), l'Eswatini, la Fédération de Russie, la France, l'Inde, l'Irlande, Malte, la Namibie, le Royaume-Uni, les Seychelles, la Suède, la Tchéquie et la Zambie. Le Botswana a indiqué dans sa réponse au questionnaire d'examen par les pairs qu'il prévoyait de signer l'IM, et de notifier les conventions devant être couvertes par l'IM.

Synthèse de la réponse de la juridiction – Botswana

	1. Partenaires de convention	2. Conformité avec le standard	3. Signature d'un instrument de mise en conformité	4. Recours à la disposition relative au standard minimum
1	Émirats arabes unis	Oui, autres		COP
2	Luxembourg	Oui, autres		COP
3	Maurice	Non	Non	

Autres conventions

	1. Partenaires conventionnels	2. Membre du Cadre inclusif
1	Afrique du Sud	Oui
2	Barbade	Oui
3	Chine (République populaire de)	Oui
4	Eswatini	Oui
5	Fédération de Russie	Oui
6	France	Oui
7	Inde	Oui
8	Irlande	Oui
9	Malte	Oui
10	Mozambique*	Non
11	Namibie	Oui
12	Royaume-Uni	Oui
13	Seychelles	Oui

14	Suède	Oui
15	Tchéquie	Oui
16	Zambie	Oui
17	Zimbabwe*	Non

Brésil

A. Progrès dans la mise en œuvre du standard minimum

Le Brésil compte 36 conventions fiscales en vigueur, comme l'indique sa réponse au questionnaire d'examen par les pairs. Quatre de ces conventions sont conformes au standard minimum.

Le Brésil n'a pas signé l'IM.

Le Brésil a signé un instrument bilatéral de mise en conformité concernant ses conventions avec le Chili, la Chine (République populaire de), l'Inde, la Norvège et la Suède.

Le Brésil a indiqué dans sa réponse au questionnaire d'examen par les pairs que des mesures ont été prises (autres que dans le cadre de l'IM) pour mettre en œuvre le standard minimum dans ses conventions avec l'Afrique du Sud, l'Autriche, la Belgique, le Canada, la Corée, le Danemark, l'Équateur*, l'Espagne, la Fédération de Russie, la Finlande, la France, la Hongrie, Israël, l'Italie, le Japon, le Luxembourg, le Mexique, les Pays-Bas, le Pérou, les Philippines, le Portugal, la République slovaque, Trinité-et-Tobago, la Tchéquie, la Türkiye et l'Ukraine.

Le Brésil met en œuvre le standard minimum par l'inclusion de la disposition de la déclaration du préambule et la règle COP associée à la règle LOB.

B. Conclusion

Aucune juridiction n'a signalé de préoccupation relative à ses conventions conclues avec le Brésil.

Synthèse de la réponse de la juridiction – Brésil

	1. Partenaires de convention	2. Conformité avec le standard	3. Signature d'un instrument de mise en conformité	4. Recours à la disposition relative au standard minimum
1	Afrique du Sud	Non	Non	
2	Argentine	Oui, autres		COP + LOB
3	Autriche	Non	Non	
4	Belgique	Non	Non	
5	Canada	Non	Non	
6	Chili	Non	Oui, autres	COP + LOB
7	Chine (République populaire de)	Non	Oui, autres	COP + LOB
8	Corée	Non	Non	
9	Danemark	Non	Non	
10	Émirats arabes unis	Oui, autres		COP + LOB
11	Équateur*	Non	Non	
12	Espagne	Non	Non	
13	Fédération de Russie	Non	Non	
14	Finlande	Non	Non	
15	France	Non	Non	
16	Hongrie	Non	Non	
17	Inde	Non	Oui, autres	
18	Israël	Non	Non	
19	Italie	Non	Non	

20	Japon	Non	Non	
21	Luxembourg	Non	Non	
22	Mexique	Non	Non	
23	Norvège	Non	Oui, autres	
24	Pays-Bas	Non	Non	
25	Pérou	Non	Non	
26	Philippines	Non	Non	
27	Portugal	Non	Non	
28	République slovaque	Non	Non	
29	Singapour	Oui, autres		COP + LOB
30	Suède	Non	Oui, autres	COP + LOB
31	Suisse	Oui, autres		COP + LOB
32	Tchéquie	Non	Non	
33	Trinité-et-Tobago	Non	Non	
34	Türkiye	Non	Non	
35	Ukraine	Non	Non	

Autres conventions

	1. Partenaires conventionnels	2. Membre du Cadre inclusif
1	Venezuela*	Non

Brunei Darussalam

A. Progrès dans la mise en œuvre du standard minimum

Le Brunei Darussalam compte 18 conventions fiscales en vigueur, comme l'indique sa réponse au questionnaire d'examen par les pairs. Aucune de ces conventions n'est conforme au standard minimum.

Le Brunei Darussalam n'a pas signé l'IM.

B. Conclusion

Le Brunei Darussalam a élaboré un plan de mise en œuvre du standard minimum dans ses conventions avec Bahreïn, la Chine (République populaire de), la Corée, les Émirats arabes unis, Hong Kong (Chine), l'Indonésie, le Japon, le Luxembourg, la Malaisie, Oman, le Pakistan, le Qatar, Singapour, le Royaume-Uni et le Viet Nam. Le Brunei Darussalam a indiqué dans sa réponse au questionnaire d'examen par les pairs qu'il modifiait actuellement son cadre juridique en vue d'adhérer à l'IM.

Autres conventions

Le tableau ci-après répertorie les conventions non conformes, qui ne font pas l'objet d'un instrument de mise en conformité, d'une déclaration générale relative à l'application d'une règle détaillée de limitation des avantages, et pour lesquelles aucune mesure n'a été prise en vue de mettre en œuvre le standard minimum.

	1. Partenaires conventionnels	2. Membre du Cadre inclusif
1	Bahreïn	Oui
2	Cambodge*	Non
3	Chine (République populaire de)	Oui
4	Corée	Oui
5	Émirats arabes unis	Oui
6	Hong Kong (Chine)	Oui
7	Indonésie	Oui
8	Japon	Oui
9	Koweït	Oui
10	Luxembourg	Oui
11	Malaisie	Oui
12	Oman	Oui
13	Pakistan	Oui
14	Qatar	Oui
15	République démocratique populaire lao*	Non
16	Royaume-Uni	Oui
17	Singapour	Oui
18	Viet Nam	Oui

Bulgarie

A. Progrès dans la mise en œuvre du standard minimum

La Bulgarie compte 71 conventions fiscales en vigueur, comme l'indique sa réponse au questionnaire d'examen par les pairs. Quarante-et-une de ces conventions sont conformes au standard minimum.

La Bulgarie a signé l'IM en 2017, a déposé son instrument de ratification le 16 septembre 2022, et notifié 64 de ses conventions fiscales. L'IM entrera en vigueur pour la Bulgarie à compter du 1er janvier 2023. Les conventions qui seront modifiées par l'IM deviendront conformes au standard minimum une fois que les dispositions de l'IM auront pris effet.

La Bulgarie n'a pas notifié ses conventions avec l'Allemagne, la Finlande, Malte, l'Ouzbékistan et la Suisse aux fins de l'IM mais a indiqué dans sa réponse au questionnaire d'examen par les pairs avoir pris des mesures (autres qu'au titre de l'IM) afin de mettre en œuvre le standard minimum dans ces conventions.

La Bulgarie met en œuvre le standard minimum par l'inclusion de la déclaration du préambule et de la règle COP.

B. Conclusion

Aucune juridiction n'a signalé de préoccupation relative à ses conventions conclues avec la Bulgarie.

Synthèse de la réponse de la juridiction – Bulgarie

	1. Partenaires de convention	2. Conformité avec le standard	3. Signature d'un instrument de mise en conformité	4. Recours à la disposition relative au standard minimum
1	Afrique du Sud	Oui, IM		COP
2	Albanie	Oui, IM		COP
3	Algérie*	Non	Non	COP
4	Allemagne	Non	Oui, autres	COP
5	Arabie saoudite	Oui, autres		COP
6	Arménie	Non	Oui, IM	COP
7	Autriche	Oui, IM		COP
8	Azerbaïdjan	Non	Non	COP
9	Bahreïn	Oui, IM		COP
10	Bélarus	Non	Non	COP
11	Belgique	Oui, IM		COP
12	Canada	Oui, IM		COP
13	Chine (République populaire de)	Oui, IM		COP
14	Chypre*	Oui, IM		COP
15	Corée	Oui, IM		COP
16	Croatie	Oui, IM		COP
17	Danemark	Oui, IM		COP
18	Égypte	Oui, IM		COP
19	Émirats arabes unis	Oui, IM		COP
20	Espagne	Non	Oui, IM	COP
21	Estonie	Non	Oui, IM	COP
22	États-Unis	Non	Non	PPT + LOB détaillée

23	Fédération de Russie	Non	Oui, IM	COP
24	Finlande	Non	Non	
25	France	Oui, IM		COP
26	Géorgie	Oui, IM		COP
27	Grèce	Oui, IM		COP
28	Hongrie	Oui, IM		COP
29	Inde	Oui, IM		COP
30	Indonésie	Non	Oui, IM	COP
31	Iran*	Non	Non	COP
32	Irlande	Oui, IM		COP
33	Israël	Oui, IM		COP
34	Italie	Non	Oui, IM	COP
35	Japon	Oui, IM		COP
36	Jordanie	Oui, IM		COP
37	Kazakhstan	Oui, IM		COP
38	Koweït	Non	Oui, IM	COP
39	Lettonie	Oui, IM		COP
40	Liban*	Non	Non	COP
41	Lituanie	Oui, IM		COP
42	Luxembourg	Oui, IM		COP
43	Macédoine du Nord	Non	Oui, IM	COP
44	Malte	Non	Non	
45	Maroc	Non	Oui, IM	COP
46	Moldova*	Non	Non	COP
47	Mongolie	Non	Oui, IM	COP
48	Monténégro	Non	Non	COP
49	Norvège	Oui, IM		COP
50	Ouzbékistan	Non	Non	
51	Pakistan	Oui, autres		COP
52	Pays-Bas	Oui, autres		COP
53	Pologne	Oui, IM		COP
54	Portugal	Oui, IM		COP
55	Qatar	Oui, IM		COP
56	République arabe syrienne*	Non	Non	COP
57	République populaire démocratique de Corée*	Non	Non	COP
58	République slovaque	Oui, IM		COP
59	Roumanie	Non	Oui, IM	COP
60	Royaume-Uni	Oui, IM		COP
61	Serbie	Oui, IM		COP
62	Singapour	Oui, IM		COP
63	Slovénie	Oui, IM		COP
64	Suède	Non	Oui, IM	COP
65	Suisse	Non	Non	
66	Tchéquie	Oui, IM		COP
67	Thaïlande	Oui, IM		COP
68	Türkiye	Non	Oui, IM	COP
69	Ukraine	Oui, IM		COP
70	Viet Nam	Non	Oui, IM	COP
71	Zimbabwe*	Non	Non	COP

Burkina Faso

A. Progrès dans la mise en œuvre du standard minimum

Le Burkina Faso compte quatre conventions fiscales en vigueur, ainsi que l'indique sa réponse au questionnaire d'examen par les pairs, y compris le Règlement multilatéral 08/2008/COM portant adoption des règles visant à éviter la double imposition au sein de l'Union économique et monétaire ouest-africaine (l'UEMOA) et des règles d'assistance en matière fiscale conclu avec sept de ses partenaires[27], ainsi que l'Acte additionnel multilatéral A/SA 5/12/18 portant adoption des règles communautaires pour l'élimination de la double imposition en matière d'impôts sur les revenus, les capitaux et les successions et la prévention de la fraude et de l'évasion fiscale entre les États membres de la CEDEAO (l'Acte additionnel de la CEDEAO) conclu avec 14 partenaires. Deux de ces conventions, dont l'Acte additionnel de la CEDEAO, sont conformes au standard minimum.

Le Burkina Faso a signé l'IM en 2017, a déposé son instrument de ratification le 30 octobre 2020, et a notifié ses conventions fiscales bilatérales non conformes. L'IM est entré en vigueur pour le Burkina Faso le 1er février 2021. Les conventions qui seront modifiées par l'IM deviendront conformes au standard minimum une fois que les dispositions de l'IM auront pris effet.

Le Burkina Faso met en œuvre le standard minimum par l'inclusion de la déclaration du préambule et de la règle COP[28].

B. Conclusion

La convention de l'UEMOA n'est pas conforme au standard minimum à ce stade, et des discussions visant à la mettre à jour devraient être envisagées[29].

Synthèse de la réponse de la juridiction – Burkina Faso

	1. Partenaires de convention	2. Conformité avec le standard	3. Signature d'un instrument de mise en conformité	4. Recours à la disposition relative au standard minimum
1	France	Oui, IM		COP
2	Partenaires conventionnels membres de l'Acte additionnel de la CEDEAO (Bénin, Cabo Verde, Côte d'Ivoire, Gambie*, Ghana*, Guinée-Bissau*, Guinée Conakry*, Libéria, Mali*, Niger*, Nigéria, Sénégal, Sierra	Oui autre		COP

[27] Règlement n° 08/2008/CM des pays de l'Union économique et monétaire ouest-africaine (UEMOA) du 26 septembre 2008 portant adoption des règles visant à éviter la double imposition au sein de l'UEMOA et des règles d'assistance en matière fiscale.

[28] Pour ses conventions notifiées aux fins de l'IM, le Burkina Faso choisit d'appliquer la disposition de la déclaration du préambule (article 6 de l'IM) et la règle COP (article 7 de l'IM).

[29] Les révisions de la Convention de l'UEMOA nécessitent l'accord de ses huit partenaires.

	Leone, Togo)			
3	Tunisie	Non	Oui, IM	COP

Autres conventions

	1. Partenaires conventionnels	2. Membre du Cadre inclusif
1	Partenaires conventionnels membres de l'UEMOA (Bénin, Côte d'Ivoire, Guinée-Bissau*, Mali*, Niger*, Sénégal, Togo)	Oui (Bénin, Côte d'Ivoire, Sénégal, Togo) Non (Guinée-Bissau*, Mali*, Niger*)

Cabo Verde

A. Progrès dans la mise en œuvre du standard minimum

Le Cabo Verde compte six conventions fiscales en vigueur, ainsi que l'indique sa réponse au questionnaire d'examen par les pairs, dont l'Acte additionnel multilatéral A/SA 5/12/18 portant adoption des règles communautaires pour l'élimination de la double imposition en matière d'impôts sur les revenus, les capitaux et les successions et la prévention de la fraude et de l'évasion fiscale entre les États membres de la CEDEAO (l'Acte additionnel de la CEDEAO) conclu avec 14 partenaires. Deux de ces conventions, dont l'Acte additionnel de la CEDEAO, sont conformes au standard minimum.

Le Cabo Verde n'a pas signé l'IM.

Le Cabo Verde a indiqué dans sa réponse au questionnaire d'examen par les pairs avoir pris des mesures (autres qu'au titre de l'IM) afin de mettre en œuvre le standard minimum dans ses conventions avec Macao (Chine), Maurice et le Portugal.

Le Cabo Verde met en œuvre le standard minimum par l'inclusion de la déclaration du préambule et de la règle COP.

B. Conclusion

Le Cabo Verde a élaboré un plan de mise en œuvre du standard minimum dans sa convention conclue avec l'Espagne. Le Cabo Verde a indiqué dans sa réponse au questionnaire d'examen par les pairs que des négociations bilatérales seraient engagées concernant cette convention.

Synthèse de la réponse de la juridiction – Cabo Verde

	1. Partenaires de convention	2. Conformité avec le standard	3. Signature d'un instrument de mise en conformité	4. Recours à la disposition relative au standard minimum
1	Macao (Chine)	Non	Non	COP
2	Maurice	Non	Non	COP
3	Partenaires conventionnels membres de l'Acte additionnel de la CEDEAO (Bénin, Burkina Faso, Côte d'Ivoire, Gambie*, Ghana*, Guinée-Bissau*, Guinée Conakry*, Libéria, Mali*, Niger*, Nigéria, Sénégal, Sierra Leone, Togo)	Oui, autres		COP
4	Portugal	Non	Non	COP
5	Sénégal	Oui, autres		COP

Autres conventions

	1. Partenaires conventionnels	2. Membre du Cadre inclusif
1	Espagne	Oui

Cameroun

A. Progrès dans la mise en œuvre du standard minimum

Le Cameroun compte six conventions fiscales en vigueur, ainsi que l'indique sa réponse au questionnaire d'examen par les pairs. Quatre de ces conventions sont conformes au standard minimum.

Le Cameroun a signé l'IM en 2017, a déposé son instrument de ratification le 21 avril 2022, et a notifié ses conventions fiscales non conformes. L'IM est entré en vigueur pour le Cameroun le 1er août 2022. Les conventions qui seront modifiées par l'IM deviendront conformes au standard minimum une fois que les dispositions de l'IM auront pris effet.

Le Cameroun met en œuvre le standard minimum par l'inclusion de la déclaration du préambule et de la règle COP[30].

B. Conclusion

Aucune juridiction n'a signalé de préoccupation relative à ses conventions conclues avec le Cameroun.

Synthèse de la réponse de la juridiction – Cameroun

	1. Partenaires de convention	2. Conformité avec le standard	3. Signature d'un instrument de mise en conformité	4. Recours à la disposition relative au standard minimum
1	Afrique du Sud	Oui, IM		COP
2	Canada	Oui, IM		COP
3	Émirats arabes unis	Oui, IM		COP
4	France	Oui, IM		COP
5	Maroc	Non	Oui, IM	COP
6	Tunisie	Non	Oui, IM	COP

[30] Pour ses conventions notifiées aux fins de l'IM, le Cameroun choisit d'appliquer la disposition de la déclaration du préambule (article 6 de l'IM) et la règle COP (article 7 de l'IM).

Canada

A. Progrès dans la mise en œuvre du standard minimum

Le Canada compte 94 conventions fiscales en vigueur[31], comme l'indique sa réponse au questionnaire d'examen par les pairs. Cinquante de ces conventions sont conformes au standard minimum.

Le Canada a signé l'IM en 2017 et a déposé son instrument de ratification le 29 août 2019. L'IM est entré en vigueur pour le Canada le 1er décembre 2019. Les conventions qui seront modifiées par l'IM deviendront conformes au standard minimum une fois que les dispositions de l'IM auront pris effet.

Le Canada a indiqué dans sa réponse au questionnaire d'examen par les pairs avoir pris des mesures (autres qu'au titre de l'IM) afin de mettre en œuvre le standard minimum dans ses conventions avec l'Allemagne, le Brésil, les États-Unis, la Norvège et la Suisse.

Le Canada met en œuvre le standard minimum par l'inclusion de la déclaration du préambule et de la règle COP[32].

B. Conclusion

Aucune juridiction n'a signalé de préoccupation relative à ses conventions conclues avec le Canada.

Synthèse de la réponse de la juridiction – Canada

	1. Partenaires de convention	2. Conformité avec le standard	3. Signature d'un instrument de mise en conformité	4. Recours à la disposition relative au standard minimum
1	Afrique du Sud	Oui, IM		COP
2	Algérie*	Non	Non	COP
3	Allemagne	Non	Non	
4	Argentine	Non	Oui, IM	COP
5	Arménie	Non	Oui, IM	COP
6	Australie	Oui, IM		COP
7	Autriche	Oui, IM		COP
8	Azerbaïdjan	Non	Non	COP
9	Bangladesh*	Non	Non	COP
10	Barbade	Oui, IM		COP
11	Belgique	Oui, IM		COP
12	Brésil	Non	Non	
13	Bulgarie	Oui, IM		COP

[31] Cela comprend un Arrangement en vue d'éviter les doubles impositions et de prévenir l'évasion fiscale en matière d'impôts sur le revenu conclu entre le Bureau commercial du Canada à Taipei et le Bureau économique et culturel de Taipei au Canada.

[32] Pour ses conventions notifiées aux fins de l'IM, le Canada choisit d'appliquer la disposition de la déclaration du préambule (article 6 de l'IM) et la règle COP (article 7 de l'IM). Le Canada a déclaré, conformément à l'article 7(17)(a) de l'IM, que même si elle accepte d'appliquer uniquement la règle COP à titre provisoire, elle a l'intention d'adopter, dans la mesure du possible, une règle LOB venant compléter ou remplacer la règle COP *via* des négociations bilatérales.

14	Cameroun	Oui, IM		COP
15	Chili	Oui, IM		COP
16	Chine (République populaire de)	Oui, IM		COP
17	Chypre*	Oui, IM		COP
18	Colombie	Non	Oui, IM	COP
19	Corée	Oui, IM		COP
20	Côte d'Ivoire	Non	Oui, IM	COP
21	Croatie	Oui, IM		COP
22	Danemark	Oui, IM		COP
23	Égypte	Oui, IM		COP
24	Émirats arabes unis	Oui, IM		COP
25	Espagne	Oui, IM		COP
26	Estonie	Non	Oui, IM	COP
27	États-Unis	Non	Non	
28	Fédération de Russie	Oui, IM		COP
29	Finlande	Oui, IM		COP
30	France	Oui, IM		COP
31	Gabon	Non	Oui, IM	COP
32	Grèce	Oui, IM		COP
33	Hong Kong (Chine)	Oui, IM		COP
34	Hongrie	Oui, IM		COP
35	Inde	Oui, IM		COP
36	Indonésie	Oui, IM		COP
37	Irlande	Oui, IM		COP
38	Islande	Oui, IM		COP
39	Israël	Oui, IM		COP
40	Italie	Non	Oui, IM	COP
41	Jamaïque	Non	Oui, IM	COP
42	Japon	Oui, IM		COP
43	Jordanie	Oui, IM		COP
44	Kazakhstan	Oui, IM		COP
45	Kenya	Non	Oui, IM	COP
46	Koweït	Non	Oui, IM	COP
47	Lettonie	Oui, IM		COP
48	Lituanie	Oui, IM		COP
49	Luxembourg	Oui, IM		COP
50	Malaisie	Oui, IM		COP
51	Malte	Oui, IM		COP
52	Maroc	Non	Oui, IM	COP
53	Mexique	Non	Oui, IM	COP
54	Moldova*	Non	Non	COP
55	Mongolie	Non	Oui, IM	COP
56	Nigéria	Non	Oui, IM	COP
57	Norvège	Non	Non	
58	Nouvelle-Zélande	Oui, IM		COP
59	Oman	Oui, IM		COP
60	Pakistan	Oui, IM		COP
61	Papouasie–Nouvelle-Guinée	Non	Oui, IM	COP
62	Pays-Bas	Oui, IM		COP
63	Pérou	Non	Oui, IM	COP
64	Philippines	Non	Non	COP
65	Pologne	Oui, IM		COP
66	Portugal	Oui, IM		COP

67	République dominicaine	Non	Non	COP
68	République slovaque	Oui, IM		COP
69	Roumanie	Non	Oui, IM	COP
70	Royaume-Uni	Oui, IM		COP
71	Sénégal	Oui, IM		COP
72	Serbie	Oui, IM		COP
73	Singapour	Oui, IM		COP
74	Slovénie	Oui, IM		COP
75	Sri Lanka	Non	Non	COP
76	Suède	Non	Oui, IM	COP
77	Suisse	Non	Non	
78	Tanzanie*	Non	Non	COP
79	Tchéquie	Oui, IM		COP
80	Thaïlande	Oui, IM		COP
81	Trinité-et-Tobago	Non	Non	COP
82	Tunisie	Non	Oui, IM	COP
83	Türkiye	Non	Oui, IM	COP
84	Ukraine	Oui, IM		COP
85	Viet Nam	Non	Oui, IM	COP
86	Zambie	Non	Non	COP
87	Zimbabwe*	Non	Non	COP

Autres conventions

	1. Partenaires conventionnels	2. Membre du Cadre inclusif
1	Équateur*	Non
2	Guyana*	Non
3	Kirghizistan*	Non
4	Madagascar*	Non
5	Ouzbékistan	Oui
6	Taipei chinois*	Non
7	Venezuela*	Non

Chili

A. Progrès dans la mise en œuvre du standard minimum

Le Chili compte 36 conventions fiscales en vigueur, comme l'indique sa réponse au questionnaire d'examen par les pairs. Vingt-huit de ces conventions sont conformes au standard minimum.

Le Chili a signé l'IM en 2017, a déposé son instrument de ratification le 26 novembre 2020, et a notifié ses conventions fiscales non conformes. L'IM est entré en vigueur pour le Chili le 1er mars 2021. Les conventions qui seront modifiées par l'IM deviendront conformes au standard minimum une fois que les dispositions de l'IM auront pris effet.

Le Chili a signé un instrument bilatéral de mise en conformité concernant sa convention avec le Brésil.

Le Chili a indiqué dans sa réponse au questionnaire d'examen par les pairs avoir pris des mesures (autres qu'au titre de l'IM) afin de mettre en œuvre le standard minimum dans ses conventions avec l'Équateur* et le Paraguay.

Le Chili met généralement en œuvre le standard minimum par l'inclusion de la disposition de la déclaration du préambule et de la règle COP associée à la règle LOB. [33]

B. Conclusion

Aucune juridiction n'a signalé de préoccupation relative à ses conventions conclues avec le Chili.

Synthèse de la réponse de la juridiction – Chili

	1. Partenaires de convention	2. Conformité avec le standard	3. Signature d'un instrument de mise en conformité	4. Recours à la disposition relative au standard minimum
1	Afrique du Sud	Oui, IM		COP
2	Argentine	Oui, autres		COP + LOB
3	Australie	Oui, IM		COP
4	Autriche	Oui, IM		COP
5	Belgique	Oui, IM		COP
6	Brésil	Non	Oui, autres	COP + LOB
7	Canada	Oui, IM		COP
8	Chine (République populaire de)	Oui, autres		COP + LOB
9	Colombie	Non	Oui, IM	COP + LOB
10	Corée	Oui, IM		COP
11	Croatie	Oui, IM		COP
12	Danemark	Oui, IM		COP + LOB

33 Pour ses conventions notifiées aux fins de l'IM, le Chili choisit d'appliquer la disposition de la déclaration du préambule (article 6 de l'IM) et la règle COP (article 7 de l'IM). Le Chili a également opté pour la règle LOB simplifiée conformément à l'article 7(6) de l'IM, et a indiqué, en vertu de l'article 7(17)(a) de l'IM, que même s'il accepte l'application de la règle COP aux fins de l'IM, il a l'intention dans la mesure du possible d'adopter une règle LOB *via* des négociations bilatérales. Le Chili a formulé une réserve conformément à l'article 6(4) de l'IM afin de ne pas appliquer l'article 6(1) concernant les conventions qui contiennent déjà la version adéquate du préambule (quatre conventions). Le Chili a également formulé une réserve conformément à l'article 7(15)(b) de l'IM afin de ne pas appliquer l'article 7(1) concernant les conventions qui contiennent déjà une règle COP (quatre conventions).

13	Émirats arabes unis	Oui, autres		COP
14	Équateur*	Non	Non	COP + LOB
15	Espagne	Oui, IM		COP
16	Fédération de Russie	Oui, IM		COP + LOB
17	France	Oui, IM		COP
18	Inde	Oui, autres		COP + LOB
19	Irlande	Oui, IM		COP
20	Italie	Oui, autres		COP
21	Japon	Oui, autres		COP
22	Malaisie	Oui, IM		COP
23	Mexique	Non	Oui, IM	COP + LOB
24	Norvège	Oui, IM		COP + LOB
25	Nouvelle-Zélande	Oui, IM		COP
26	Paraguay	Non	Non	COP + LOB
27	Pays-Bas	Oui, autres		COP + LOB
28	Pérou	Non	Oui, IM	COP
29	Pologne	Oui, IM		COP
30	Portugal	Oui, IM		COP
31	Royaume-Uni	Oui, IM		COP
32	Suède	Non	Oui, IM	COP
33	Suisse	Non	Oui, IM	COP
34	Tchéquie	Oui, IM		COP
35	Thaïlande	Oui, IM		COP
36	Uruguay	Oui, autres		COP + LOB

Chine (République populaire de)

A. Progrès dans la mise en œuvre du standard minimum

La Chine compte 105 conventions fiscales en vigueur, comme l'indique sa réponse au questionnaire d'examen par les pairs. Soixante de ces conventions sont conformes au standard minimum.

La Chine a signé l'IM en 2017, a déposé son instrument de ratification le 25 mai 2022, et a notifié ses conventions fiscales non conformes. L'IM est entré en vigueur pour la Chine le 1er septembre 2022. Les conventions qui seront modifiées par l'IM deviendront conformes au standard minimum une fois que les dispositions de l'IM auront pris effet.

La Chine a signé un instrument bilatéral de mise en conformité concernant ses conventions avec le Brésil et l'Italie.

La Chine a indiqué dans sa réponse au questionnaire d'examen par les pairs avoir pris des mesures (autres qu'au titre de l'IM) afin de mettre en œuvre le standard minimum dans ses conventions avec l'Allemagne et la Suisse.

La Chine met généralement en œuvre le standard minimum par l'inclusion de la déclaration du préambule et de la règle COP[34].

B. Conclusion

Aucune juridiction n'a signalé de préoccupation relative à ses conventions conclues avec la Chine.

Synthèse de la réponse de la juridiction – Chine (République populaire de)

	1. Partenaires de convention	2. Conformité avec le standard	3. Signature d'un instrument de mise en conformité	4. Recours à la disposition relative au standard minimum
1	Afrique du Sud	Oui, IM		COP
2	Albanie	Oui, IM		COP
3	Algérie*	Non	Non	COP
4	Allemagne	Non	Non	COP
5	Angola	Oui, autres		COP
6	Arabie saoudite	Oui, IM		COP
7	Arménie	Non	Oui, IM	COP
8	Australie	Oui, IM		COP
9	Autriche	Oui, IM		COP
10	Azerbaïdjan	Non	Non	COP
11	Bahreïn	Oui, IM		COP
12	Bangladesh*	Non	Non	COP
13	Barbade	Oui, IM		COP
14	Bélarus	Non	Non	COP
15	Belgique	Oui, IM		COP
16	Bosnie-Herzégovine	Oui, IM		COP

34 Pour ses conventions notifiées aux fins de l'IM, la Chine choisit d'appliquer la disposition de la déclaration du préambule (article 6 de l'IM) et la règle COP (article 7 de l'IM).

17	Botswana	Non	Non	COP
18	Brésil	Non	Oui, autres	COP + LOB
19	Brunei Darussalam	Non	Non	COP
20	Bulgarie	Oui, IM		COP
21	Cambodge*	Non	Non	COP
22	Canada	Oui, IM		COP
23	Chili	Oui, autres		COP + LOB
24	Chypre*	Oui, IM		COP
25	Congo	Oui autre		COP
26	Corée	Oui, IM		COP
27	Croatie	Oui, IM		COP
28	Cuba*	Non	Non	COP
29	Danemark	Oui, IM		COP
30	Égypte	Oui, IM		COP
31	Émirats arabes unis	Oui, IM		COP
32	Équateur*	Non	Non	COP + LOB
33	Espagne	Oui, autres		COP
34	Estonie	Non	Oui, IM	COP
35	États-Unis	Non	Non	
36	Éthiopie*	Non	Non	COP
37	Fédération de Russie	Non	Oui, IM	COP + LOB
38	Finlande	Oui, IM		COP
39	France	Oui, IM		COP
40	Géorgie	Oui, IM		COP
41	Grèce	Oui, IM		COP
42	Hongrie	Oui, IM		COP
43	Inde	Oui, autres		COP
44	Indonésie	Oui, IM		COP
45	Iran*	Non	Non	COP
46	Irlande	Oui, IM		COP
47	Islande	Oui, IM		COP
48	Israël	Oui, IM		COP
49	Italie	Non	Oui, IM	COP
50	Jamaïque	Non	Oui, IM	COP
51	Japon	Oui, IM		COP
52	Kazakhstan	Oui, IM		COP
53	Kirghizistan*	Non	Non	COP
54	Koweït	Non	Oui, IM	COP
55	Lettonie	Oui, IM		COP
56	Lituanie	Oui, IM		COP
57	Luxembourg	Oui, IM		COP
58	Macédoine du Nord	Non	Oui, IM	COP
59	Malaisie	Oui, IM		COP
60	Malte	Oui, IM		COP
61	Maroc	Non	Oui, IM	COP
62	Maurice	Oui, IM		COP
63	Mexique	Non	Oui, IM	COP
64	Moldova*	Non	Non	COP
65	Mongolie	Non	Non	COP
66	Monténégro	Non	Non	COP
67	Népal*	Non	Non	COP
68	Nigéria	Non	Oui, IM	COP
69	Norvège	Oui, IM		COP

70	Nouvelle-Zélande	Oui, autres		COP
71	Oman	Oui, IM		COP
72	Ouzbékistan	Non	Non	COP
73	Pakistan	Oui, IM		COP
74	Papouasie-Nouvelle-Guinée	Non	Oui, IM	COP
75	Pays-Bas	Oui, IM		COP
76	Philippines	Non	Non	COP
77	Pologne	Oui, IM		COP
78	Portugal	Oui, IM		COP
79	Qatar	Oui, IM		COP
80	République arabe syrienne*	Non	Non	COP
81	République démocratique populaire lao*	Non	Non	COP
82	République slovaque	Oui, IM		COP
83	Roumanie	Non	Oui, IM	COP
84	Royaume-Uni	Oui, IM		COP
85	Rwanda*	Oui, autres		COP
86	Serbie	Oui, IM		COP
87	Seychelles	Oui, IM		COP
88	Singapour	Oui, IM		COP
89	Slovénie	Oui, IM		COP
90	Soudan*	Non	Non	COP
91	Sri Lanka	Non	Non	COP
92	Suède	Non	Oui, IM	COP
93	Suisse	Non	Non	COP
94	Tadjikistan*	Non	Non	COP
95	Tchéquie	Oui, IM		COP
96	Thaïlande	Oui, IM		COP
97	Trinité-et-Tobago	Non	Non	COP
98	Tunisie	Non	Oui, IM	COP
99	Türkiye	Non	Oui, IM	COP
100	Turkménistan*	Non	Non	COP
101	Ukraine	Oui, IM		COP
102	Venezuela*	Non	Non	COP
103	Viet Nam	Non	Oui, IM	COP
104	Zambie	Non	Non	COP
105	Zimbabwe*	Non	Non	COP

Colombie

A. Progrès dans la mise en œuvre du standard minimum

La Colombie compte quatorze conventions fiscales en vigueur, ainsi que l'indique sa réponse au questionnaire d'examen par les pairs, y compris la Décision 578 de la Commission de la Communauté andine pour les membres de la Communauté andine (la Convention de la Communauté andine)[35]. Quatre de ces conventions sont conformes au standard minimum.

La Colombie a signé l'IM en 2017 et a notifié ses conventions bilatérales non conformes. Les conventions qui seront modifiées par l'IM deviendront conformes au standard minimum une fois que les dispositions de l'IM auront pris effet.

La Colombie a indiqué dans sa réponse au questionnaire d'examen par les pairs avoir pris des mesures (autres qu'au titre de l'IM) afin de mettre en œuvre le standard minimum dans la convention de la Communauté andine et dans sa convention avec la Suisse.

La Colombie met en œuvre le standard minimum par l'inclusion de la disposition de la déclaration du préambule et de la règle COP associée à la règle LOB[36].

B. Conclusion

Recommandation

Il est recommandé que la Colombie prenne les mesures nécessaires afin que l'IM prenne effet au regard de ses conventions fiscales notifiées aux fins de l'IM, car ces conventions ne seront modifiées par l'IM (et ne deviendront conformes au standard minimum) qu'une fois que les dispositions de l'IM auront pris effet.

Synthèse de la réponse de la juridiction – Colombie

	1. Partenaires de convention	2. Conformité avec le standard	3. Signature d'un instrument de mise en conformité	4. Recours à la disposition relative au standard minimum
1	Canada	Non	Oui, IM	COP + LOB

---

[35] La Décision 578 de la Commission de la Communauté andine établissant un régime tendant à éviter la double imposition et à prévenir la fraude fiscale, adoptée le 4 mai 2004. Les membres actuels de la Communauté andine sont la Bolivie*, la Colombie, l'Équateur* et le Pérou.

[36] Pour ses conventions notifiées aux fins de l'IM, la Colombie choisit d'appliquer la disposition de la déclaration du préambule (article 6 de l'IM) et la règle COP (article 7 de l'IM). La Colombie a également opté pour la règle LOB simplifiée conformément à l'article 7(6) de l'IM, et a indiqué, en vertu de l'article 7(17)(a) de l'IM, que même si elle accepte l'application de la règle COP seule en tant que mesure provisoire, elle a l'intention dans la mesure du possible d'adopter une règle LOB *via* des négociations bilatérales. La Colombie a formulé une réserve conformément à l'article 6(4) de l'IM afin de ne pas appliquer l'article 6(1) concernant les conventions qui contiennent déjà la version adéquate du préambule (une convention).

2	Chili	Non	Oui, IM	COP + LOB
3	Corée	Non	Oui, IM	COP + LOB
4	Espagne	Non	Oui, IM	COP + LOB
5	France	Oui, autres		COP
6	Inde	Non	Oui, IM	COP + LOB
7	Italie	Oui, autres		COP
8	Japon	Oui, autres		COP + LOB
9	Mexique	Non	Oui, IM	COP + LOB
10	Partenaires conventionnels membres de la Convention de la Communauté andine (Bolivie*, Équateur*, Pérou).	Non	Non	
11	Portugal	Non	Oui, IM	COP + LOB
12	Royaume-Uni	Oui, autres		COP
13	Suisse	Non	Non	COP + LOB
14	Tchéquie	Non	Oui, IM	COP

Congo

A. Progrès dans la mise en œuvre du standard minimum

Le Congo compte quatre conventions fiscales en vigueur, ainsi que l'indique sa réponse au questionnaire d'examen par les pairs. L'une de ces conventions, celle avec la Chine (République populaire de), sont conformes au standard minimum.

Le Congo n'a pas signé l'IM.

Dans sa réponse au questionnaire d'examen par les pairs, l'Italie a indiqué que sa convention avec le Congo ne soulevait pas de préoccupations significatives en matière de chalandage fiscal, au regard de sa juridiction.

B. Conclusion

Recommandation

Il est recommandé que le Congo élabore un plan afin de mettre en œuvre le standard minimum dans ses conventions pour lesquelles aucune mesure n'a encore été prise, et qui ont été conclues avec des membres du Cadre inclusif sur le BEPS (France et Maurice).

Synthèse de la réponse de la juridiction – Congo

	1. Partenaires de convention	2. Conformité avec le standard	3. Signature d'un instrument de mise en conformité	4. Recours à la disposition relative au standard minimum
1	Chine (République populaire de)	Oui, autres		COP

Autres conventions

	1. Partenaires conventionnels	2. Membre du Cadre inclusif
1	France	Oui
2	Italie	Oui
3	Maurice	Oui

Corée

A. Progrès dans la mise en œuvre du standard minimum

La Corée compte 94 conventions fiscales en vigueur, comme l'indique sa réponse au questionnaire d'examen par les pairs. Cinquante-sept de ces conventions sont conformes au standard minimum.

La Corée a signé l'IM en 2017, et déposé son instrument de ratification le mercredi 13 mai 2020. L'IM entrera en vigueur pour la Corée le 1er septembre 2020. Les conventions qui seront modifiées par l'IM deviendront conformes au standard minimum une fois que les dispositions de l'IM auront pris effet.

La Corée n'a pas notifié aux fins de l'IM ses conventions avec l'Albanie, l'Allemagne, le Bélarus et le Brésil, mais a indiqué dans sa réponse au questionnaire sur les examens par les pairs que des mesures ont été prises (autres que dans le cadre de l'IM) pour mettre en œuvre le standard minimum dans les conventions conclues avec l'Albanie, l'Allemagne, le Bélarus, le Brésil, l'Équateur*, l'Éthiopie*, l'Iran*, le Kirghizistan*, la République démocratique populaire lao*, le Myanmar*, le Népal* et le Venezuela*. L'Albanie et la Türkiye ont notifié leurs conventions conclues avec la Corée aux fins de l'IM.

La Corée a signé un instrument bilatéral de mise en conformité concernant sa convention avec la Türkiye.

La Corée met en œuvre le standard minimum par l'inclusion de la déclaration du préambule et de la règle COP[37].

B. Conclusion

Aucune juridiction n'a signalé de préoccupation relative à ses conventions conclues avec la Corée.

L'Albanie a notifié sa convention conclue avec la Corée aux fins de l'IM, ce qui équivaut à une demande de mise en œuvre du standard minimum.

Synthèse de la réponse de la juridiction – Corée

	1. Partenaires de convention	2. Conformité avec le standard	3. Signature d'un instrument de mise en conformité	4. Recours à la disposition relative au standard minimum
1	Afrique du Sud	Oui, IM		COP
2	Albanie	Non	Non	COP
3	Algérie*	Non	Non	COP
4	Allemagne	Non	Non	COP
5	Arabie saoudite	Oui, IM		COP
6	Australie	Oui, IM		COP
7	Autriche	Oui, autres		COP
8	Azerbaïdjan	Non	Non	COP
9	Bahreïn	Oui, IM		COP
10	Bangladesh*	Non	Non	COP
11	Bélarus	Non	Non	COP
12	Belgique	Oui, IM		COP

[37] Pour ses conventions notifiées aux fins de l'IM, la Corée choisit d'appliquer la disposition de la déclaration du préambule (article 6 de l'IM) et la règle COP (article 7 de l'IM).

13	Brésil	Non	Non	COP
14	Brunei Darussalam	Non	Non	COP
15	Bulgarie	Oui, IM		COP
16	Cambodge*	Oui, autres		COP
17	Canada	Oui, IM		COP
18	Chili	Oui, IM		COP
19	Chine (République populaire de)	Oui, IM		COP
20	Colombie	Non	Oui, IM	COP
21	Croatie	Oui, IM		COP
22	Danemark	Oui, IM		COP
23	Égypte	Oui, IM		COP
24	Émirats arabes unis	Oui, IM		COP
25	Équateur*	Non	Non	COP
26	Espagne	Oui, IM		COP
27	Estonie	Non	Oui, IM	COP
28	États-Unis	Non	Non	
29	Éthiopie*	Non	Non	COP
30	Fédération de Russie	Oui, IM		COP
31	Fidji*	Non	Oui, IM	COP
32	Finlande	Oui, IM		COP
33	France	Oui, IM		COP
34	Gabon	Non	Non	COP
35	Géorgie	Oui, IM		COP
36	Grèce	Oui, IM		COP
37	Hong Kong (Chine)	Oui, IM		COP
38	Hongrie	Oui, IM		COP
39	Inde	Oui, IM		COP
40	Indonésie	Oui, IM		COP
41	Iran*	Non	Non	COP
42	Irlande	Oui, IM		COP
43	Islande	Oui, IM		COP
44	Israël	Oui, IM		COP
45	Italie	Non	Oui, IM	COP
46	Japon	Oui, IM		COP
47	Jordanie	Oui, IM		COP
48	Kazakhstan	Oui, IM		COP
49	Kenya	Non	Non	COP
50	Kirghizistan*	Non	Non	COP
51	Koweït	Non	Oui, IM	COP
52	Lettonie	Oui, IM		COP
53	Lituanie	Oui, IM		COP
54	Luxembourg	Oui, IM		COP
55	Malaisie	Oui, IM		COP
56	Malte	Oui, IM		COP
57	Maroc	Non	Oui, IM	COP
58	Mexique	Non	Oui, IM	COP
59	Mongolie	Non	Oui, IM	COP
60	Myanmar*	Non	Non	COP
61	Népal*	Non	Non	COP
62	Norvège	Non	Non	COP
63	Nouvelle-Zélande	Oui, IM		COP
64	Oman	Oui, IM		COP
65	Ouzbékistan	Oui autre		COP

66	Pakistan	Oui, IM		COP
67	Panama	Oui, IM		COP
68	Papouasie–Nouvelle-Guinée	Non	Oui, IM	COP
69	Pays-Bas	Oui, IM		COP
70	Pérou	Non	Oui, IM	COP
71	Philippines	Non	Non	COP
72	Pologne	Oui, IM		COP
73	Portugal	Oui, IM		COP
74	Qatar	Oui, IM		COP
75	République démocratique populaire lao*	Non	Non	COP
76	République slovaque	Oui, IM		COP
77	Roumanie	Non	Oui, IM	COP
78	Royaume-Uni	Oui, IM		COP
79	Serbie	Oui, IM		COP
80	Singapour	Oui, autres		COP
81	Slovénie	Oui, IM		COP
82	Sri Lanka	Non	Non	COP
83	Suède	Non	Oui, IM	COP
84	Suisse	Oui, autres		COP
85	Tadjikistan*	Oui, autres		COP
86	Tchéquie	Oui autre		COP
87	Thaïlande	Oui, IM		COP
88	Tunisie	Non	Oui, IM	COP
89	Türkiye	Non	Oui, autres	COP
90	Turkménistan*	Oui, autres		COP
91	Ukraine	Oui, IM		COP
92	Uruguay	Oui, IM		COP
93	Venezuela*	Non	Non	COP
94	Viet Nam	Non	Oui, IM	COP

Costa Rica

A. Progrès dans la mise en œuvre du standard minimum

Le Costa Rica compte quatre conventions fiscales en vigueur, ainsi que l'indique sa réponse au questionnaire d'examen par les pairs. L'une de ces conventions, celle conclue avec l'Espagne, est conforme au standard minimum.

Le Costa Rica a signé l'IM en 2017 et a déposé son instrument de ratification le 22 septembre 2020[38]. L'IM est entré en vigueur pour le Costa Rica le 1er janvier 2021. Les conventions qui seront modifiées par l'IM deviendront conformes au standard minimum une fois que les dispositions de l'IM auront pris effet.

Le Costa Rica n'a pas notifié sa convention avec l'Allemagne aux fins de l'IM, mais a indiqué dans sa réponse au questionnaire d'examen par les pairs avoir pris des mesures (autres qu'au titre de l'IM) afin de mettre en œuvre le standard minimum dans cette convention.

Le Costa Rica met en œuvre le standard minimum par l'inclusion de la déclaration du préambule et de la règle COP[39].

B. Conclusion

Aucune juridiction n'a signalé de préoccupation relative à ses conventions conclues avec le Costa Rica.

Synthèse de la réponse de la juridiction – Costa Rica

	1. Partenaires de convention	2. Conformité avec le standard	3. Signature d'un instrument de mise en conformité	4. Recours à la disposition relative au standard minimum
1	Allemagne	Non	Non	COP
2	Mexique	Non	Oui, IM	COP
3	Espagne	Oui, IM		COP
4	Émirats arabes unis	Non	Non	COP

[38] Quoique le Costa Rica n'ait pas notifié sa convention avec les Émirats arabes unis dans sa liste définitive de réserves et de notifications en vertu de l'IM (Position sur l'IM) déposée au moment de la ratification, il a inclus cette convention qui doit être couverte par l'IM dans le projet de Position consolidée sur l'IM, en vue d'un dépôt une fois le processus de ratification achevé. Le Costa Rica a indiqué qu'il déposera cette Position consolidée sur l'IM une fois ses procédures internes accomplies.

[39] Pour ses conventions notifiées aux fins de l'IM, le Costa Rica choisit d'appliquer la disposition de la déclaration du préambule (article 6 de l'IM) et la règle COP (article 7 de l'IM).

Côte d'Ivoire

A. Progrès dans la mise en œuvre du standard minimum

La Côte d'Ivoire compte treize conventions fiscales en vigueur, ainsi que l'indique sa réponse au questionnaire d'examen par les pairs, y compris le Règlement multilatéral 08/2008/COM portant adoption des règles visant à éviter la double imposition au sein de l'Union économique et monétaire ouest-africaine (l'UEMOA) et des règles d'assistance en matière fiscale conclu avec sept de ses partenaires[40], ainsi que l'Acte additionnel multilatéral A/SA 5/12/18 portant adoption des règles communautaires pour l'élimination de la double imposition en matière d'impôts sur les revenus, les capitaux et les successions et la prévention de la fraude et de l'évasion fiscale entre les États membres de la CEDEAO (l'Acte additionnel de la CEDEAO) conclu avec 14 partenaires. L'une de ces conventions, l'Acte additionnel de la CEDEAO, est conforme au standard minimum.

La Côte d'Ivoire a signé l'IM en 2018 et a déposé son instrument de ratification le 25 septembre 2023. L'IM est entré en vigueur pour la Côte d'Ivoire le 1er janvier 2024. Les conventions qui seront modifiées par l'IM deviendront conformes au standard minimum une fois que les dispositions de l'IM auront pris effet.

La Côte d'Ivoire n'a pas notifié sa convention avec la Suisse aux fins de l'IM, mais a indiqué dans sa réponse au questionnaire d'examen par les pairs avoir pris des mesures (autres qu'au titre de l'IM) afin de mettre en œuvre le standard minimum dans cette convention.

La Côte d'Ivoire met en œuvre le standard minimum par l'inclusion de la déclaration du préambule et de la règle COP[41].

B. Conclusion

La Convention de l'UEMOA n'est pas conforme au standard minimum à ce stade, et des discussions visant à la mettre à jour devraient être envisagées[42].

Synthèse de la réponse de la juridiction – Côte d'Ivoire

	1. Partenaires de convention	2. Conformité avec le standard	3. Signature d'un instrument de mise en conformité	4. Recours à la disposition relative au standard minimum
1	Allemagne	Non	Non	COP
2	Belgique	Non	Oui, IM	COP
3	Canada	Non	Oui, IM	COP

[40] Règlement n° 08/2008/CM des pays de l'Union économique et monétaire ouest-africaine (UEMOA) du 26 septembre 2008 portant adoption des règles visant à éviter la double imposition au sein de l'UEMOA et des règles d'assistance en matière fiscale.

[41] Pour ses conventions notifiées, la Côte d'Ivoire choisit d'appliquer la disposition de la déclaration du préambule (article 6 de l'IM) et la règle COP (article 7 de l'IM). La Côte d'Ivoire a également opté pour l'application asymétrique de la règle LOB simplifiée conformément à l'article 7(7)(b) de l'IM.

[42] Les révisions de la Convention de l'UEMOA nécessitent l'accord de ses huit partenaires.

4	France	Non	Oui, IM	COP
5	Italie	Non	Oui, IM	COP
6	Maroc	Non	Oui, IM	COP
7	Norvège	Non	Non	COP
8	Partenaires conventionnels membres de l'Acte additionnel de la CEDEAO (Bénin, Burkina Faso, Cabo Verde, Gambie*, Ghana*, Guinée-Bissau*, Guinée Conakry*, Libéria, Mali*, Niger*, Nigéria, Sénégal, Sierra Leone, Togo).	Oui, autres		COP
9	Portugal	Non	Oui, IM	COP
10	Royaume-Uni	Non	Oui, IM	COP
11	Suisse	Non	Non	COP
12	Tunisie	Non	Oui, IM	COP

Autres conventions

	1. Partenaires conventionnels	**2. Membre du Cadre inclusif**
1	Partenaires conventionnels membres de l'UEMOA (Bénin, Burkina Faso, Guinée-Bissau*, Mali*, Niger*, Sénégal, Togo)	Oui (Bénin, Burkina Faso, Sénégal, Togo) Non (Guinée-Bissau*, Mali*, Niger*)

Croatie

A. Progrès dans la mise en œuvre du standard minimum

La Croatie compte 66 conventions fiscales en vigueur, comme l'indique sa réponse au questionnaire d'examen par les pairs. Quarante-cinq de ces conventions sont conformes au standard minimum.

La Croatie a signé l'IM en 2017, a déposé son instrument de ratification le 18 février 2021, et a notifié ses conventions fiscales non conformes. L'IM est entré en vigueur pour la Croatie le 1er juin 2021. Les conventions qui seront modifiées par l'IM deviendront conformes au standard minimum une fois que les dispositions de l'IM auront pris effet.

La Croatie a indiqué dans sa réponse au questionnaire d'examen par les pairs avoir pris des mesures (autres qu'au titre de l'IM) afin de mettre en œuvre le standard minimum dans ses conventions avec la Suède et la Suisse.

La Croatie met en œuvre le standard minimum par l'inclusion de la déclaration du préambule et de la règle COP[43].

B. Conclusion

Aucune juridiction n'a signalé de préoccupation relative à ses conventions conclues avec la Croatie.

Synthèse de la réponse de la juridiction – Croatie

	1. Partenaires de convention	2. Conformité avec le standard	3. Signature d'un instrument de mise en conformité	4. Recours à la disposition relative au standard minimum
1	Afrique du Sud	Oui, IM		COP
2	Albanie	Oui, IM		COP
3	Allemagne	Non	Oui, IM	COP
4	Arménie	Non	Oui, IM	COP
5	Autriche	Oui, IM		COP
6	Azerbaïdjan	Non	Non	COP
7	Bélarus	Non	Non	COP
8	Belgique	Oui, IM		COP
9	Bosnie-Herzégovine	Oui, IM		COP
10	Bulgarie	Oui, IM		COP
11	Canada	Oui, IM		COP
12	Chili	Oui, IM		COP
13	Chine (République populaire de)	Oui, IM		COP
14	Corée	Oui, IM		COP
15	Danemark	Oui, IM		COP
16	Émirats arabes unis	Oui, IM		COP
17	Espagne	Oui, IM		COP
18	Estonie	Non	Oui, IM	COP

[43] Pour ses conventions notifiées aux fins de l'IM, la Croatie choisit d'appliquer la disposition de la déclaration du préambule (article 6 de l'IM) et la règle COP (article 7 de l'IM).

19	Fédération de Russie	Oui, IM		COP
20	Finlande	Oui, IM		COP
21	France	Oui, IM		COP
22	Géorgie	Oui, IM		COP
23	Grèce	Oui, IM		COP
24	Hongrie	Oui, IM		COP
25	Inde	Oui, IM		COP
26	Indonésie	Oui, IM		COP
27	Iran*	Non	Non	COP
28	Irlande	Oui, IM		COP
29	Islande	Oui, IM		COP
30	Israël	Oui, IM		COP
31	Italie	Non	Oui, IM	COP
32	Japon	Oui, autres		COP + LOB
33	Jordanie	Oui, IM		COP
34	Kazakhstan	Oui, IM		COP
35	Kosovo*	Non	Non	COP
36	Koweït	Non	Oui, IM	COP
37	Lettonie	Oui, IM		COP
38	Lituanie	Oui, IM		COP
39	Luxembourg	Oui, IM		COP
40	Macédoine du Nord	Non	Oui, IM	COP
41	Malaisie	Oui, IM		COP
42	Malte	Oui, IM		COP
43	Maroc	Non	Oui, IM	COP
44	Maurice	Oui, IM		COP
45	Moldova*	Non	Non	COP
46	Monténégro	Non	Non	COP
47	Norvège	Non	Non	COP
48	Oman	Oui, IM		COP
49	Pays-Bas	Oui, IM		COP
50	Pologne	Oui, IM		COP
51	Portugal	Oui, IM		COP
52	Qatar	Oui, IM		COP
53	République arabe syrienne*	Non	Non	COP
54	République slovaque	Oui, IM		COP
55	Roumanie	Non	Oui, IM	COP
56	Royaume-Uni	Oui, IM		COP
57	Saint-Marin	Oui, IM		COP
58	Serbie	Oui, IM		COP
59	Slovénie	Oui, IM		COP
60	Suède	Non	Non	COP
61	Suisse	Non	Non	COP
62	Tchéquie	Oui, IM		COP
63	Türkiye	Non	Oui, IM	COP
64	Turkménistan*	Non	Non	COP
65	Ukraine	Oui, IM		COP
66	Viet Nam	Non	Oui, IM	COP

Curaçao

A. Progrès dans la mise en œuvre du standard minimum

Curaçao compte quatre conventions fiscales en vigueur, ainsi que l'indique leur réponse au questionnaire d'examen par les pairs. Une de ces conventions, celle conclue avec Malte, est conforme au standard minimum.

Le Curaçao a adhéré à l'IM en 2017 et le Royaume des Pays-Bas a déposé son instrument d'acceptation le 29 mars 2019, notifiant ses conventions non conformes. L'IM est entré en vigueur pour Curaçao le 1er juillet 2019. Les conventions qui seront modifiées par l'IM deviendront conformes au standard minimum une fois que les dispositions de l'IM auront pris effet.

Curaçao a indiqué dans sa réponse au questionnaire d'examen par les pairs que des mesures ont été prises (autres que dans le cadre de l'IM) pour mettre en œuvre le standard minimum dans l'accord applicable au Royaume des Pays-Bas (entre Curaçao, Aruba et Sint Maarten*) et l'accord entre Curaçao et les Pays-Bas, qui sont régis par le droit interne du Royaume des Pays-Bas[44].

Le Curaçao met en œuvre le standard minimum par l'inclusion de la déclaration du préambule et de la règle COP[45].

B. Conclusion

Aucune juridiction n'a signalé de préoccupation relative à ses conventions conclues avec Curaçao.

Synthèse de la réponse de la juridiction – Curaçao

	1. Partenaires de convention	2. Conformité avec le standard	3. Signature d'un instrument de mise en conformité	4. Recours à la disposition relative au standard minimum
1	Aruba / Sint Maarten*	Non	Non	
2	Malte	Oui, IM		COP
3	Pays-Bas	Non	Non	COP
4	Norvège	Non	Non	COP

[44] Curaçao a indiqué dans sa réponse que la convention fiscale applicable au Royaume des Pays-Bas régit la relation entre Aruba, Curaçao, Saint-Martin* et les Pays-Bas. Cette convention est similaire à celle conclue par Curaçao avec les Pays-Bas. L'IM ne peut être applicable à ces accords, dans la mesure où ceux-ci sont régis par le droit interne du Royaume des Pays-Bas.

[45] Pour ses conventions notifiées aux fins de l'IM, le Curaçao choisit d'appliquer la disposition de la déclaration du préambule (article 6 de l'IM) et la règle COP (article 7 de l'IM).

Danemark

A. Progrès dans la mise en œuvre du standard minimum

Le Danemark compte 71 conventions fiscales en vigueur, ainsi que l'indique sa réponse au questionnaire d'examen par les pairs, y compris la Convention nordique multilatérale conclue avec la Finlande, les Îles Féroé, l'Islande, la Norvège et la Suède (la « Convention nordique »)[46]. Quarante-et-une de ces conventions, y compris la Convention nordique, sont conformes au standard minimum.

Le Danemark a signé l'IM en 2017 et a déposé son instrument de ratification le lundi 30 septembre 2019. L'IM est entré en vigueur pour le Danemark le 1er janvier 2020. Les conventions qui seront modifiées par l'IM deviendront conformes au standard minimum une fois que les dispositions de l'IM auront pris effet.

Le Danemark n'a pas notifié sa convention avec la Suisse aux fins de l'IM, mais a indiqué dans sa réponse au questionnaire d'examen par les pairs avoir pris des mesures (autres qu'au titre de l'IM) afin de mettre en œuvre le standard minimum dans cette convention, ainsi que dans les conventions conclues avec le Groenland et le Sri Lanka.

Le Danemark met en œuvre le standard minimum par l'inclusion de la déclaration du préambule et de la règle COP[47].

B. Conclusion

Aucune juridiction n'a signalé de préoccupation relative à ses conventions conclues avec le Danemark.

Synthèse de la réponse de la juridiction – Danemark

	1. Partenaires de convention	2. Conformité avec le standard	3. Signature d'un instrument de mise en conformité	4. Recours à la disposition relative au standard minimum
1	Afrique du Sud	Oui, IM		COP
2	Allemagne	Oui, autres		COP
3	Argentine	Non	Oui, IM	COP + LOB
4	Arménie	Oui, autres		COP
5	Australie	Oui, IM		COP
6	Autriche	Non	Non	COP + LOB
7	Azerbaïdjan	Non	Non	COP + LOB
8	Bangladesh*	Non	Non	COP + LOB
9	Belgique	Oui, IM		COP
10	Brésil	Non	Non	COP + LOB
11	Bulgarie	Oui, IM		COP

46 Voir la convention multilatérale conclue par le Danemark, la Finlande, les Îles Féroé, l'Islande, la Norvège et la Suède tendant à éviter la double imposition concernant les impôts sur le revenu et la fortune (1996, 1997, 2008 et 2018).

47 Pour ses conventions notifiées aux fins de l'IM, le Danemark choisit d'appliquer la disposition de la déclaration du préambule (article 6 de l'IM) et la règle COP (article 7 de l'IM). En vertu de l'article 7(7)(a) de l'IM, le Danemark applique également une règle LOB simplifiée (article 7(8 à 13) de l'IM) dans ses conventions conclues avec des partenaires conventionnels ayant opté pour une règle LOB simplifiée.

12	Canada	Oui, IM		COP
13	Chili	Oui, IM		COP + LOB
14	Chine (République populaire de)	Oui, IM		COP
15	Chypre*	Oui, IM		COP
16	Corée	Oui, IM		COP
17	Croatie	Oui, IM		COP
18	Égypte	Oui, IM		COP
19	Estonie	Oui, IM		COP
20	États-Unis	Non	Non	
21	Fédération de Russie	Oui, IM		COP + LOB
22	Géorgie	Non	Non	COP + LOB
23	Ghana*	Non	Non	COP + LOB
24	Grèce	Oui, IM		
25	Groenland	Non	Non	
26	Hongrie	Oui, IM		
27	Inde	Oui, IM		COP + LOB
28	Indonésie	Oui, IM		COP
29	Irlande	Oui, IM		COP
30	Israël	Oui, IM		COP
31	Italie	Non	Oui, IM	COP
32	Jamaïque	Non	Oui, IM	COP
33	Japon	Oui, autres		COP + LOB
34	Kenya	Non	Oui, IM	COP + LOB
35	Koweït	Non	Oui, IM	COP
36	Lettonie	Oui, IM		COP
37	Lituanie	Oui, IM		COP
38	Luxembourg	Oui, IM		COP
39	Macédoine du Nord	Non	Oui, IM	COP
40	Malaisie	Oui, IM		COP
41	Malte	Oui, IM		COP
42	Maroc	Non	Oui, IM	COP
43	Mexique	Non	Oui, IM	COP + LOB
44	Monténégro	Non	Non	COP + LOB
45	Nouvelle-Zélande	Oui, IM		COP
46	Ouganda*	Non	Non	COP + LOB
47	Pakistan	Oui, IM		COP + LOB
48	Partenaires conventionnels membres de la Convention nordique (Îles Féroé, Finlande, Islande, Norvège, Suède).	Oui, autres		COP
49	Pays-Bas	Oui, autres		COP
50	Philippines	Non	Non	COP + LOB
51	Pologne	Oui, IM		COP
52	Portugal	Oui, IM		COP
53	République slovaque	Oui, IM		COP + LOB
54	Roumanie	Non	Oui, IM	COP
55	Royaume-Uni	Oui, IM		COP
56	Serbie	Oui, IM		COP
57	Singapour	Oui, IM		COP
58	Slovénie	Oui, IM		COP
59	Sri Lanka	Non	Non	COP
60	Suisse	Non	Non	COP
61	Taipei chinois*	Non	Non	COP + LOB
62	Tanzanie*	Non	Non	COP + LOB
63	Tchéquie	Oui, IM		COP

64	Thaïlande	Oui, IM		COP
65	Tunisie	Non	Oui, IM	COP
66	Türkiye	Non	Oui, IM	COP
67	Ukraine	Oui, IM		COP
68	Venezuela*	Non	Non	COP + LOB
69	Viet Nam	Non	Oui, IM	COP + LOB
70	Zambie	Non	Non	COP + LOB

Autres conventions

	1. Partenaires conventionnels	2. Membre du Cadre inclusif
1	Bélarus	Oui

Djibouti

A. Progrès dans la mise en œuvre du standard minimum

Djibouti n'a aucune convention fiscale en vigueur, comme l'indique sa réponse au questionnaire d'examen par les pairs.

B. Conclusion

Aucune juridiction n'a soulevé de préoccupation concernant Djibouti.

Dominique

A. Progrès dans la mise en œuvre du standard minimum

La Dominique compte deux conventions fiscales en vigueur, comme l'indique sa réponse au questionnaire d'examen par les pairs, y compris la convention multilatérale entre les membres de la CARICOM conclue avec dix de ses partenaires (la convention de la CARICOM)[48]. Aucune de ces conventions n'est conforme au standard minimum.

La Dominique n'a pas signé l'IM.

La Dominique a indiqué dans sa réponse au questionnaire d'examen par les pairs avoir pris des mesures (autres qu'au titre de l'IM) afin de mettre en œuvre le standard minimum dans la convention de la CARICOM.

Dans sa réponse au questionnaire d'examen par les pairs, la Suisse a indiqué que sa convention avec la Dominique ne soulevait pas de préoccupations significatives en matière de chalandage fiscal, au regard de sa juridiction.

B. Conclusion

Aucune juridiction n'a signalé de préoccupation relative à ses conventions conclues avec la Dominique.

Synthèse de la réponse de la juridiction – Dominique

	1. Partenaires de convention	2. Conformité avec le standard	3. Signature d'un instrument de mise en conformité	4. Recours à la disposition relative au standard minimum
1	Partenaires conventionnels membres de la CARICOM (Antigua-et-Barbuda, Barbade, Bélize, Grenade, Guyana*, Jamaïque, Saint-Kitts-et-Nevis, Sainte-Lucie, Saint-Vincent-et-les-Grenadines, Trinité-et-Tobago)	Non	Non	

Autres conventions

	1. Partenaires conventionnels	2. Membre du Cadre inclusif
1	Suisse	Oui

[48] Accord entre les gouvernements des États membres de la Communauté des Caraïbes tendant à éviter la double imposition et à prévenir l'évasion fiscale en matière d'impôts sur le revenu, sur les profits ou les gains en capital et pour l'encouragement du commerce régional et de l'investissement, Saint-Michel (Barbade), 6 juillet 1994 ; entre Antigua-et-Barbuda (18 février 1998), la Barbade (7 juillet 1995), le Belize (30 novembre 1994), la Dominique (19 juin 1996), la Grenade (1er mars 1996), le Guyana* (26 novembre 1997), la Jamaïque (16 février 1995), Saint-Kitts-et-Nevis (8 mai 1997), Sainte-Lucie (22 mai 1995), Saint-Vincent-et-les-Grenadines (12 février 1998) et Trinité-et-Tobago (29 novembre 1994).

Égypte

A. Progrès dans la mise en œuvre du standard minimum

L'Égypte compte 59[49] conventions fiscales en vigueur, comme l'indique sa réponse au questionnaire d'examen par les pairs. Trente-quatre de ces conventions sont conformes au standard minimum.

L'Égypte a signé l'IM en 2017, déposé son instrument de ratification le 30 septembre 2020, et notifié ses conventions fiscales non conformes conclues avec d'autres membres du Cadre inclusif. L'IM est entré en vigueur pour l'Égypte le 1er janvier 2021. Les conventions qui seront modifiées par l'IM deviendront conformes au standard minimum une fois que les dispositions de l'IM auront pris effet.

L'Égypte met en œuvre le standard minimum par l'inclusion de la déclaration du préambule et de la règle COP[50].

B. Conclusion

Aucune juridiction n'a signalé de préoccupation relative à ses conventions conclues avec l'Égypte.

Synthèse de la réponse de la juridiction – Égypte

	1. Partenaires de convention	2. Conformité avec le standard	3. Signature d'un instrument de mise en conformité	4. Recours à la disposition relative au standard minimum
1	Afrique du Sud	Oui, IM		COP
2	Albanie	Oui, IM		COP
3	Algérie*	Non	Non	COP
4	Allemagne	Non	Non	COP
5	Arabie saoudite	Oui, IM		COP
6	Autriche	Non	Non	COP
7	Bahreïn	Oui, IM		COP
8	Bélarus	Non	Non	COP
9	Belgique	Oui, IM		COP
10	Bulgarie	Oui, IM		COP
11	Canada	Oui, IM		COP
12	Chine (République populaire de)	Oui, IM		COP
13	Chypre*	Oui, autres		COP
14	Corée	Oui, IM		COP
15	Danemark	Oui, IM		COP
16	Émirats arabes unis	Oui, autres		COP
17	Espagne	Oui, IM		COP
18	États-Unis	Non	Non	LOB détaillée

49 L'Égypte a indiqué dans sa réponse au questionnaire d'examen par les pairs que la convention entre la République arabe d'Égypte et le Conseil des Ministres de Serbie-et-Monténégro était un héritage du passé et qu'elle était comptabilisée comme deux conventions distinctes.

50 Pour ses conventions notifiées aux fins de l'IM, l'Égypte choisit d'appliquer la disposition de la déclaration du préambule (article 6 de l'IM) et la règle COP (article 7 de l'IM).

19	Éthiopie*	Non	Non	COP
20	Fédération de Russie	Oui, IM		COP
21	Finlande	Oui, IM		COP
22	France	Oui, IM		COP
23	Géorgie	Non	Non	COP
24	Grèce	Oui, IM		COP
25	Hongrie	Oui, IM		COP
26	Inde	Oui, IM		COP
27	Indonésie	Oui, IM		COP
28	Iraq*	Non	Non	COP
29	Irlande	Oui, IM		COP
30	Italie	Non	Oui, IM	COP
31	Japon	Oui, IM		COP
32	Jordanie	Oui, IM		COP
33	Koweït	Non	Oui, IM	COP
34	Liban*	Non	Non	COP
35	Libye*	Non	Non	COP
36	Malaisie	Oui, IM		COP
37	Malte	Oui, IM		COP
38	Maroc	Non	Oui, IM	COP
39	Maurice	Oui, IM		COP
40	Monténégro	Non	Non	COP
41	Norvège	Non	Non	COP
42	Pakistan	Oui, IM		COP
43	Palestine*	Non	Non	COP
44	Pays-Bas	Oui, IM		COP
45	Pologne	Oui, IM		COP
46	Roumanie	Non	Oui, IM	COP
47	Royaume-Uni	Oui, IM		COP
48	Serbie	Oui, IM		COP
49	Singapour	Oui, IM		COP
50	Soudan*	Non	Non	COP
51	Suède	Non	Oui, IM	COP
52	Suisse	Non	Non	COP
53	Syrie*	Non	Non	COP
54	Tchéquie	Oui, IM		COP
55	Tunisie	Non	Oui, IM	COP
56	Türkiye	Non	Oui, IM	COP
57	Ukraine	Oui, IM		COP
58	Yémen*	Non	Non	COP

Autres conventions

	1. Partenaires conventionnels	2. Membre du Cadre inclusif
1	Ouzbékistan	Oui

Émirats arabes unis

A. Progrès dans la mise en œuvre du standard minimum

Les Émirats arabes unis comptent 110 conventions fiscales en vigueur, comme l'indique leur réponse au questionnaire d'examen par les pairs. Cinquante-quatre de ces conventions sont conformes au standard minimum.

Les Émirats arabes unis ont signé l'IM en 2018 et ont déposé leur instrument de ratification le 29 mai 2019. L'IM est entré en vigueur pour les Émirats arabes unis le 1er septembre 2019. Les conventions qui seront modifiées par l'IM deviendront conformes au standard minimum une fois que les dispositions de l'IM auront pris effet.

Les Émirats arabes unis n'ont pas notifié leurs conventions avec Saint-Marin et le Gabon. Aussi, à ce stade, ces conventions ne seront pas modifiées par l'IM. Saint-Marin a notifié sa convention conclue avec les Émirats arabes unis aux fins de l'IM.

Les Émirats arabes unis ont signé un instrument bilatéral de mise en conformité concernant leurs conventions avec la Tchéquie et la Suisse.

Les Émirats arabes unis ont indiqué dans leur réponse au questionnaire d'examen par les pairs avoir pris des mesures (autres qu'au titre de l'IM) afin de mettre en œuvre le standard minimum dans leur convention avec Saint-Vincent-et-les-Grenadines.

Les Émirats arabes unis mettent en œuvre le standard minimum par l'inclusion de la déclaration du préambule et de la règle COP[51].

B. Conclusion

Saint-Marin a notifié sa convention avec les Émirats arabes unis dans sa liste de conventions fiscales qui seront couvertes par l'IM, ce qui équivaut à une demande de mise en œuvre du standard minimum.

Les Émirats arabes unis ont élaboré un plan de mise en œuvre du standard minimum dans leur convention conclue avec Saint-Marin. Les Émirats arabes unis ont fait savoir dans leur réponse au questionnaire d'examen par les pairs qu'elle comptait élargir la liste de leurs conventions fiscales qui seront couvertes par l'IM afin d'inclure cette convention. Les Émirats arabes unis ont entrepris d'élaborer, en concertation avec le Secrétariat, un plan de mise en œuvre du standard minimum dans leur convention avec le Gabon.

Synthèse de la réponse de la juridiction – Émirats arabes unis

	1. Partenaires conventionnels	2. Conformité avec le standard	3. Signature d'un instrument de mise en conformité	4. Recours à la disposition relative au standard minimum
1	Afrique du Sud	Oui, IM		COP
2	Albanie	Oui, IM		COP
3	Algérie*	Non	Non	COP
4	Andorre	Oui, IM		COP

[51] Pour leurs conventions notifiées aux fins de l'IM, les Émirats arabes unis choisissent d'appliquer la disposition de la déclaration du préambule (article 6 de l'IM) et la règle COP (article 7 de l'IM).

5	Angola	Oui, autres		COP
6	Antigua-et-Barbuda	Non	Non	COP
7	Arabie saoudite	Oui, autres		COP
8	Argentine	Non	Oui, IM	COP
9	Arménie	Non	Oui, IM	COP
10	Autriche	Oui, autres		COP
11	Azerbaïdjan	Non	Non	COP
12	Bangladesh*	Non	Non	COP
13	Barbade	Oui, IM		COP
14	Bélarus	Non	Non	COP
15	Belgique	Oui, IM		COP
16	Belize	Non	Oui, IM	COP
17	Bermudes	Non	Non	COP
18	Bosnie-Herzégovine	Oui, IM		COP
19	Botswana	Oui, autres		COP
20	Brésil	Oui, autres		COP
21	Brunei Darussalam	Non	Non	COP
22	Bulgarie	Non	Oui, IM	COP
23	Burundi*	Non	Non	COP
24	Cameroun	Non	Oui, IM	COP
25	Canada	Oui, IM		COP
26	Chili	Oui, autres		COP
27	Chine (République populaire de)	Non	Oui, IM	COP
28	Chypre*	Oui, IM		COP
29	Colombie	Non	Non	COP
30	Comores*	Non	Non	COP
31	Corée	Oui, IM		COP
32	Costa Rica	Non	Oui, IM	COP
33	Croatie	Oui, IM		COP
34	Égypte	Oui, autres		COP
35	Espagne	Oui, IM		COP
36	Estonie	Non	Oui, IM	COP
37	Éthiopie*	Non	Non	COP
38	Fédération de Russie	Oui, IM		COP
39	Fidji*	Non	Non	COP
40	Finlande	Oui, IM		COP
41	France	Oui, IM		COP
42	Géorgie	Non	Non	COP
43	Grèce	Oui, IM		COP
44	Guinée*	Non	Non	COP
45	Hong Kong (Chine)	Oui, IM		COP
46	Hongrie	Oui, IM		COP
47	Inde	Oui, IM		COP
48	Indonésie	Oui, autres		COP
49	Irlande	Oui, IM		COP
50	Israël	Oui, autres		COP
51	Italie	Non	Oui, IM	COP
52	Japon	Oui, IM		COP
53	Jersey	Oui, IM		COP
54	Jordanie	Oui, IM		COP
55	Kazakhstan	Oui, IM		COP
56	Kenya	Non	Oui, IM	COP
57	Kirghizistan*	Non	Non	COP

58	Kosovo*	Non	Non	COP
59	Lettonie	Oui, IM		COP
60	Liban*	Non	Non	COP
61	Liechtenstein	Oui, IM		COP
62	Lituanie	Oui, IM		COP
63	Luxembourg	Oui, IM		COP
64	Macédoine du Nord	Non	Oui, IM	COP
65	Malaisie	Oui, IM		COP
66	Maldives	Non	Non	COP
67	Malte	Oui, IM		COP
68	Maroc	Non	Oui, IM	COP
69	Maurice	Oui, IM		COP
70	Mauritanie	Non	Non	COP
71	Mexique	Non	Oui, IM	COP
72	Moldova*	Non	Non	COP
73	Monténégro	Non	Non	COP
74	Mozambique*	Non	Non	COP
75	Nouvelle-Zélande	Oui, IM		COP
76	Ouzbékistan	Non	Non	COP
77	Pakistan	Oui, IM		COP
78	Panama	Oui, IM		COP
79	Paraguay	Non	Non	COP
80	Pays-Bas	Oui, IM		COP
81	Philippines	Non	Non	COP
82	Pologne	Oui, IM		COP
83	Portugal	Oui, IM		COP
84	République arabe syrienne*	Non	Non	COP
85	République slovaque	Non	Non	COP
86	Roumanie	Non	Oui, IM	COP
87	Royaume-Uni	Oui, IM		COP
88	Saint-Vincent-et-Grenadines	Non	Non	COP
89	Sénégal	Oui, IM		COP
90	Serbie	Oui, IM		COP
91	Seychelles	Non	Oui, IM	COP
92	Singapour	Oui, IM		COP
93	Slovénie	Oui, IM		COP
94	Soudan*	Non	Non	COP
95	Sri Lanka	Non	Non	COP
96	Suisse	Non	Oui, autres	COP
97	Tadjikistan*	Non	Non	COP
98	Tchéquie	Non	Oui, autres	COP
99	Thaïlande	Oui, IM		COP
100	Tunisie	Non	Oui, IM	COP
101	Türkiye	Non	Oui, IM	COP
102	Turkménistan*	Non	Non	COP
103	Ukraine	Oui, IM		COP
104	Uruguay	Oui, IM		COP
105	Venezuela*	Non	Non	COP
106	Viet Nam	Non	Oui, IM	COP
107	Yémen*	Non	Non	COP
108	Zambie	Oui, autres		COP

Autres conventions

	1. Partenaires conventionnels	2. Membre du Cadre inclusif
1	Saint-Marin	Oui
2	Gabon	Oui

Espagne

A. Progrès dans la mise en œuvre du standard minimum

L'Espagne compte 93 conventions fiscales en vigueur, comme l'indique sa réponse au questionnaire d'examen par les pairs. Cinquante-quatre de ces conventions sont conformes au standard minimum.

L'Espagne a signé l'IM en 2017 et a déposé son instrument de ratification le 28 septembre 2021. L'IM est entré en vigueur pour l'Espagne le 1er janvier 2022. Les conventions qui seront modifiées par l'IM deviendront conformes au standard minimum une fois que les dispositions de l'IM auront pris effet.

L'Espagne se réserve le droit de retarder la prise d'effet des dispositions de l'IM jusqu'à ce qu'elle ait accompli les procédures internes prévues à cet effet au regard de chacune des conventions notifiées[52]. L'Espagne a indiqué avoir accompli le 1er juin 2022 les procédures internes nécessaires à la prise d'effet de l'IM concernant ses conventions avec l'Albanie, l'Allemagne, Andorre, l'Australie, l'Autriche, la Barbade, la Belgique, la Bosnie-Herzégovine, le Canada, le Chili, la Corée, le Costa Rica, Chypre*, la Croatie, l'Égypte, l'Estonie, les Émirats arabes unis, la Fédération de Russie, la Finlande, la France, la Géorgie, la Grèce, la Hongrie, l'Inde, l'Indonésie, l'Irlande, l'Islande, Israël, le Kazakhstan, la Lettonie, la Lituanie, le Luxembourg, la Malaisie, Malte, la Nouvelle-Zélande, Oman, le Pakistan, le Panama, la Pologne, le Portugal, le Qatar, la République slovaque, la Roumanie, le Royaume-Uni, la Serbie, Singapour, la Roumanie, la Serbie, la Slovénie, la Tchéquie et l'Uruguay, en ce qui concerne ses conventions avec Hong Kong (Chine), le Sénégal et la Thaïlande le 30 novembre 2022, en ce qui concerne ses conventions avec l'Afrique du Sud et la Bulgarie le 1er juin 2023 et en ce qui concerne ses conventions avec le Mexique, la Tunisie et le Viet Nam le 10 novembre 2023.

L'Espagne a signé un instrument bilatéral de mise en conformité concernant sa convention avec l'Ukraine.

L'Espagne n'a pas notifié ses conventions avec la Norvège, les Pays-Bas et la Suède aux fins de l'IM, mais a indiqué dans sa réponse au questionnaire d'examen par les pairs avoir pris des mesures (autres qu'au titre de l'IM) afin de mettre en œuvre le standard minimum dans ces conventions.

L'Espagne met en œuvre le standard minimum par l'inclusion de la disposition de la déclaration du préambule et de la règle COP, associée à la règle LOB en ce qui concerne ses conventions avec le Japon et le Mexique[53].

B. Conclusion

Aucune juridiction n'a signalé de préoccupation relative à ses conventions conclues avec l'Espagne.

---

[52] Des réserves ont été formulées conformément à l'article 35(7)(a) de l'IM.

[53] Pour ses conventions notifiées aux fins de l'IM, l'Espagne choisit d'appliquer la disposition de la déclaration du préambule (article 6 de l'IM) et la règle COP (article 7 de l'IM). L'Espagne a formulé une réserve conformément à l'article 6(4) de l'IM afin de ne pas appliquer l'article 6(1) concernant les conventions qui contiennent déjà la version adéquate du préambule (trois conventions). L'Espagne a également formulé une réserve conformément à l'article 7(15)(b) de l'IM afin de ne pas appliquer l'article 7(1) concernant les conventions qui contiennent déjà une règle COP (trois conventions).

Synthèse de la réponse de la juridiction – Espagne

	1. Partenaires de convention	2. Conformité avec le standard	3. Signature d'un instrument de mise en conformité	4. Recours à la disposition relative au standard minimum
1	Afrique du Sud	Non	Oui, IM	COP
2	Albanie	Oui, IM		COP
3	Algérie*	Non	Non	
4	Allemagne	Non	Oui, IM	COP
5	Andorre	Oui, IM		COP
6	Arabie saoudite	Oui, IM		COP
7	Argentine	Non	Oui, IM	COP
8	Arménie	Non	Oui, IM	COP
9	Australie	Oui, IM		COP
10	Autriche	Oui, IM		COP
11	Azerbaïdjan	Non	Non	
12	Barbade	Oui, IM		COP
13	Bélarus	Non	Non	
14	Belgique	Oui, IM		COP
15	Bolivie*	Non	Non	
16	Bosnie-Herzégovine	Oui, IM		COP
17	Brésil	Non	Non	
18	Bulgarie	Non	Oui, IM	COP
19	Cabo Verde	Non	Non	
20	Canada	Oui, IM		COP
21	Chili	Oui, IM		COP
22	Chine (République populaire de)	Oui, autres		COP
23	Chypre*	Oui, IM		COP
24	Colombie	Non	Oui, IM	COP
25	Corée	Oui, IM		COP
26	Costa Rica	Oui, IM		COP
27	Croatie	Oui, IM		COP
28	Cuba*	Non	Non	
29	Égypte	Oui, IM		COP
30	El Salvador*	Non	Non	
31	Émirats arabes unis	Oui, IM		COP
32	Équateur*	Non	Non	
33	Estonie	Oui, IM		COP
34	États-Unis	Non	Non	
35	Fédération de Russie	Non	Oui, IM	COP
36	Finlande	Oui, IM		COP
37	France	Oui, IM		COP
38	Géorgie	Oui, IM		COP
39	Grèce	Oui, IM		COP
40	Hong Kong (Chine)	Oui, IM		COP
41	Hongrie	Oui, IM		COP
42	Inde	Oui, IM		COP
43	Indonésie	Oui, IM		COP
44	Iran*	Non	Non	
45	Irlande	Oui, IM		COP
46	Islande	Oui, IM		COP
47	Israël	Oui, IM		COP
48	Italie	Non	Oui, IM	COP

49	Jamaïque	Non	Oui, IM	COP
50	Japon	Oui, autres		COP + LOB
51	Kazakhstan	Oui, IM		COP
52	Koweït	Non	Oui, IM	COP
53	Lettonie	Oui, IM		COP
54	Lituanie	Oui, IM		COP
55	Luxembourg	Oui, IM		COP
56	Macédoine du Nord	Non	Oui, IM	COP
57	Malaisie	Oui, IM		COP
58	Malte	Oui, IM		COP
59	Maroc	Non	Oui, IM	COP
60	Mexique	Oui, autres		COP + LOB
61	Moldova*	Non	Non	
62	Nigéria	Non	Oui, IM	COP
63	Norvège	Non	Non	
64	Nouvelle-Zélande	Oui, IM		COP
65	Oman	Oui, IM		COP
66	Ouzbékistan	Non	Non	
67	Pakistan	Oui, IM		COP
68	Panama	Oui, IM		COP
69	Pays-Bas	Non	Non	
70	Philippines	Non	Non	
71	Pologne	Oui, IM		COP
72	Portugal	Oui, IM		COP
73	Qatar	Oui, IM		COP
74	République dominicaine	Non	Non	
75	République slovaque	Oui, IM		COP
76	Roumanie	Oui, autres		COP
77	Royaume-Uni	Oui, IM		COP
78	Sénégal	Oui, IM		COP
79	Serbie	Oui, IM		COP
80	Singapour	Oui, IM		COP
81	Slovénie	Oui, IM		COP
82	Suède	Non	Non	
83	Suisse	Non	Non	
84	Tadjikistan*	Non	Non	
85	Tchéquie	Oui, IM		COP
86	Thaïlande	Oui, IM		COP
87	Trinité-et-Tobago	Non	Non	
88	Tunisie	Non	Oui, IM	COP
89	Türkiye	Non	Oui, IM	COP
90	Ukraine	Non	Oui, autres	COP
91	Uruguay	Oui, IM		COP
92	Venezuela*	Non	Non	
93	Viet Nam	Non	Oui, IM	

Estonie

A. Progrès dans la mise en œuvre du standard minimum

L'Estonie compte 62 conventions fiscales en vigueur, comme l'indique sa réponse au questionnaire d'examen par les pairs. Dix-neuf de ces conventions sont conformes au standard minimum.

L'Estonie a signé l'IM en 2018 et a déposé son instrument de ratification le 15 janvier 2021. L'IM est entré en vigueur pour l'Estonie le 1er mai 2021. Les conventions qui seront modifiées par l'IM deviendront conformes au standard minimum une fois que les dispositions de l'IM auront pris effet.

L'Estonie se réserve le droit de retarder la prise d'effet des dispositions de l'IM jusqu'à ce qu'elle ait accompli les procédures internes prévues à cet effet au regard de chacune des conventions notifiées[54]. L'Estonie a fait savoir qu'elle avait accompli les procédures internes prévues aux fins de l'entrée en vigueur de l'IM concernant ses conventions avec l'Autriche, Chypre*, la Finlande, la Lettonie, la Pologne, la République slovaque et l'Ukraine le 25 novembre 2021, et concernant ses conventions avec la Belgique, l'Espagne, la Géorgie, l'Inde, l'Île de Man, la Lituanie et la Norvège le 1er juin 2022.

L'Estonie n'a pas notifié sa convention avec la Suisse aux fins de l'IM, mais a indiqué dans sa réponse au questionnaire d'examen par les pairs avoir pris des mesures (autres qu'au titre de l'IM) afin de mettre en œuvre le standard minimum dans cette convention.

L'Estonie met généralement en œuvre le standard minimum par l'inclusion de la déclaration du préambule et de la règle COP[55].

B. Conclusion

L'Estonie est invitée à accomplir (et à notifier qu'elle a accompli) ses procédures internes relatives à la prise d'effet de l'IM au regard de ses conventions fiscales couvertes par l'IM n'ayant pas encore fait l'objet d'une telle notification.

Synthèse de la réponse de la juridiction – Estonie

	1. Partenaires de convention	2. Conformité avec le standard	3. Signature d'un instrument de mise en conformité	4. Recours à la disposition relative au standard minimum
1	Albanie	Non	Oui, IM	COP
2	Allemagne	Oui, autres		COP
3	Arménie	Non	Oui, IM	COP
4	Autriche	Oui, IM		COP
5	Azerbaïdjan	Non	Non	COP
6	Bahreïn	Non	Oui, IM	COP
7	Bélarus	Non	Non	COP
8	Belgique	Oui, IM		COP
9	Bulgarie	Non	Oui, IM	COP

[54] Des réserves ont été formulées conformément à l'article 35(7)(a) de l'IM.

[55] Pour ses conventions notifiées aux fins de l'IM, l'Estonie choisit d'appliquer la disposition de la déclaration du préambule (article 6 de l'IM) et la règle COP (article 7 de l'IM).

10	Canada	Non	Oui, IM	COP
11	Chine (République populaire de)	Non	Oui, IM	COP
12	Chypre*	Oui, IM		COP
13	Corée	Non	Oui, IM	COP
14	Croatie	Non	Oui, IM	COP
15	Danemark	Non	Oui, IM	COP
16	Émirats arabes unis	Non	Oui, IM	COP
17	Espagne	Oui, IM		COP
18	États-Unis	Non	Non	
19	Finlande	Oui, IM		COP
20	France	Non	Oui, IM	COP
21	Géorgie	Oui, IM		COP
22	Grèce	Non	Oui, IM	COP
23	Guernesey	Oui, autres		COP
24	Hong Kong (Chine)	Oui, autres		COP
25	Hongrie	Non	Oui, IM	COP
26	Île de Man	Oui, IM		COP
27	Inde	Oui, IM		COP
28	Irlande	Non	Oui, IM	COP
29	Islande	Non	Oui, IM	COP
30	Israël	Non	Oui, IM	COP
31	Italie	Non	Oui, IM	COP
32	Japon	Oui, autres		COP + LOB
33	Jersey	Non	Oui, IM	COP
34	Kazakhstan	Non	Oui, IM	COP
35	Kirghizistan*	Non	Non	COP
36	Lettonie	Oui, IM		COP
37	Lituanie	Oui, IM		COP
38	Luxembourg	Non	Oui, IM	COP
39	Macédoine du Nord	Non	Oui, IM	COP
40	Malte	Non	Oui, IM	COP
41	Maurice	Oui, autres		COP
42	Mexique	Non	Oui, IM	COP
43	Moldova*	Non	Non	COP
44	Norvège	Oui, IM		COP
45	Ouzbékistan	Non	Non	COP
46	Pays-Bas	Non	Oui, IM	COP
47	Pologne	Oui, IM		COP
48	Portugal	Non	Oui, IM	COP
49	République slovaque	Oui, IM		COP
50	Roumanie	Non	Oui, IM	COP
51	Royaume-Uni	Non	Oui, IM	COP
52	Serbie	Non	Oui, IM	COP
53	Singapour	Non	Oui, IM	COP
54	Slovénie	Non	Oui, IM	COP
55	Suède	Non	Oui, IM	COP
56	Suisse	Non	Non	COP
57	Tchéquie	Non	Non	COP
58	Thaïlande	Non	Oui, IM	COP
59	Türkiye	Non	Oui, IM	COP
60	Turkménistan*	Non	Non	COP
61	Ukraine	Oui, IM		COP
62	Viet Nam	Non	Oui, IM	COP

Eswatini

A. Progrès dans la mise en œuvre du standard minimum

L'Eswatini compte sept conventions fiscales en vigueur, comme l'indique sa réponse au questionnaire d'examen par les pairs. L'une de ces conventions, celle conclue avec le Lesotho*, est conforme au standard minimum.

L'Eswatini a signé l'IM le 27 septembre 2023, et notifié sa convention fiscale non conforme conclue avec d'autres membres du Cadre inclusif. Les conventions qui seront modifiées par l'IM deviendront conformes au standard minimum une fois que les dispositions de l'IM auront pris effet.

L'Eswatini met en œuvre le standard minimum par l'inclusion de la disposition de la déclaration du préambule et de la règle COP associée à la règle LOB[56].

B. Conclusion

L'Eswatini a donné effet à son plan de mise en œuvre du standard minimum dans ses conventions conclue avec l'Afrique du Sud, le Botswana, Maurice, les Seychelles et le Royaume-Uni. L'Eswatini a signé l'IM en septembre 2023 et a notifié la liste de ses conventions fiscales qui seront couvertes.

Étant donné que l'Eswatini a signé l'IM en septembre 2023, aucune recommandation invitant l'Eswatini à ratifier l'IM en 2023 n'a été formulée. L'Eswatini devrait cependant rapidement mettre en œuvre les mesures nécessaires afin que l'IM prenne effet au regard de ses conventions fiscales notifiées aux fins de l'IM, car ces conventions ne seront modifiées par l'IM (et ne deviendront conformes au standard minimum) qu'une fois que les dispositions de l'IM auront pris effet.

Synthèse de la réponse de la juridiction – Eswatini

	1. Partenaires de convention	2. Conformité avec le standard	3. Signature d'un instrument de mise en conformité	4. Recours à la disposition relative au standard minimum
1	Afrique du Sud	Non	Oui, IM	
2	Botswana	Non	Non	
3	Lesotho*	Oui, autres		COP
4	Maurice	Non	Oui, IM	
5	Royaume-Uni	Non	Oui, IM	
6	Seychelles	Non	Oui, IM	

Autres conventions

	1. Partenaires conventionnels	2. Membre du Cadre inclusif
1	Taipei chinois*	Non

[56] Pour ses conventions notifiées aux fins de l'IM, l'Eswatini choisit d'appliquer la disposition de la déclaration du préambule (article 6 de l'IM), la règle COP (article 7 de l'IM) et la règle LOB simplifiée (article 7(6) de l'IM).

États-Unis

A. Progrès dans la mise en œuvre du standard minimum

Les États-Unis comptent 65 conventions fiscales en vigueur, comme l'indique leur réponse au questionnaire d'examen par les pairs. Aucune de ces conventions n'est conforme au standard minimum.

Les États-Unis ont fait une déclaration générale dans leur réponse au questionnaire d'examen par les pairs stipulant qu'ils ont l'intention de recourir à la règle détaillée de limitation des avantages (« LOB ») au titre de leur engagement à mettre en œuvre le standard minimum dans toutes leurs conventions bilatérales. Cette règle ne figure pas dans l'IM, et nécessite des discussions bilatérales approfondies et une adaptation pour chaque convention.

Les États-Unis ont choisi d'appliquer des règles LOB dans la plupart de leurs conventions. Ils ont commencé à inclure des mesures anti chalandage fiscal en 1962[57], et depuis les années 1970, des dispositions relatives à la règle LOB (qui ciblaient initialement les sociétés d'investissement ou les sociétés holding) figurent dans les conventions conclues par les États-Unis. Toutes les conventions signées par les États-Unis sont complétées par des règles de droit interne visant les mécanismes de financement par des sociétés-relais[58].

Le Modèle de Convention des États-Unis de 2016 indique expressément que la convention ne doit pas créer des possibilités de non-imposition ou d'imposition réduite par l'évasion ou la fraude fiscale (y compris par des mécanismes de chalandage fiscal destinés à obtenir les allégements prévus dans la présente Convention au bénéfice indirect de résidents d'États tiers).

Les conventions conclues entre les États-Unis et les 45 juridictions suivantes contiennent une règle LOB complétée par des règles nationales visant les mécanismes de financement par des sociétés-relais : Afrique du Sud, Allemagne, Australie, Autriche, Bangladesh*, Barbade, Belgique, Bulgarie, Canada, Chine (République populaire de), Chypre*, Danemark, Espagne, Estonie, Fédération de Russie, Finlande, France, Islande, Inde, Indonésie, Irlande, Israël, Italie, Jamaïque, Japon, Kazakhstan, Lettonie, Lituanie, Luxembourg, Malte, Mexique, Nouvelle-Zélande, Pays-Bas, Portugal, République slovaque, Slovénie, Sri Lanka, Suède, Suisse, Tchéquie, Thaïlande, Tunisie, Türkiye, Ukraine, Venezuela*. Une convention signée avec la Pologne contient une règle LOB complétée par des règles nationales visant les mécanismes de financement par des sociétés-relais. Les conventions conclues avec la Corée, l'Égypte, le Maroc, la Norvège et Trinité-et-Tobago contiennent une règle de portée limitée contre le chalandage fiscal, et sont complétées par des règles nationales visant les mécanismes de financement par des sociétés-relais. La convention avec le Royaume-Uni contient une règle LOB et des règles visant les mécanismes de financement par des sociétés-relais, et elle est complétée par des règles nationales visant les mécanismes de financement par des sociétés-relais.

---

[57] Concernant la convention conclue entre les États-Unis et le Luxembourg.

[58] Voir I.R.C. §7701(L) ajouté à l'Internal Revenue Code par la section 13238 de l'Omnibus Budget Reconciliation Act of 1993, P.L. 103-66 (permettant à l'Internal Revenue Service de requalifier une opération de financement multipartite en tant qu'opération effectuée directement entre deux parties ou plus lorsque cela s'avère approprié pour empêcher l'évasion de l'impôt aux États-Unis) . Treas. Règlement. § 1.881-3 (tel que modifié en 2020 (qui fournit des orientations supplémentaires concernant les mécanismes de financement par des sociétés-relais). Les États-Unis disposent en outre de règles jurisprudentielles (par exemple, la règle de substance économique et le principe de la primauté du fond sur la forme) qui peuvent permettre de lutter contre les mécanismes de financement par des sociétés-relais, et de parvenir au même résultat.

B. Conclusion

Aucune juridiction n'a signalé de préoccupation relative à ses conventions conclues avec les États-Unis.

Synthèse de la réponse de la juridiction – États-Unis

	1. Partenaires conventionnels	2. Conformité avec le standard	3. Signature d'un instrument de mise en conformité	4. Recours à la disposition relative au standard minimum
1	Afrique du Sud	Non	Non	
2	Allemagne	Non	Non	
3	Arménie	Non	Non	
4	Australie	Non	Non	
5	Autriche	Non	Non	
6	Azerbaïdjan	Non	Non	
7	Bangladesh*	Non	Non	
8	Barbade	Non	Non	
9	Bélarus	Non	Non	
10	Belgique	Non	Non	
11	Bulgarie	Non	Non	
12	Canada	Non	Non	
13	Chine (République populaire de)	Non	Non	
14	Chypre*	Non	Non	
15	Corée	Non	Non	
16	Danemark	Non	Non	
17	Égypte	Non	Non	
18	Espagne	Non	Non	
19	Estonie	Non	Non	
20	Fédération de Russie	Non	Non	
21	Finlande	Non	Non	
22	France	Non	Non	
23	Géorgie	Non	Non	
24	Grèce	Non	Non	
25	Inde	Non	Non	
26	Indonésie	Non	Non	
27	Irlande	Non	Non	
28	Islande	Non	Non	
29	Israël	Non	Non	
30	Italie	Non	Non	
31	Jamaïque	Non	Non	
32	Japon	Non	Non	
33	Kazakhstan	Non	Non	
34	Kirghizistan*	Non	Non	
35	Lettonie	Non	Non	
36	Lituanie	Non	Non	
37	Luxembourg	Non	Non	
38	Malte	Non	Non	
39	Maroc	Non	Non	
40	Mexique	Non	Non	
41	Moldova*	Non	Non	
42	Norvège	Non	Non	
43	Nouvelle-Zélande	Non	Non	

44	Ouzbékistan	Non	Non	
45	Pakistan	Non	Non	
46	Pays-Bas	Non	Non	
47	Philippines	Non	Non	
48	Pologne	Non	Non	
49	Portugal	Non	Non	
50	République slovaque	Non	Non	
51	Roumanie	Non	Non	
52	Royaume-Uni	Non	Non	
53	Slovénie	Non	Non	
54	Sri Lanka	Non	Non	
55	Suède	Non	Non	
56	Suisse	Non	Non	
57	Tadjikistan*	Non	Non	
58	Tchéquie	Non	Non	
59	Thaïlande	Non	Non	
60	Trinité-et-Tobago	Non	Non	
61	Tunisie	Non	Non	
62	Türkiye	Non	Non	
63	Turkménistan*	Non	Non	
64	Ukraine	Non	Non	
65	Venezuela*	Non	Non	

Finlande

A. Progrès dans la mise en œuvre du standard minimum

La Finlande compte 74 conventions fiscales en vigueur, ainsi que l'indique sa réponse au questionnaire d'examen par les pairs, y compris la Convention nordique multilatérale conclue avec le Danemark, les Îles Féroé, l'Islande, la Norvège et la Suède (la Convention nordique) [59]. Quarante-huit de ces conventions, y compris la Convention nordique, sont conformes au standard minimum.

La Finlande a signé l'IM en 2017 et a déposé son instrument de ratification le 25 février 2019. L'IM est entré en vigueur pour la Finlande le 1er juin 2019. Les conventions qui seront modifiées par l'IM deviendront conformes au standard minimum une fois que les dispositions de l'IM auront pris effet.

La Finlande n'a pas notifié sa convention avec la Bulgarie aux fins de l'IM, mais a indiqué dans sa réponse au questionnaire d'examen par les pairs avoir pris des mesures (autres qu'au titre de l'IM) afin de mettre en œuvre le standard minimum dans cette convention.

La Finlande met en œuvre le standard minimum par l'inclusion de la déclaration du préambule et de la règle COP[60].

B. Conclusion

Aucune juridiction n'a signalé de préoccupation relative à ses conventions conclues avec la Finlande.

Synthèse de la réponse de la juridiction – Finlande

	1. Partenaires de convention	2. Conformité avec le standard	3. Signature d'un instrument de mise en conformité	4. Recours à la disposition relative au standard minimum
1	Afrique du Sud	Oui, IM		COP
2	Albanie	Oui, autres		COP
3	Allemagne	Oui, autres		COP
4	Argentine	Non	Oui, IM	COP
5	Arménie	Non	Oui, IM	COP
6	Australie	Oui, IM		COP
7	Autriche	Oui, IM		COP
8	Azerbaïdjan	Non	Non	COP
9	Barbade	Oui, IM		COP
10	Bélarus	Non	Non	COP
11	Belgique	Oui, IM		COP
12	Bosnie-Herzégovine	Oui, IM		COP
13	Brésil	Non	Non	
14	Bulgarie	Non	Non	

[59] Voir la convention multilatérale conclue par le Danemark, la Finlande, les Îles Féroé, l'Islande, la Norvège et la Suède tendant à éviter la double imposition concernant les impôts sur le revenu et la fortune (1996, 1997, 2008 et 2018).

[60] Pour ses conventions notifiées aux fins de l'IM, la Finlande choisit d'appliquer la disposition de la déclaration du préambule (article 6 de l'IM) et la règle COP (article 7 de l'IM).

15	Canada	Oui, IM		COP
16	Chine (République populaire de)	Oui, IM		COP
17	Chypre*	Oui, IM		COP
18	Corée	Oui, IM		COP
19	Croatie	Oui, IM		COP
20	Égypte	Oui, IM		COP
21	Émirats arabes unis	Oui, IM		COP
22	Espagne	Oui, IM		COP
23	Estonie	Oui, IM		COP
24	États-Unis	Non	Non	
25	Fédération de Russie	Oui, IM		COP
26	France	Oui, IM		COP
27	Géorgie	Oui, IM		COP
28	Grèce	Oui, IM		COP
29	Hong Kong (Chine)	Oui, autres		COP
30	Hongrie	Oui, IM		COP
31	Inde	Oui, IM		COP
32	Indonésie	Oui, IM		COP
33	Irlande	Oui, IM		COP
34	Israël	Oui, IM		COP
35	Italie	Non	Oui, IM	COP
36	Japon	Oui, IM		COP
37	Kazakhstan	Oui, IM		COP
38	Kirghizistan*	Non	Non	COP
39	Kosovo*	Non	Non	COP
40	Lettonie	Oui, IM		COP
41	Lituanie	Oui, IM		COP
42	Luxembourg	Oui, IM		COP
43	Macédoine du Nord	Non	Oui, IM	COP
44	Malaisie	Oui, IM		COP
45	Malte	Oui, IM		COP
46	Maroc	Non	Oui, IM	COP
47	Mexique	Non	Oui, IM	COP
48	Moldova*	Non	Non	COP
49	Monténégro	Non	Non	COP
50	Nouvelle-Zélande	Oui, IM		COP
51	Ouzbékistan	Non	Non	COP
52	Pakistan	Oui, IM		COP
53	Partenaires conventionnels membres de la Convention nordique (Danemark, Îles Féroé, Islande, Norvège, Suède).	Oui, autres		COP
54	Pays-Bas	Oui, IM		COP
55	Philippines	Non	Non	COP
56	Pologne	Oui, IM		COP
57	République slovaque	Oui, IM		COP
58	Roumanie	Non	Oui, IM	COP
59	Royaume-Uni	Oui, IM		COP
60	Serbie	Oui, IM		COP
61	Singapour	Oui, IM		COP
62	Slovénie	Oui, IM		COP
63	Sri Lanka	Non	Non	COP
64	Suisse	Non	Non	COP
65	Tadjikistan*	Non	Non	COP

66	Tanzanie*	Non	Non	COP
67	Tchéquie	Oui, IM		COP
68	Thaïlande	Oui, IM		COP
69	Türkiye	Non	Oui, IM	COP
70	Turkménistan*	Non	Non	COP
71	Ukraine	Oui, IM		COP
72	Uruguay	Oui, IM		COP
73	Viet Nam	Non	Oui, IM	COP
74	Zambie	Non	Non	COP

France

A. Progrès dans la mise en œuvre du standard minimum

La France compte 120 conventions fiscales en vigueur, comme l'indique sa réponse au questionnaire d'examen par les pairs. Cinquante-neuf de ces conventions sont conformes au standard minimum.

La France a signé l'IM en 2017 et déposé son instrument de ratification 26 septembre 2018. L'IM est entré en vigueur pour la France le 1er janvier 2019. Le 22 septembre 2020, la France a formulé une notification supplémentaire afin d'élargir la liste de conventions qui seront couvertes par l'IM. Les conventions qui seront modifiées par l'IM deviendront conformes au standard minimum une fois que les dispositions de l'IM auront pris effet.

La France a signé un instrument bilatéral de mise en conformité concernant sa convention avec la Suède.

La France met en œuvre le standard minimum par l'inclusion de la déclaration du préambule et de la règle COP[61].

B. Conclusion

Aucune juridiction n'a signalé de préoccupation relative à ses conventions conclues avec la France.

Synthèse de la réponse de la juridiction – France

	1. Partenaires de convention	2. Conformité avec le standard	3. Signature d'un instrument de mise en conformité	4. Recours à la disposition relative au standard minimum
1	Afrique du Sud	Oui, IM		COP
2	Albanie	Oui, IM		COP
3	Algérie*	Non	Non	COP
4	Allemagne	Non	Oui, IM	COP
5	Andorre	Oui, IM		COP
6	Arabie saoudite	Oui, IM		COP
7	Argentine	Non	Oui, IM	COP
8	Arménie	Non	Oui, IM	COP
9	Australie	Oui, IM		COP
10	Autriche	Oui, IM		COP
11	Azerbaïdjan	Non	Non	COP
12	Bahreïn	Oui, IM		COP
13	Bangladesh*	Non	Non	COP
14	Bélarus	Non	Non	COP
15	Belgique	Oui, IM		COP
16	Bénin	Non	Non	COP
17	Bolivie*	Non	Non	COP
18	Bosnie-Herzégovine	Oui, IM		COP
19	Botswana	Non	Non	COP

61 Pour ses conventions notifiées aux fins de l'IM, la France choisit d'appliquer la disposition de la déclaration du préambule (article 6 de l'IM) et la règle COP (article 7 de l'IM).

20	Brésil	Non	Non	COP
21	Bulgarie	Oui, IM		COP
22	Burkina Faso	Oui, IM		COP
23	Cameroun	Oui, IM		COP
24	Canada	Oui, IM		COP
25	Chili	Oui, IM		COP
26	Chine (République populaire de)	Oui, IM		COP
27	Chypre*	Oui, IM		COP
28	Colombie	Oui, autres		COP
29	Congo	Non	Non	COP
30	Corée	Oui, IM		COP
31	Côte d'Ivoire	Non	Oui, IM	COP
32	Croatie	Oui, IM		COP
33	Égypte	Oui, IM		COP
34	Émirats arabes unis	Oui, IM		COP
35	Équateur*	Non	Non	COP
36	Espagne	Oui, IM		COP
37	Estonie	Non	Oui, IM	COP
38	États-Unis	Non	Non	COP
39	Éthiopie*	Non	Non	COP
40	Fédération de Russie	Oui, IM		COP
41	Finlande	Oui, IM		COP
42	Gabon	Non	Oui, IM	COP
43	Géorgie	Oui, IM		COP
44	Ghana*	Non	Non	COP
45	Grèce	Oui, IM		COP
46	Guinée*	Non	Non	COP
47	Hong Kong (Chine)	Non	Oui, IM	COP
48	Hongrie	Oui, IM		COP
49	Inde	Oui, IM		COP
50	Indonésie	Oui, IM		COP
51	Iran*	Non	Non	COP
52	Irlande	Oui, IM		COP
53	Islande	Oui, IM		COP
54	Israël	Oui, IM		COP
55	Italie	Non	Oui, IM	COP
56	Jamaïque	Non	Oui, IM	COP
57	Japon	Oui, IM		COP + LOB
58	Jordanie	Oui, IM		COP
59	Kazakhstan	Oui, IM		COP
60	Kenya	Non	Oui, IM	COP
61	Kirghizistan*	Non	Non	COP
62	Kosovo*	Non	Non	COP
63	Koweït	Non	Oui, IM	COP
64	Lettonie	Oui, IM		COP
65	Liban*	Non	Non	COP
66	Libye*	Non	Non	COP
67	Lituanie	Oui, IM		COP
68	Luxembourg	Oui, autres		COP
69	Macédoine du Nord	Non	Oui, IM	COP
70	Madagascar*	Non	Non	COP
71	Malaisie	Oui, IM		COP
72	Malawi*	Non	Non	COP

73	Mali*	Non	Non	COP
74	Malte	Oui, IM		COP
75	Maroc	Non	Oui, IM	COP
76	Maurice	Oui, IM		COP
77	Mauritanie	Non	Non	COP
78	Mexique	Non	Oui, IM	COP
79	Monaco	Oui, IM		COP
80	Mongolie	Non	Oui, IM	COP
81	Monténégro	Non	Non	COP
82	Namibie	Non	Oui, IM	COP
83	Niger*	Non	Non	COP
84	Nigéria	Non	Oui, IM	COP
85	Norvège	Non	Non	COP
86	Nouvelle-Zélande	Oui, IM		COP
87	Oman	Oui, IM		COP
88	Ouzbékistan	Non	Non	COP
89	Pakistan	Oui, IM		COP
90	Panama	Oui, IM		COP
91	Pays-Bas	Oui, IM		COP
92	Philippines	Non	Non	COP
93	Pologne	Oui, IM		COP
94	Portugal	Oui, IM		COP
95	Qatar	Oui, IM		COP
96	Québec*	Non	Non	COP
97	République arabe syrienne*	Non	Non	COP
98	République centrafricaine*	Non	Non	COP
99	République slovaque	Oui, IM		COP
100	Roumanie	Non	Oui, IM	COP
101	Royaume-Uni	Oui, IM		COP
102	Sénégal	Oui, IM		COP
103	Serbie	Oui, IM		COP
104	Singapour	Oui, IM		COP
105	Slovénie	Oui, IM		COP
106	Sri Lanka	Non	Non	COP
107	Suède	Non	Oui, autres	COP
108	Suisse	Non	Non	COP
109	Tchéquie	Oui, IM		COP
110	Thaïlande	Oui, IM		COP
111	Togo	Non	Non	COP
112	Trinité-et-Tobago	Non	Non	COP
113	Tunisie	Non	Oui, IM	COP
114	Türkiye	Non	Oui, IM	COP
115	Turkménistan*	Non	Non	COP
116	Ukraine	Oui, IM		COP
117	Venezuela*	Non	Non	COP
118	Viet Nam	Non	Oui, IM	COP
119	Zambie	Non	Non	COP
120	Zimbabwe*	Non	Non	COP

Gabon

A. Progrès dans la mise en œuvre du standard minimum

Le Gabon compte six conventions fiscales en vigueur, ainsi que l'indique sa réponse au questionnaire d'examen par les pairs. Aucune de ces conventions n'est conforme au standard minimum.

Le Gabon a signé l'IM en 2017. Les conventions qui seront modifiées par l'IM deviendront conformes au standard minimum une fois que les dispositions de l'IM auront pris effet.

Le Gabon n'a pas notifié sa convention avec l'Arabie saoudite et la Corée aux fins de l'IM. Aussi, à ce stade, ces conventions ne seront pas modifiées par l'IM. L'Arabie saoudite et la Corée ont notifié leurs conventions avec le Gabon aux fins de l'IM.

Le Gabon met en œuvre le standard minimum par l'inclusion de la déclaration du préambule et de la règle COP[62].

B. Conclusion

L'Arabie saoudite et la Corée ont notifié leurs conventions conclues avec le Gabon aux fins de l'IM, ce qui équivaut à une demande de mise en œuvre du standard minimum.

Le Gabon a élaboré un plan de mise en œuvre du standard minimum dans ses conventions conclues avec l'Arabie saoudite et la Corée. Le Gabon a fait savoir dans sa réponse au questionnaire d'examen par les pairs qu'il comptait élargir la liste de ses conventions fiscales couvertes par l'IM afin d'inclure ses conventions.

Recommandation

Il est recommandé que le Gabon prenne les mesures nécessaires afin que l'IM prenne effet au regard de ses conventions fiscales notifiées aux fins de l'IM, car ces conventions ne seront modifiées par l'IM (et ne deviendront conformes au standard minimum) qu'une fois que les dispositions de l'IM auront pris effet.

Synthèse de la réponse de la juridiction – Gabon

	1. Partenaires de convention	2. Conformité avec le standard	3. Signature d'un instrument de mise en conformité	4. Recours à la disposition relative au standard minimum
1	Belgique	Non	Oui, IM	COP
2	Canada	Non	Oui, IM	COP
3	France	Non	Oui, IM	COP
4	Maroc	Non	Oui, IM	COP

[62] Pour ses conventions notifiées aux fins de l'IM, le Gabon choisit d'appliquer la disposition de la déclaration du préambule (article 6 de l'IM) et la règle COP (article 7 de l'IM).

Autres conventions

	1. Partenaires conventionnels	2. Membre du Cadre inclusif
1	Arabie saoudite	Oui
2	Corée	Oui

Géorgie

A. Progrès dans la mise en œuvre du standard minimum

La Géorgie compte 57 conventions fiscales en vigueur, comme l'indique sa réponse au questionnaire d'examen par les pairs. Trente-trois de ces conventions sont conformes au standard minimum.

La Géorgie a signé l'IM en 2017 et a déposé son instrument de ratification le 29 mars 2019, notifiant 34 de ses conventions alors en vigueur. L'IM est entré en vigueur pour la Géorgie 1er juillet 2019. Les conventions qui seront modifiées par l'IM deviendront conformes au standard minimum une fois que les dispositions de l'IM auront pris effet.

La Géorgie n'a pas notifié ses conventions avec l'Allemagne, l'Arabie saoudite, l'Arménie, l'Autriche, Bahreïn, le Bélarus, le Danemark, l'Égypte, les Émirats arabes unis, le Kazakhstan, Malte, le Qatar, la Suisse et l'Ukraine aux fins de l'IM, mais a indiqué dans sa réponse au questionnaire d'examen par les pairs avoir pris des mesures (autres qu'au titre de l'IM) afin de mettre en œuvre le standard minimum dans sa convention avec Malte. L'Arabie saoudite, l'Arménie, Bahreïn, le Danemark, l'Égypte, les Émirats arabes unis, le Kazakhstan, Malte, le Qatar et l'Ukraine ont notifié leurs conventions avec la Géorgie aux fins de l'IM.

La Géorgie met en œuvre le standard minimum par l'inclusion de la déclaration du préambule et de la règle COP[63].

Dans sa réponse au questionnaire d'examen par les pairs, l'Allemagne a indiqué que sa convention avec la Géorgie ne soulevait pas de préoccupations significatives en matière de chalandage fiscal, au regard de sa juridiction.

B. Conclusion

L'Arabie saoudite, l'Arménie, Bahreïn, le Danemark, l'Égypte, les Émirats arabes unis, le Kazakhstan, Malte, le Qatar et l'Ukraine ont notifié leurs conventions avec la Géorgie aux fins de l'IM, ce qui équivaut à une demande de mise en œuvre le standard minimum.

La Géorgie se prépare à donner effet à son plan de mise en œuvre du standard minimum dans ses conventions conclues avec l'Allemagne, l'Arabie saoudite, l'Arménie, l'Autriche, Bahreïn, le Bélarus, le Danemark, l'Égypte, les Émirats arabes unis, le Kazakhstan, le Qatar, la Suisse et l'Ukraine. La Géorgie a indiqué dans sa réponse au questionnaire d'examen par les pairs qu'elle a l'intention d'élargir la liste des conventions qui seront couvertes par l'IM pour y inclure ces conventions, et avoir fourni la liste révisée des conventions aux fins de l'IM en vue d'un dépôt une fois le processus de ratification achevé.

La Géorgie a également indiqué que des négociations bilatérales seraient menées pour mettre en œuvre le standard minimum dans ses conventions avec l'Azerbaïdjan, l'Iran*, le Koweït, le Moldova*, le Turkménistan* et l'Ouzbékistan.

---

63 Pour ses conventions notifiées aux fins de l'IM, la Géorgie choisit d'appliquer la disposition de la déclaration du préambule (article 6 de l'IM) et la règle COP (article 7 de l'IM).

Synthèse de la réponse de la juridiction – Géorgie

	1. Partenaires de convention	2. Conformité avec le standard	3. Signature d'un instrument de mise en conformité	4. Recours à la disposition relative au standard minimum
1	Belgique	Oui, IM		COP
2	Bulgarie	Oui, IM		COP
3	Chine (République populaire de)	Oui, IM		COP
4	Chypre*	Oui, IM		COP
5	Corée	Oui, IM		COP
6	Croatie	Oui, IM		COP
7	Espagne	Oui, IM		COP
8	Estonie	Oui, IM		COP
9	Finlande	Oui, IM		COP
10	France	Oui, IM		COP
11	Grèce	Oui, IM		COP
12	Hong Kong (Chine)	Oui, autres		COP
13	Hongrie	Oui, IM		COP
14	Inde	Oui, IM		COP
15	Irlande	Oui, IM		COP
16	Islande	Oui, IM		COP
17	Israël	Oui, IM		COP
18	Italie	Non	Oui, IM	COP
19	Japon	Oui, autres		COP + LOB
20	Lettonie	Oui, IM		COP
21	Liechtenstein	Oui, IM		COP
22	Lituanie	Oui, IM		COP
23	Luxembourg	Oui, IM		COP
24	Malte	Non	Non	
25	Norvège	Oui, IM		COP
26	Pays-Bas	Oui, IM		COP
27	Pologne	Oui, autres		COP
28	Portugal	Oui, IM		COP
29	République slovaque	Oui, IM		COP
30	Roumanie	Non	Oui, IM	
31	Royaume-Uni	Oui, IM		COP
32	Saint-Marin	Oui, IM		COP
33	Serbie	Oui, IM		COP
34	Singapour	Oui, IM		COP
35	Slovénie	Oui, IM		COP
36	Suède	Non	Oui, IM	COP
37	Tchéquie	Oui, IM		COP
38	Türkiye	Non	Oui, IM	COP

Autres conventions

	1. Partenaires conventionnels	2. Membre du Cadre inclusif
1	Allemagne	Oui
2	Arabie saoudite	Oui
3	Arménie	Oui
4	Autriche	Oui
5	Azerbaïdjan	Oui

6	Bahreïn	Oui
7	Bélarus	Oui
8	Danemark	Oui
9	Égypte	Oui
10	Émirats arabes unis	Oui
11	Iran*	Non
12	Kazakhstan	Oui
13	Koweït	Oui
14	Moldova*	Non
15	Ouzbékistan	Oui
16	Qatar	Oui
17	Suisse	Oui
18	Turkménistan*	Non
19	Ukraine	Oui

Gibraltar

A. Progrès dans la mise en œuvre du standard minimum

Gibraltar compte une convention fiscale en vigueur avec le Royaume-Uni, comme l'indique sa réponse au questionnaire d'examen par les pairs. Cette convention est conforme au standard minimum.

Gibraltar met en œuvre le standard minimum par l'inclusion de la déclaration du préambule et de la règle COP.

B. Conclusion

Aucune juridiction n'a soulevé de préoccupation concernant Gibraltar.

Synthèse de la réponse de la juridiction – Gibraltar

	1. Partenaires de convention	2. Conformité avec le standard	3. Signature d'un instrument de mise en conformité	4. Recours à la disposition relative au standard minimum
1	Royaume-Uni	Oui, autres		COP

Grèce

A. Progrès dans la mise en œuvre du standard minimum

La Grèce compte 57 conventions fiscales en vigueur, comme l'indique sa réponse au questionnaire d'examen par les pairs. Quarante-deux de ces conventions sont conformes au standard minimum.

La Grèce a signé l'IM en 2017, a déposé son instrument de ratification le 30 mars 2021, et a notifié ses conventions fiscales non conformes. L'IM est entré en vigueur pour la Grèce le 1er juillet 2021. Les conventions qui seront modifiées par l'IM deviendront conformes au standard minimum une fois que les dispositions de l'IM auront pris effet.

La Grèce met en œuvre le standard minimum par l'inclusion de la déclaration du préambule et de la règle COP[64].

B. Conclusion

Aucune juridiction n'a signalé de préoccupation relative à ses conventions conclues avec la Grèce.

Synthèse de la réponse de la juridiction – Grèce

	1. Partenaires de convention	2. Conformité avec le standard	3. Signature d'un instrument de mise en conformité	4. Recours à la disposition relative au standard minimum
1	Afrique du Sud	Oui, IM		COP
2	Albanie	Oui, IM		COP
3	Allemagne	Non	Oui, IM	COP
4	Arabie saoudite	Oui, IM		COP
5	Arménie	Non	Oui, IM	COP
6	Autriche	Oui, IM		COP
7	Azerbaïdjan	Non	Non	COP
8	Belgique	Oui, IM		COP
9	Bosnie-Herzégovine	Oui, IM		COP
10	Bulgarie	Oui, IM		COP
11	Canada	Oui, IM		COP
12	Chine (République populaire de)	Oui, IM		COP
13	Chypre*	Oui, IM		COP
14	Corée	Oui, IM		COP
15	Croatie	Oui, IM		COP
16	Danemark	Oui, IM		COP
17	Égypte	Oui, IM		COP
18	Émirats arabes unis	Oui, IM		COP
19	Espagne	Oui, IM		COP
20	Estonie	Non	Oui, IM	COP
21	États-Unis	Non	Non	

64 Pour ses conventions notifiées aux fins de l'IM, la Grèce choisit d'appliquer la disposition de la déclaration du préambule (article 6 de l'IM) et la règle COP (article 7 de l'IM). La Grèce a également opté pour l'application asymétrique de la règle LOB simplifiée conformément à l'article 7(7)(b) de l'IM.

22	Fédération de Russie	Oui, IM		COP
23	Finlande	Oui, IM		COP
24	France	Oui, IM		COP
25	Géorgie	Oui, IM		COP
26	Hongrie	Oui, IM		COP
27	Inde	Oui, IM		COP
28	Irlande	Oui, IM		COP
29	Islande	Oui, IM		COP
30	Israël	Oui, IM		COP
31	Italie	Non	Oui, IM	COP
32	Koweït	Non	Oui, IM	COP
33	Lettonie	Oui, IM		COP
34	Lituanie	Oui, IM		COP
35	Luxembourg	Oui, IM		COP
36	Malte	Oui, IM		COP
37	Maroc	Non	Oui, IM	COP
38	Mexique	Non	Oui, IM	COP
39	Moldova*	Non	Non	COP
40	Norvège	Oui, IM		COP
41	Ouzbékistan	Non	Non	COP
42	Pays-Bas	Oui, IM		COP
43	Pologne	Oui, IM		COP
44	Portugal	Oui, IM		COP
45	Qatar	Oui, IM		COP
46	République slovaque	Oui, IM		COP
47	Roumanie	Non	Oui, IM	COP
48	Royaume-Uni	Oui, IM		COP
49	Saint-Marin	Oui, IM		COP
50	Serbie	Oui, IM		COP
51	Singapour	Oui, autres		COP
52	Slovénie	Oui, IM		COP
53	Suisse	Non	Non	COP
54	Tchéquie	Oui, IM		COP
55	Tunisie	Non	Oui, IM	COP
56	Türkiye	Non	Oui, IM	COP
57	Ukraine	Oui, IM		COP

Grenade

A. Progrès dans la mise en œuvre du standard minimum

Grenade compte quatre conventions fiscales en vigueur, comme l'indique sa réponse au questionnaire d'examen par les pairs, y compris la convention multilatérale entre les membres de la CARICOM conclue avec dix de ses partenaires (la Convention de la CARICOM). [65] Aucune de ces conventions n'est conforme au standard minimum.

La Grenade n'a pas signé l'IM.

La Grenade a indiqué dans sa réponse au questionnaire d'examen par les pairs avoir pris des mesures (autres qu'au titre de l'IM) afin de mettre en œuvre le standard minimum dans la convention de la CARICOM.

Dans sa réponse au questionnaire d'examen par les pairs, la Suisse a indiqué que sa convention avec la Grenade ne soulevait pas de préoccupations significatives en matière de chalandage fiscal, au regard de sa juridiction.

B. Conclusion

Recommandation

Il est recommandé que la Grenade élabore un plan afin de mettre en œuvre le standard minimum dans ses conventions pour lesquelles aucune mesure n'a encore été prise, et qui ont été conclues avec des membres du Cadre inclusif sur le BEPS (Afrique du Sud et Royaume-Uni).

Synthèse de la réponse de la juridiction – Grenade

	1. Partenaires de convention	2. Conformité avec le standard	3. Signature d'un instrument de mise en conformité	4. Recours à la disposition relative au standard minimum
1	Partenaires conventionnels membres de la CARICOM (Antigua-et-Barbuda, Barbade, Bélize, Dominique, Guyana*, Jamaïque, Saint-Kitts-et-Nevis, Sainte-Lucie, Saint-Vincent-et-les-Grenadines, Trinité-et-Tobago)	Non	Non	COP

[65] Accord entre les gouvernements des États membres de la Communauté des Caraïbes tendant à éviter la double imposition et à prévenir l'évasion fiscale en matière d'impôts sur le revenu, sur les profits ou les gains en capital et pour l'encouragement du commerce régional et de l'investissement, Saint-Michel (Barbade), 6 juillet 1994 ; entre Antigua-et-Barbuda (18 février 1998), la Barbade (7 juillet 1995), le Belize (30 novembre 1994), la Dominique (19 juin 1996), la Grenade (1er mars 1996), le Guyana* (26 novembre 1997), la Jamaïque (16 février 1995), Saint-Kitts-et-Nevis (8 mai 1997), Sainte-Lucie (22 mai 1995), Saint-Vincent-et-les-Grenadines (12 février 1998) et Trinité-et-Tobago (29 novembre 1994).

Autres conventions

	1. Partenaires conventionnels	2. Membre du Cadre inclusif
1	Afrique du Sud	Oui
2	Royaume-Uni	Oui
3	Suisse	Oui

Groenland

A. Progrès dans la mise en œuvre du standard minimum

Le Groenland compte quatre conventions fiscales en vigueur, ainsi que l'indique sa réponse au questionnaire d'examen par les pairs. L'une de ces conventions, celle avec les Îles Féroé, est conforme au standard minimum.

Le Groenland n'a pas signé l'IM.

Le Groenland a indiqué dans sa réponse au questionnaire d'examen par les pairs avoir pris des mesures (autres qu'au titre de l'IM) afin de mettre en œuvre le standard minimum dans ses conventions avec le Danemark, l'Islande et la Norvège.

Le Groenland met en œuvre le standard minimum par l'inclusion de la déclaration du préambule et de la règle COP.

B. Conclusion

Aucune juridiction n'a signalé de préoccupation relative à ses conventions conclues avec le Groenland.

Synthèse de la réponse de la juridiction – Groenland

	1. Partenaires de convention	2. Conformité avec le standard	3. Signature d'un instrument de mise en conformité	4. Recours à la disposition relative au standard minimum
1	Danemark	Non	Non	
2	Îles Féroé	Oui, autres		COP
3	Islande	Non	Non	
4	Norvège	Non	Non	

Guernesey

A. Progrès dans la mise en œuvre du standard minimum

Guernesey compte 14 conventions fiscales en vigueur, comme l'indique sa réponse au questionnaire d'examen par les pairs. Treize de ces conventions sont conformes au standard minimum.

Guernesey a signé l'IM en 2017 et a déposé son instrument de ratification le 12 février 2019. L'IM est entré en vigueur pour Guernesey le 1er juin 2019. Les conventions qui seront modifiées par l'IM deviendront conformes au standard minimum une fois que les dispositions de l'IM auront pris effet.

Guernesey n'a pas notifié ses conventions avec Jersey aux fins de l'IM, mais a indiqué dans sa réponse au questionnaire d'examen par les pairs avoir pris des mesures (autres qu'au titre de l'IM) afin de mettre en œuvre le standard minimum dans cette convention.

Guernesey met en œuvre le standard minimum par l'inclusion de la déclaration du préambule et de la règle COP.[66]

B. Conclusion

Aucune juridiction n'a signalé de préoccupation relative à ses conventions conclues avec Guernesey.

Synthèse de la réponse de la juridiction – Guernesey

	1. Partenaires de convention	2. Conformité avec le standard	3. Signature d'un instrument de mise en conformité	4. Recours à la disposition relative au standard minimum
1	Chypre*	Oui, IM		COP
2	Estonie	Oui, autres		COP
3	Hong Kong (Chine)	Oui, IM		COP
4	Île de Man	Oui, autres		COP
5	Jersey	Non	Non	COP
6	Liechtenstein	Oui, IM		COP
7	Luxembourg	Oui, IM		COP
8	Malte	Oui, IM		COP
9	Maurice	Oui, IM		COP
10	Monaco	Oui, IM		COP
11	Qatar	Oui, autres		COP
12	Royaume-Uni	Oui, autres		COP
13	Seychelles	Oui, IM		COP
14	Singapour	Oui, IM		COP

66 Pour ses conventions notifiées aux fins de l'IM, Guernesey choisit d'appliquer la disposition de la déclaration du préambule (article 6 de l'IM) et la règle COP (article 7 de l'IM).

Haïti

A. Progrès dans la mise en œuvre du standard minimum

Haïti n'a aucune convention fiscale en vigueur, comme l'indique sa réponse au questionnaire d'examen par les pairs.

B. Conclusion

Aucune juridiction n'a soulevé de préoccupation concernant Haïti.

Honduras

A. Progrès dans la mise en œuvre du standard minimum

Le Honduras n'a aucune convention fiscale en vigueur, comme l'indique sa réponse au questionnaire d'examen par les pairs.

B. Conclusion

Aucune juridiction n'a soulevé de préoccupation concernant le Honduras.

Hong Kong (Chine)

A. Progrès dans la mise en œuvre du standard minimum

Hong Kong (Chine) compte 43 conventions fiscales en vigueur, ainsi que l'indique sa réponse au questionnaire d'examen par les pairs. Trente-quatre de ces conventions sont conformes au standard minimum.

Hong Kong (Chine) a adhéré à l'IM en 2017 et la Chine (République populaire de) a déposé le 25 mai 2022 un instrument d'approbation couvrant les conventions conclues par Hong Kong (Chine), et a notifié ses conventions non conformes. L'IM est entré en vigueur le 1erseptembre 2022. Les conventions qui seront modifiées par l'IM deviendront conformes au standard minimum une fois que les dispositions de l'IM auront pris effet.

Une réserve visant à retarder la prise d'effet des dispositions de l'IM jusqu'à ce que les procédures internes à cette fin soient achevées pour chacune des conventions notifiées a été formulée en vertu de l'IM[67]. Les conventions conclues avec l'Afrique du Sud, l'Arabie saoudite, l'Autriche, la Belgique, le Canada, la Corée, les Émirats arabes unis, la Fédération de Russie, la France, Guernesey, la Hongrie, l'Inde, l'Indonésie, l'Irlande, le Japon, Jersey, la Lettonie, le Liechtenstein, le Luxembourg, la Malaisie, Malte, la Nouvelle-Zélande, les Pays-Bas, le Pakistan, le Portugal, le Qatar, la Roumanie, le Royaume-Uni, la Tchéquie et la Thaïlande ont fait l'objet de notifications relatives à l'achèvement des procédures internes nécessaires à l'entrée en vigueur de l'IM le 21 février 2023.

Hong Kong (Chine) met en œuvre le standard minimum par l'inclusion de la déclaration du préambule et de la règle COP[68].

B. Conclusion

Il est encouragé d'accomplir accomplir les procédures internes relatives à la prise d'effet de l'IM (et notifier cet accomplissement) au regard des conventions fiscales de Hong Kong (Chine) couvertes par l'IM n'ayant pas encore fait l'objet d'une telle notification, car ces conventions ne seront modifiées par l'IM (et ne deviendront conformes au standard minimum) qu'une fois que l'achèvement de ces procédures aura été notifié.

Synthèse de la réponse de la juridiction – Hong Kong (Chine)

	1. Partenaires de convention	2. Conformité avec le standard	3. Signature d'un instrument de mise en conformité	4. Recours à la disposition relative au standard minimum
1	Afrique du Sud	Oui, IM		COP

[67] Des réserves ont été formulées conformément à l'article 35(7)(a) de l'IM.

[68] Pour ses conventions notifiées aux fins de l'IM, Hong-Kong (Chine) applique la disposition de la déclaration du préambule (article 6 de l'IM) et la règle COP (article 7 de l'IM). Hong Kong (Chine) a formulé une réserve conformément à l'article 6(4) de l'IM afin de ne pas appliquer l'article 6(1) concernant les conventions qui contiennent déjà la version adéquate du préambule (une convention). Hong Kong (Chine) a également formulé une réserve conformément à l'article 7(15)(b) de l'IM afin de ne pas appliquer l'article 7(1) concernant les conventions qui contiennent déjà une règle COP (deux conventions).

2	Arabie saoudite	Oui, IM		COP
3	Autriche	Oui, IM		COP
4	Bélarus	Oui, autres		COP
5	Belgique	Oui, IM		COP
6	Brunei Darussalam	Non	Non	COP
7	Cambodge*	Non	Non	COP
8	Canada	Oui, IM		COP
9	Corée	Oui, IM		COP
10	Émirats arabes unis	Oui, IM		COP
11	Espagne	Oui, IM		COP
12	Estonie	Oui, autres		COP
13	Fédération de Russie	Non	Oui, IM	COP
14	Finlande	Oui, autres		COP
15	France	Oui, IM		COP
16	Géorgie	Oui, autres		COP
17	Guernesey	Oui, IM		COP
18	Hongrie	Oui, IM		COP
19	Inde	Oui, IM		COP
20	Indonésie	Oui, IM		COP
21	Irlande	Oui, IM		COP
22	Italie	Non	Oui, IM	COP
23	Japon	Oui, IM		COP
24	Jersey	Oui, IM		COP
25	Koweït	Non	Oui, IM	COP
26	Lettonie	Oui, IM		COP
27	Liechtenstein	Oui, IM		COP
28	Luxembourg	Oui, IM		COP
29	Malaisie	Oui, IM		COP
30	Malte	Oui, IM		COP
31	Mexique	Non	Oui, IM	COP
32	Nouvelle-Zélande	Oui, IM		COP
33	Pakistan	Oui, IM		COP
34	Pays-Bas	Oui, IM		COP
35	Portugal	Oui, IM		COP
36	Qatar	Oui, IM		COP
37	Roumanie	Non	Oui, IM	COP
38	Royaume-Uni	Oui, IM		COP
39	Serbie	Oui, autres		COP
40	Suisse	Non	Non	COP
41	Tchéquie	Oui, IM		COP
42	Thaïlande	Oui, IM		COP
43	Viet Nam	Non	Oui, IM	COP

Hongrie

A. Progrès dans la mise en œuvre du standard minimum

La Hongrie compte 83 conventions fiscales en vigueur, comme l'indique sa réponse au questionnaire d'examen par les pairs. Cinquante-cinq de ces conventions sont conformes au standard minimum.

La Hongrie a signé l'IM en 2017 et a déposé son instrument de ratification le 25 mars 2021. L'IM est entré en vigueur pour la Hongrie le 1er juillet 2021. Les conventions qui seront modifiées par l'IM deviendront conformes au standard minimum une fois que les dispositions de l'IM auront pris effet.

La Hongrie n'a pas notifié ses conventions avec la Mongolie, le Monténégro et la Suisse aux fins de l'IM, mais a indiqué dans sa réponse au questionnaire d'examen par les pairs avoir pris des mesures (autres qu'au titre de l'IM) afin de mettre en œuvre le standard minimum dans sa convention avec la Suisse. La Hongrie a indiqué dans sa réponse au questionnaire d'examen par les pairs que ses conventions avec la Mongolie et le Monténégro ne soulevaient pas de préoccupations significatives en matière de chalandage fiscal au regard de sa juridiction et que ces conventions pourraient être modifiée bilatéralement à l'avenir pour être mises en conformité avec le standard minimum. La Mongolie a notifié sa convention avec la Hongrie aux fins de l'IM.

La Hongrie met en œuvre le standard minimum par l'inclusion de la déclaration du préambule et de la règle COP[69].

B. Conclusion

La Mongolie a notifié sa convention avec la Hongrie aux fins de l'IM, ce qui équivaut à une demande de mise en œuvre du standard minimum.

La Hongrie a élaboré un plan de mise en œuvre du standard minimum dans sa convention conclue avec la Mongolie. La Hongrie a fait savoir dans sa réponse au questionnaire d'examen par les pairs qu'elle comptait élargir la liste de ses conventions fiscales qui seront couvertes par l'IM afin d'inclure cette convention.

Synthèse de la réponse de la juridiction – Hongrie

	1. Partenaires de convention	2. Conformité avec le standard	3. Signature d'un instrument de mise en conformité	4. Recours à la disposition relative au standard minimum
1	Afrique du Sud	Oui, IM		COP
2	Albanie	Oui, IM		COP
3	Allemagne	Non	Oui, IM	COP
4	Andorre	Oui, autres		COP
5	Arabie saoudite	Oui, IM		COP
6	Arménie	Non	Oui, IM	COP
7	Australie	Oui, IM		COP
8	Autriche	Oui, IM		COP

69 Pour ses conventions notifiées aux fins de l'IM, la Hongrie choisit d'appliquer la disposition de la déclaration du préambule (article 6 de l'IM) et la règle COP (article 7 de l'IM).

9	Azerbaïdjan	Non	Non	COP
10	Bahreïn	Oui, IM		COP
11	Bélarus	Non	Non	COP
12	Belgique	Oui, IM		COP
13	Bosnie-Herzégovine	Oui, IM		COP
14	Brésil	Non	Non	COP
15	Bulgarie	Oui, IM		COP
16	Canada	Oui, IM		COP
17	Chine (République populaire de)	Oui, IM		COP
18	Chypre*	Oui, IM		COP
19	Corée	Oui, IM		COP
20	Croatie	Oui, IM		COP
21	Danemark	Oui, IM		COP
22	Égypte	Oui, IM		COP
23	Émirats arabes unis	Oui, IM		COP
24	Espagne	Oui, IM		COP
25	Estonie	Non	Oui, IM	COP
26	Fédération de Russie	Oui, IM		COP
27	Finlande	Oui, IM		COP
28	France	Oui, IM		COP
29	Géorgie	Oui, IM		COP
30	Grèce	Oui, IM		COP
31	Hong Kong (Chine)	Oui, IM		COP
32	Inde	Oui, IM		COP
33	Indonésie	Oui, IM		COP
34	Irlande	Oui, IM		COP
35	Islande	Oui, IM		COP
36	Israël	Oui, IM		COP
37	Italie	Non	Oui, IM	COP
38	Japon	Oui, IM		COP
39	Kazakhstan	Oui, IM		COP
40	Kirghizistan*	Oui, autres		COP
41	Koweït	Non	Non	COP
42	Lettonie	Oui, IM		COP
43	Liechtenstein	Oui, IM		COP
44	Lituanie	Oui, IM		COP
45	Luxembourg	Oui, IM		COP
46	Macédoine du Nord	Non	Oui, IM	COP
47	Malaisie	Oui, IM		COP
48	Malte	Oui, IM		COP
49	Maroc	Non	Oui, IM	COP
50	Mexique	Non	Oui, IM	COP
51	Norvège	Non	Non	COP
52	Oman	Oui, IM		COP
53	Pakistan	Oui, IM		COP
54	Pays-Bas	Oui, IM		COP
55	Philippines	Non	Non	COP
56	Pologne	Oui, IM		COP
57	Portugal	Oui, IM		COP
58	Qatar	Oui, IM		COP
59	République slovaque	Oui, IM		COP
60	Roumanie	Non	Oui, IM	COP
61	Royaume-Uni	Oui, IM		COP

62	Saint-Marin	Oui, IM		COP
63	Serbie	Oui, IM		COP
64	Singapour	Oui, IM		COP
65	Slovénie	Oui, IM		COP
66	Suède	Non	Oui, IM	COP
67	Suisse	Non	Non	COP
68	Tchéquie	Oui, IM		COP
69	Thaïlande	Oui, IM		COP
70	Tunisie	Non	Oui, IM	COP
71	Türkiye	Non	Oui, IM	COP
72	Ukraine	Oui, IM		COP
73	Uruguay	Oui, IM		COP
74	Viet Nam	Non	Oui, IM	COP

Autres conventions

	1. Partenaires conventionnels	2. Membre du Cadre inclusif
1	Iran*	Non
2	Iraq*	Non
3	Kosovo*	Non
4	Moldova*	Non
5	Mongolie	Oui
6	Monténégro	Oui
7	Ouzbékistan	Oui
8	Taipei chinois*	Non
9	Turkménistan*	Non

Île de Man

A. Progrès dans la mise en œuvre du standard minimum

L'Île de Man compte dix conventions fiscales en vigueur, comme l'indique sa réponse au questionnaire d'examen par les pairs. Neuf de ces conventions sont conformes au standard minimum.

L'Île de Man a signé l'IM en 2017 et a déposé son instrument de ratification le mercredi 25 octobre 2017. L'IM est entré en vigueur pour l'Île de Man le 1er juillet 2018. Les conventions qui seront modifiées par l'IM deviendront conformes au standard minimum une fois que les dispositions de l'IM auront pris effet.

L'Île de Man n'a pas notifié sa convention avec Jersey aux fins de l'IM, mais a indiqué dans sa réponse au questionnaire d'examen par les pairs avoir pris des mesures (autres qu'au titre de l'IM) afin de mettre en œuvre le standard minimum dans cette convention.

L'Île de Man met en œuvre le standard minimum par l'inclusion de la déclaration du préambule et de la règle COP[70].

B. Conclusion

Aucune juridiction n'a signalé de préoccupation relative à ses conventions conclues avec l'Île de Man.

Synthèse de la réponse de la juridiction – Île de Man

	1. Partenaires de convention	2. Conformité avec le standard	3. Signature d'un instrument de mise en conformité	4. Recours à la disposition relative au standard minimum
1	Bahreïn	Oui, IM		COP
2	Estonie	Oui, IM		COP
3	Guernesey	Oui, autres		COP
4	Jersey	Non	Non	COP
5	Luxembourg	Oui, IM		COP
6	Malte	Oui, IM		COP
7	Qatar	Oui, IM		COP
8	Royaume-Uni	Oui, autres		COP
9	Seychelles	Oui, IM		COP
10	Singapour	Oui, IM		COP

[70] Pour ses conventions notifiées aux fins de l'IM, l'Île de Man choisit d'appliquer la disposition de la déclaration du préambule (article 6 de l'IM) et la règle COP (article 7 de l'IM).

Îles Caïmanes

A. Progrès dans la mise en œuvre du standard minimum

Les Îles Caïmanes n'ont aucune convention fiscale en vigueur, comme l'indique leur réponse au questionnaire d'examen par les pairs.

B. Conclusion

Aucune juridiction n'a signalé de préoccupation concernant les Îles Caïmanes.

Îles Cook

A. Progrès dans la mise en œuvre du standard minimum

Les Îles Cook n'ont aucune convention fiscale en vigueur, comme l'indique leur réponse au questionnaire d'examen par les pairs.

B. Conclusion

Aucune juridiction n'a signalé de préoccupation concernant les Îles Cook.

Îles Féroé

A. Progrès dans la mise en œuvre du standard minimum

Les Îles Féroé comptent trois conventions fiscales en vigueur, ainsi que l'indique leur réponse au questionnaire d'examen par les pairs, y compris la Convention nordique multilatérale conclue avec le Danemark, la Finlande, l'Islande, la Norvège et la Suède (la « Convention nordique »)[71]. L'une de ces conventions, la Convention nordique, est conforme au standard minimum.

Les Îles Féroé n'ont pas adhéré à l'IM.

Les Îles Féroé ont indiqué dans leur réponse au questionnaire d'examen par les pairs avoir pris des mesures (autres qu'au titre de l'IM) afin de mettre en œuvre le standard minimum dans sa convention avec la Suisse.

Les Îles Féroé mettent en œuvre le standard minimum par l'inclusion de la déclaration du préambule et de la règle COP.

B. Conclusion

Les Îles Féroé ont élaboré un plan de mise en œuvre du standard minimum dans leur convention conclue avec le Royaume-Uni. Les Îles Féroé ont indiqué dans leur réponse au questionnaire d'examen par les pairs que des négociations bilatérales seraient engagées concernant cette convention.

Synthèse de la réponse de la juridiction – Îles Féroé

	1. Partenaires de convention	2. Conformité avec le standard	3. Signature d'un instrument de mise en conformité	4. Recours à la disposition relative au standard minimum
1	Partenaires conventionnels membres de la Convention nordique (Danemark, Finlande, Islande, Norvège, Suède).	Oui, autres		COP
2	Suisse	Non	Non	

Autres conventions

	1. Partenaires conventionnels	2. Membre du Cadre inclusif
1	Royaume-Uni	Oui

[71] Voir la convention multilatérale conclue par le Danemark, la Finlande, les Îles Féroé, l'Islande, la Norvège et la Suède tendant à éviter la double imposition concernant les impôts sur le revenu et la fortune (1996, 1997, 2008 et 2018).

Îles Turques et Caïques

A. Progrès dans la mise en œuvre du standard minimum

Les Îles Turques et Caïques ne comptent aucune convention fiscale en vigueur, comme l'indique leur réponse au questionnaire d'examen par les pairs.

B. Conclusion

Aucune juridiction n'a signalé de préoccupation concernant les Îles Turques et Caïques.

Îles Vierges britanniques

A. Progrès dans la mise en œuvre du standard minimum

Les Îles Vierges britanniques comptent une convention fiscale en vigueur avec la Suisse, comme l'indique leur réponse au questionnaire d'examen par les pairs. Cette convention n'est pas conforme au standard minimum.

Les Îles Vierges britanniques n'ont pas adhéré à l'IM.

Dans sa réponse au questionnaire d'examen par les pairs, la Suisse a indiqué que sa convention avec les Îles Vierges britanniques ne soulevait pas de préoccupations significatives en matière de chalandage fiscal, au regard de sa juridiction.

B. Conclusion

Aucune juridiction n'a signalé de préoccupation concernant les Îles vierges britanniques.

Autres conventions

Le tableau ci-après répertorie les conventions non conformes, qui ne font pas l'objet d'un instrument de mise en conformité, d'une déclaration générale relative à l'application d'une règle détaillée de limitation des avantages, et pour lesquelles aucune mesure n'a été prise en vue de mettre en œuvre le standard minimum.

	1. Partenaires conventionnels	2. Membre du Cadre inclusif
1	Suisse	Oui

Inde

A. Progrès dans la mise en œuvre du standard minimum

L'Inde compte 96 conventions fiscales en vigueur, comme l'indique sa réponse au questionnaire d'examen par les pairs. Cinquante-quatre de ces conventions sont conformes au standard minimum.

L'Inde a signé l'IM en 2017, a déposé son instrument de ratification le 25 juin 2019, et a notifié ses conventions fiscales non conformes. L'IM est entré en vigueur pour l'Inde le 1er octobre 2019. Les conventions qui seront modifiées par l'IM deviendront conformes au standard minimum une fois que les dispositions de l'IM auront pris effet.

L'Inde a signé un instrument bilatéral de mise en conformité concernant sa convention avec le Brésil.

L'Inde met en œuvre le standard minimum par l'inclusion de la disposition de la déclaration du préambule et de la règle COP associée à la règle LOB [72].

B. Conclusion

Aucune juridiction n'a signalé de préoccupation relative à ses conventions conclues avec l'Inde.

Synthèse de la réponse de la juridiction – Inde

	1. Partenaires de convention	2. Conformité avec le standard	3. Signature d'un instrument de mise en conformité	4. Recours à la disposition relative au standard minimum
1	Afrique du Sud	Oui, IM		COP
2	Albanie	Oui, IM		COP
3	Allemagne	Non	Non	
4	Arabie saoudite	Oui, IM		COP
5	Arménie	Non	Oui, IM	COP + LOB
6	Australie	Oui, IM		COP
7	Autriche	Oui, IM		COP
8	Bangladesh*	Non	Non	
9	Bélarus	Non	Non	
10	Belgique	Oui, IM		COP
11	Bhoutan*	Non	Non	
12	Botswana	Non	Non	
13	Brésil	Non	Oui, autres	COP + LOB
14	Bulgarie	Oui, IM		COP
15	Canada	Oui, IM		COP
16	Chili	Oui, autres		COP + LOB
17	Chine (République populaire de)	Oui, autres		COP

[72] Pour ses conventions notifiées aux fins de l'IM, l'Inde choisit d'appliquer la disposition de la déclaration du préambule (article 6 de l'IM), la règle COP (article 7 de l'IM) et la règle LOB simplifiée (article 7(6) de l'IM). L'Inde a déclaré, conformément à l'article 7(17)(a) de l'IM, que même si elle accepte d'appliquer uniquement la règle COP à titre provisoire, elle a l'intention d'adopter, dans la mesure du possible, une règle LOB venant compléter ou remplacer la règle COP *via* des négociations bilatérales.

18	Chypre*	Oui, IM		COP
19	Colombie	Non	Oui, IM	COP + LOB
20	Corée	Oui, IM		COP
21	Croatie	Oui, IM		COP
22	Danemark	Oui, IM		COP + LOB
23	Égypte	Oui, IM		COP
24	Émirats arabes unis	Oui, IM		COP
25	Espagne	Oui, IM		COP
26	Estonie	Oui, IM		COP
27	États-Unis	Non	Non	
28	Éthiopie*	Non	Non	
29	Fédération de Russie	Oui, IM		COP + LOB
30	Fidji*	Non	Oui, IM	COP
31	Finlande	Oui, IM		COP
32	France	Oui, IM		COP
33	Géorgie	Oui, IM		COP
34	Grèce	Oui, IM		COP + LOB
35	Hong Kong (Chine)	Oui, IM		COP
36	Hongrie	Oui, IM		COP
37	Indonésie	Oui, IM		COP
38	Iran*	Oui, autres		COP
39	Irlande	Oui, IM		COP
40	Islande	Oui, IM		COP + LOB
41	Israël	Oui, IM		COP
42	Italie	Non	Oui, IM	COP
43	Japon	Oui, IM		COP
44	Jordanie	Oui, IM		COP
45	Kazakhstan	Oui, IM		COP + LOB
46	Kenya	Non	Oui, IM	COP + LOB
47	Kirghizistan*	Non	Non	
48	Koweït	Non	Oui, IM	COP
49	Lettonie	Oui, IM		COP
50	Libye*	Non	Non	
51	Lituanie	Oui, IM		COP
52	Luxembourg	Oui, IM		COP
53	Macédoine du Nord	Non	Oui, IM	COP
54	Malaisie	Oui, IM		COP
55	Malte	Oui, IM		COP
56	Maroc	Non	Oui, IM	COP
57	Maurice	Non	Non	
58	Mexique	Non	Oui, IM	COP
59	Mongolie	Non	Oui, IM	COP + LOB
60	Monténégro	Non	Non	
61	Mozambique*	Non	Non	
62	Myanmar*	Non	Non	
63	Namibie	Non	Oui, IM	COP + LOB
64	Népal*	Non	Non	
65	Norvège	Oui, IM		COP + LOB
66	Nouvelle-Zélande	Oui, IM		COP
67	Oman	Non	Non	
68	Ouganda*	Non	Non	
69	Ouzbékistan	Non	Non	
70	Pays-Bas	Oui, IM		COP

71	Philippines	Non	Non	
72	Pologne	Oui, IM		COP
73	Portugal	Oui, IM		COP
74	Qatar	Oui, IM		COP
75	République slovaque	Oui, IM		COP + LOB
76	Roumanie	Oui, IM		COP
77	Royaume-Uni	Oui, IM		COP
78	Serbie	Oui, IM		COP
79	Singapour	Oui, IM		COP
80	Slovénie	Oui, IM		COP
81	Soudan*	Non	Non	
82	Sri Lanka	Non	Non	
83	Suède	Non	Oui, IM	COP
84	Suisse	Non	Non	
85	Syrie*	Non	Non	
86	Tadjikistan*	Non	Non	
87	Tanzanie*	Non	Non	
88	Tchéquie	Oui, IM		COP
89	Thaïlande	Oui, IM		COP
90	Trinité-et-Tobago	Non	Non	
91	Türkiye	Non	Oui, IM	COP
92	Turkménistan*	Non	Non	
93	Ukraine	Oui, IM		COP
94	Uruguay	Oui, IM		COP + LOB
95	Viet Nam	Non	Oui, IM	COP
96	Zambie	Non	Non	

Indonésie

A. Progrès dans la mise en œuvre du standard minimum

L'Indonésie compte 70 conventions fiscales en vigueur, comme l'indique sa réponse au questionnaire d'examen par les pairs. Trente-et-une de ces conventions sont conformes au standard minimum.

L'Indonésie a signé l'IM en 2017, et déposé son instrument de ratification le 28 avril 2020. L'IM est entré en vigueur pour l'Indonésie le 1er août 2020. Le 27 novembre 2023, l'Indonésie a formulé une notification supplémentaire afin d'élargir la liste de conventions qui seront couvertes par l'IM. Les conventions qui seront modifiées par l'IM deviendront conformes au standard minimum une fois que les dispositions de l'IM auront pris effet.

L'Indonésie se réserve le droit de retarder la prise d'effet des dispositions de l'IM jusqu'à ce qu'elle ait accompli les procédures internes prévues à cet effet au regard de chacune des conventions notifiées[73]. L'Indonésie a fait savoir qu'elle avait accompli les procédures internes prévues aux fins de l'entrée en vigueur de l'IM concernant ses conventions avec l'Australie, la Belgique, le Canada, la Corée, le Danemark, les Émirats arabes unis, la Fédération de Russie, la Finlande, la France, l'Inde, le Japon, le Luxembourg, la Nouvelle-Zélande, les Pays-Bas, la Pologne, le Portugal, le Qatar, la République slovaque, le Royaume-Uni, la Serbie, Singapour et la Suède le 26 novembre 2020, concernant ses conventions avec la Croatie, l'Égypte, la Hongrie, la Malaisie et le Pakistan le 21 octobre 2021, concernant ses conventions avec la Chine (République populaire de), Hong Kong (Chine), les Seychelles, la Thaïlande, la Roumanie et l'Espagne le 10 novembre 2022, et concernant ses conventions avec l'Afrique du Sud, la Bulgarie, le Mexique et le Viet Nam le 27 Novembre 2023.

L'Indonésie met en œuvre le standard minimum par l'inclusion de la déclaration du préambule et de la règle COP[74].

B. Conclusion

L'Indonésie a donné effet à son plan pour la mise en œuvre du standard minimum dans ses conventions avec le Bélarus, la Jordanie, la Mongolie, le Maroc, la Papouasie-Nouvelle-Guinée, Sri Lanka, la Tunisie et l'Ukraine en formulant une notification supplémentaire en novembre 2023 pour élargir la liste de ses conventions fiscales qui seront couvertes par l'IM afin d'inclure ses conventions.

Synthèse de la réponse de la juridiction – Indonésie

	1. Partenaires de convention	2. Conformité avec le standard	3. Signature d'un instrument de mise en conformité	4. Recours à la disposition relative au standard minimum
1	Afrique du Sud	Non	Oui, IM	COP
2	Allemagne	Non	Non	
3	Arménie	Non	Oui, IM	COP
4	Australie	Oui, IM		COP

[73] Des réserves ont été formulées conformément à l'article 35(7)(a) de l'IM.

[74] Pour ses conventions notifiées aux fins de l'IM, l'Indonésie choisit d'appliquer la disposition de la déclaration du préambule (article 6 de l'IM) et la règle COP (article 7 de l'IM).

5	Autriche	Non	Non	
6	Belarus	Non	Non	
7	Belgique	Oui, IM		COP
8	Brunei Darussalam	Non	Non	COP
9	Bulgarie	Non	Oui, IM	COP
10	Canada	Oui, IM		
11	Chine (République populaire de)	Oui, IM		COP
12	Corée	Oui, IM		COP
13	Croatie	Oui, IM		COP
14	Danemark	Oui, IM		COP
15	Égypte	Oui, IM		COP
16	Émirats arabes unis	Oui, autres		COP
17	Espagne	Oui, IM		COP
18	États-Unis	Non	Non	
19	Finlande	Oui, IM		COP
20	France	Oui, IM		COP
21	Hong Kong (Chine)	Oui, IM		COP
22	Hongrie	Oui, IM		COP
23	Inde	Oui, IM		COP
24	Italie	Non	Oui, IM	COP
25	Japon	Oui, IM		COP
26	Jordanie	Non	Oui, IM	COP
27	Koweït	Non	Non	
28	Luxembourg	Oui, IM		COP
29	Malaisie	Oui, IM		COP
30	Maroc	Non		COP
31	Mongolie	Non		COP
32	Mexique	Non	Oui, IM	COP
33	Norvège	Non	Non	COP
34	Nouvelle-Zélande	Oui, IM		COP
35	Pakistan	Oui, IM		COP
36	Papouasie-Nouvelle-Guinée	Non	Oui, IM	COP
37	Pays-Bas	Oui, IM		COP
38	Philippines	Non	Non	COP
39	Pologne	Oui, IM		COP
40	Portugal	Oui, IM		COP
41	Qatar	Oui, IM		COP
42	République démocratique populaire lao*	Non	Non	COP
43	République slovaque	Oui, IM		COP
44	Roumanie	Non	Oui, IM	COP
45	Royaume-Uni	Oui, IM		COP
46	Russie	Oui, IM		COP
47	Serbie	Oui, IM		COP
48	Seychelles	Oui, IM		COP
49	Singapour	Oui, autres		COP
50	Sri Lanka	Non	Non	
51	Suède	Non	Oui, IM	COP
52	Suisse	Non	Non	COP
53	Tchéquie	Non	Non	COP
54	Thaïlande	Oui, IM		COP
55	Tunisie	Non	Oui, IM	COP
56	Türkiye	Non	Oui, IM	COP
57	Ukraine	Non	Oui, IM	COP

58	Viet Nam	Non	Oui, IM	COP

Autres conventions

	1. Partenaires conventionnels	2. Membre du Cadre inclusif
1	Algérie*	Non
2	Bangladesh*	Non
3	Cambodge*	Non
4	Iran*	Non
5	Ouzbékistan	Oui
6	République arabe syrienne*	Non
7	République populaire démocratique de Corée*	Non
8	Soudan*	Non
9	Suriname*	Non
10	Tadjikistan*	Non
11	Taipei chinois*	Non
12	Venezuela*	Non

Irlande

A. Progrès dans la mise en œuvre du standard minimum

L'Irlande compte 74 conventions fiscales en vigueur, comme l'indique sa réponse au questionnaire d'examen par les pairs. Cinquante-cinq de ces conventions sont conformes au standard minimum.

L'Irlande a signé l'IM en 2017, et déposé son instrument de ratification le 29 janvier 2019. L'IM est entré en vigueur pour l'Irlande le 1er mai 2019. Les conventions qui seront modifiées par l'IM deviendront conformes au standard minimum une fois que les dispositions de l'IM auront pris effet.

L'Irlande met en œuvre le standard minimum par l'inclusion de la déclaration du préambule et de la règle COP[75].

B. Conclusion

Aucune juridiction n'a signalé de préoccupation relative à ses conventions conclues avec l'Irlande.

Synthèse de la réponse de la juridiction – Irlande

	1. Partenaires de convention	2. Conformité avec le standard	3. Signature d'un instrument de mise en conformité	4. Recours à la disposition relative au standard minimum
1	Afrique du Sud	Oui, IM		COP
2	Albanie	Oui, IM		COP
3	Allemagne	Oui, autres		COP
4	Arabie saoudite	Oui, IM		COP
5	Arménie	Non	Oui, IM	COP
6	Australie	Oui, IM		COP
7	Autriche	Oui, IM		COP
8	Bahreïn	Oui, IM		COP
9	Bélarus	Non	Non	COP
10	Belgique	Oui, IM		COP
11	Bosnie-Herzégovine	Oui, IM		COP
12	Botswana	Non	Non	COP
13	Bulgarie	Oui, IM		COP
14	Canada	Oui, IM		COP
15	Chili	Oui, IM		COP
16	Chine (République populaire de)	Oui, IM		COP
17	Chypre*	Oui, IM		COP
18	Corée	Oui, IM		COP
19	Croatie	Oui, IM		COP
20	Danemark	Oui, IM		COP
21	Égypte	Oui, IM		COP
22	Émirats arabes unis	Oui, IM		COP
23	Espagne	Oui, IM		COP

[75] Pour ses conventions notifiées aux fins de l'IM, l'Irlande choisit d'appliquer la disposition de la déclaration du préambule (article 6 de l'IM) et la règle COP (article 7 de l'IM).

24	Estonie	Non	Oui, IM	COP
25	États-Unis	Non	Non	Règle LOB
26	Éthiopie*	Non	Non	COP
27	Fédération de Russie	Oui, IM		COP
28	Finlande	Oui, IM		COP
29	France	Oui, IM		COP
30	Géorgie	Oui, IM		COP
31	Grèce	Oui, IM		COP
32	Hong Kong (Chine)	Oui, IM		COP
33	Hongrie	Oui, IM		COP
34	Inde	Oui, IM		COP
35	Islande	Oui, IM		COP
36	Israël	Oui, IM		COP
37	Italie	Non	Oui, IM	COP
38	Japon	Oui, IM		COP
39	Kazakhstan	Oui, IM		COP
40	Kosovo*	Oui, autres		COP
41	Koweït	Non	Oui, IM	COP
42	Lettonie	Oui, IM		COP
43	Lituanie	Oui, IM		COP
44	Luxembourg	Oui, IM		COP
45	Macédoine du Nord	Non	Oui, IM	COP
46	Malaisie	Oui, IM		COP
47	Malte	Oui, IM		COP
48	Maroc	Non	Oui, IM	COP
49	Mexique	Non	Oui, IM	COP
50	Moldova*	Non	Non	COP
51	Monténégro	Non	Non	COP
52	Norvège	Oui, IM		COP
53	Nouvelle-Zélande	Oui, IM		COP
54	Ouzbékistan	Non	Non	COP
55	Pakistan	Oui, IM		COP
56	Panama	Oui, IM		COP
57	Pays-Bas	Oui, autres		COP
58	Pologne	Oui, IM		COP
59	Portugal	Oui, IM		COP
60	Qatar	Oui, IM		COP
61	République slovaque	Oui, IM		COP
62	Roumanie	Non	Oui, IM	COP
63	Royaume-Uni	Oui, IM		COP
64	Serbie	Oui, IM		COP
65	Singapour	Oui, IM		COP
66	Slovénie	Oui, IM		COP
67	Suède	Non	Oui, IM	COP
68	Suisse	Oui, autres		COP
69	Tchéquie	Oui, IM		COP
70	Thaïlande	Oui, IM		COP
71	Türkiye	Non	Oui, IM	COP
72	Ukraine	Oui, IM		COP
73	Viet Nam	Non	Oui, IM	COP
74	Zambie	Non	Non	COP

Islande

A. Progrès dans la mise en œuvre du standard minimum

L'Islande compte 41 conventions fiscales en vigueur, comme l'indique sa réponse au questionnaire d'examen par les pairs, y compris la Convention nordique multilatérale conclue avec le Danemark, les Îles Féroé, la Finlande, la Norvège et la Suède (la « Convention nordique »)[76]. Trente-et-une de ces conventions, y compris la Convention nordique, sont conformes au standard minimum.

L'Islande a signé l'IM en 2017, et déposé son instrument de ratification le 26 septembre 2019. L'IM est entré en vigueur pour l'Islande le 1er janvier 2020. Le 14 décembre 2021, l'Islande a formulé une notification supplémentaire afin d'élargir la liste des conventions qui seront couvertes par l'IM. Les conventions qui seront modifiées par l'IM deviendront conformes au standard minimum une fois que les dispositions de l'IM auront pris effet.

L'Islande n'a pas notifié ses conventions avec l'Allemagne et le Groenland aux fins de l'IM, mais a indiqué dans sa réponse au questionnaire d'examen par les pairs avoir pris des mesures (autres qu'au titre de l'IM) afin de mettre en œuvre le standard minimum dans ces deux conventions.

L'Islande met en œuvre le standard minimum par l'inclusion de la déclaration du préambule et de la règle COP[77].

B. Conclusion

Aucune juridiction n'a signalé de préoccupation relative à ses conventions conclues avec l'Islande.

Synthèse de la réponse de la juridiction – Islande

	1. Partenaires de convention	2. Conformité avec le standard	3. Signature d'un instrument de mise en conformité	4. Recours à la disposition relative au standard minimum
1	Albanie	Oui, IM		COP
2	Allemagne	Non	Non	
3	Autriche	Non	Non	
4	Barbade	Oui, IM		COP
5	Belgique	Oui, IM		COP
6	Canada	Oui, IM		COP
7	Chine (République populaire de)	Oui, IM		COP
8	Chypre*	Oui, IM		COP
9	Corée	Oui, IM		COP
10	Croatie	Oui, IM		COP

[76] Voir la convention multilatérale conclue par le Danemark, la Finlande, les Îles Féroé, l'Islande, la Norvège et la Suède tendant : à éviter la double imposition concernant les impôts sur le revenu et la fortune (1996, 1997, 2008 et 2018).

[77] Pour ses conventions notifiées aux fins de l'IM, l'Islande choisit d'appliquer la disposition de la déclaration du préambule (article 6 de l'IM) et la règle COP (article 7 de l'IM). En vertu de l'article 7(7)(a) de l'IM, l'Islande applique également une règle LOB simplifiée (article 7(8 à 13) de l'IM) dans ses conventions conclues avec des partenaires conventionnels ayant opté pour une règle LOB simplifiée.

11	Espagne	Oui, IM		COP
12	Estonie	Non	Oui, IM	COP
13	États-Unis	Non	Non	LOB détaillée
14	Fédération de Russie	Oui, IM		COP + LOB
15	France	Oui, IM		COP
16	Géorgie	Oui, IM		COP
17	Grèce	Oui, IM		COP
18	Groenland	Non	Non	
19	Hongrie	Oui, IM		COP
20	Inde	Oui, IM		COP + LOB
21	Irlande	Oui, IM		COP
22	Italie	Non	Oui, IM	COP
23	Japon	Oui, autres		COP + LOB
24	Lettonie	Oui, IM		COP
25	Liechtenstein	Oui, autres		COP
26	Lituanie	Oui, IM		COP
27	Luxembourg	Oui, IM		COP
28	Malte	Oui, IM		COP
29	Mexique	Non	Oui, IM	COP + LOB
30	Partenaires conventionnels membres de la Convention nordique (Danemark, Îles Féroé, Finlande, Norvège, Suède).	Oui, autres		COP
31	Pays-Bas	Oui, IM		COP
32	Pologne	Oui, IM		COP
33	Portugal	Oui, IM		COP
34	République slovaque	Oui, IM		COP + LOB
35	Roumanie	Non	Oui, IM	COP
36	Royaume-Uni	Oui, IM		COP
37	Slovénie	Oui, IM		COP
38	Suisse	Non	Oui, IM	COP
39	Tchéquie	Oui, IM		COP
40	Ukraine	Oui, IM		COP
41	Viet Nam	Non	Oui, IM	COP

Israël

A. Progrès dans la mise en œuvre du standard minimum

Israël compte 60 conventions fiscales en vigueur, comme l'indique sa réponse au questionnaire d'examen par les pairs. Trente-neuf de ces conventions sont conformes au standard minimum.

Israël a signé l'IM en 2017, et déposé son instrument de ratification le 13 septembre 2018. L'IM est entré en vigueur pour Israël le 1er janvier 2019. Les conventions qui seront modifiées par l'IM deviendront conformes au standard minimum une fois que les dispositions de l'IM auront pris effet.

Israël n'a pas notifié ses conventions avec l'Allemagne et la Suisse aux fins de l'IM mais a indiqué dans sa réponse au questionnaire d'examen par les pairs avoir pris des mesures (autres qu'au titre de l'IM) afin de mettre en œuvre le standard minimum dans ces conventions.

Israël met en œuvre le standard minimum par l'inclusion de la déclaration du préambule et de la règle COP [78].

B. Conclusion

Aucune juridiction n'a signalé de préoccupation relative à ses conventions conclues avec Israël.

Synthèse de la réponse de la juridiction – Israël

	1. Partenaires de convention	2. Conformité avec le standard	3. Signature d'un instrument de mise en conformité	4. Recours à la disposition relative au standard minimum
1	Afrique du Sud	Oui, IM		COP
2	Albanie	Oui, autres		COP
3	Allemagne	Non	Non	COP
4	Arménie	Non	Non	COP
5	Australie	Oui, autres		COP
6	Autriche	Oui, IM		COP
7	Azerbaïdjan	Non	Non	COP
8	Bélarus	Non	Non	COP
9	Belgique	Oui, IM		COP
10	Brésil	Non	Non	COP
11	Bulgarie	Oui, IM		COP
12	Canada	Oui, IM		COP
13	Chine (République populaire de)	Oui, IM		COP
14	Corée	Oui, IM		COP
15	Croatie	Oui, IM		COP
16	Danemark	Oui, IM		COP
17	Émirats arabes unis	Oui, autres		COP
18	Espagne	Oui, IM		COP
19	Estonie	Non	Oui, IM	COP

[78] Pour ses conventions notifiées aux fins de l'IM, Israël choisit d'appliquer la disposition de la déclaration du préambule (article 6 de l'IM) et la règle COP (article 7 de l'IM).

20	États-Unis	Non	Non	
21	Éthiopie*	Non	Non	COP
22	Fédération de Russie	Oui, IM		COP
23	Finlande	Oui, IM		COP
24	France	Oui, IM		COP
25	Géorgie	Oui, IM		COP
26	Grèce	Oui, IM		COP
27	Hongrie	Oui, IM		COP
28	Inde	Oui, IM		COP
29	Irlande	Oui, IM		COP
30	Italie	Non	Oui, IM	COP
31	Jamaïque	Non	Oui, IM	COP
32	Japon	Oui, IM		COP
33	Lettonie	Oui, IM		COP
34	Lituanie	Oui, IM		COP
35	Luxembourg	Oui, IM		COP
36	Macédoine du Nord	Non	Oui, IM	COP
37	Malte	Oui, IM		COP
38	Mexique	Non	Oui, IM	COP
39	Moldova*	Non	Non	COP
40	Norvège	Non	Non	COP
41	Ouzbékistan	Non	Non	COP
42	Panama	Oui, IM		COP
43	Pays-Bas	Oui, IM		COP
44	Philippines	Non	Non	COP
45	Pologne	Oui, IM		COP
46	Portugal	Oui, IM		COP
47	République slovaque	Oui, IM		COP
48	Roumanie	Oui, IM		COP
49	Royaume-Uni	Oui, autres		COP
50	Serbie	Oui, autres		COP
51	Singapour	Oui, IM		COP
52	Slovénie	Oui, IM		COP
53	Suède	Non	Oui, IM	COP
54	Suisse	Non	Non	COP
55	Taipei chinois*	Non	Non	COP
56	Tchéquie	Oui, IM		COP
57	Thaïlande	Oui, IM		COP
58	Türkiye	Non	Oui, IM	COP
59	Ukraine	Oui, IM		COP
60	Viet Nam	Non	Oui, IM	COP

Italie

A. Progrès dans la mise en œuvre du standard minimum

L'Italie compte 103 conventions fiscales en vigueur, comme l'indique sa réponse au questionnaire d'examen par les pairs. Quatre de ces conventions sont conformes au standard minimum.

L'Italie a signé l'IM en 2017. Les conventions qui seront modifiées par l'IM deviendront conformes au standard minimum une fois que les dispositions de l'IM auront pris effet.

L'Italie n'a pas notifié ses conventions avec l'Albanie, le Bélarus, le Congo, la Macédoine du Nord, le Monténégro, Oman et le Panama aux fins de l'IM. Aussi, à ce stade, ces conventions ne seront pas modifiées par l'IM. L'Albanie, la Macédoine du Nord, Oman et le Panama ont notifié leurs conventions avec l'Italie aux fins de l'IM.

L'Italie a indiqué dans sa réponse au questionnaire d'examen par les pairs avoir pris des mesures (autres qu'au titre de l'IM) afin de mettre en œuvre le standard minimum dans ses conventions avec le Brésil, la Norvège et l'Ouzbékistan.

Dans sa réponse au questionnaire sur les examens par les pairs, l'Italie a indiqué que les conventions conclues avec le Bélarus, le Congo, l'Équateur*, l'Éthiopie*, le Ghana*, le Kirghizistan*, le Monténégro, le Mozambique*, la Syrie*, le Tadjikistan*, Trinité-et-Tobago et le Venezuela* ne soulevaient pas de préoccupations significatives en matière de chalandage fiscal au regard de sa juridiction car elles présentent des caractéristiques spécifiques et parce que la législation nationale anti-abus s'applique.

L'Italie met en œuvre le standard minimum par l'inclusion de la déclaration du préambule et de la règle COP[79].

B. Conclusion

L'Albanie, la Macédoine du Nord, Oman et le Panama ont notifié leurs conventions avec l'Italie au titre de l'IM, ce qui équivaut à une demande de mise en œuvre le standard minimum.

L'Italie a élaboré un plan de mise en œuvre du standard minimum dans ses conventions conclue avec l'Albanie, la Macédoine du Nord, Oman et le Panama. L'Italie a fait savoir dans sa réponse au questionnaire d'examen par les pairs qu'elle comptait élargir la liste de ses conventions fiscales qui seront couvertes par l'IM afin d'inclure ces conventions.

---

[79] Pour ses conventions notifiées aux fins de l'IM, l'Italie choisit d'appliquer la disposition de la déclaration du préambule (article 6 de l'IM) et la règle COP (article 7 de l'IM). L'Italie a formulé une réserve conformément à l'article 7(15)(b) de l'IM afin de ne pas appliquer l'article 7(1) concernant les conventions qui contiennent déjà une règle COP (treize conventions).

Recommandation

Il est recommandé que l'Italie prenne les mesures nécessaires afin que l'IM prenne effet au regard de ses conventions fiscales notifiées aux fins de l'IM, car ces conventions ne seront modifiées par l'IM (et ne deviendront conformes au standard minimum) qu'une fois que les dispositions de l'IM auront pris effet.

Synthèse de la réponse de la juridiction – Italie

	1. Partenaires de convention	2. Conformité avec le standard	3. Signature d'un instrument de mise en conformité	4. Recours à la disposition relative au standard minimum
1	Afrique du Sud	Non	Oui, IM	COP
2	Allemagne	Non	Oui, IM	COP
3	Arabie saoudite	Non	Oui, IM	COP
4	Argentine	Non	Oui, IM	COP
5	Arménie	Non	Oui, IM	COP
6	Australie	Non	Oui, IM	COP
7	Autriche	Non	Oui, IM	COP
8	Azerbaïdjan	Non	Non	COP
9	Bangladesh*	Non	Non	COP
10	Barbade	Non	Oui, IM	COP
11	Belgique	Non	Oui, IM	COP
12	Bosnie-Herzégovine	Non	Oui, IM	COP
13	Brésil	Non	Non	COP
14	Bulgarie	Non	Oui, IM	COP
15	Canada	Non	Oui, IM	COP
16	Chili	Oui, autres		COP
17	Chine (République populaire de)	Non	Oui, IM	COP
18	Chypre*	Non	Oui, IM	COP
19	Colombie	Oui, autres		COP
20	Corée	Non	Oui, IM	COP
21	Côte d'Ivoire	Non	Oui, IM	COP
22	Croatie	Non	Oui, IM	COP
23	Danemark	Non	Oui, IM	COP
24	Égypte	Non	Oui, IM	COP
25	Émirats arabes unis	Non	Oui, IM	COP
26	Espagne	Non	Oui, IM	COP
27	Estonie	Non	Oui, IM	COP
28	États-Unis	Non	Non	Règle LOB
29	Fédération de Russie	Non	Oui, IM	COP
30	Finlande	Non	Oui, IM	COP
31	France	Non	Oui, IM	COP
32	Géorgie	Non	Oui, IM	COP
33	Grèce	Non	Oui, IM	COP
34	Hong Kong (Chine)	Non	Oui, IM	COP
35	Hongrie	Non	Oui, IM	COP
36	Inde	Non	Oui, IM	COP
37	Indonésie	Non	Oui, IM	COP

38	Irlande	Non	Oui, IM	COP
39	Islande	Non	Oui, IM	COP
40	Israël	Non	Oui, IM	COP
41	Jamaïque	Oui, autres		COP
42	Japon	Non	Oui, IM	COP
43	Jordanie	Non	Oui, IM	COP
44	Kazakhstan	Non	Oui, IM	COP
45	Koweït	Non	Non	COP
46	Lettonie	Non	Oui, IM	COP
47	Liban*	Non	Non	COP
48	Lituanie	Non	Oui, IM	COP
49	Luxembourg	Non	Oui, IM	COP
50	Malaisie	Non	Oui, IM	COP
51	Malte	Non	Oui, IM	COP
52	Maroc	Non	Oui, IM	COP
53	Maurice	Non	Oui, IM	COP
54	Mexique	Non	Oui, IM	COP
55	Moldova*	Non	Non	COP
56	Mongolie	Non	Oui, IM	COP
57	Norvège	Non	Non	COP
58	Nouvelle-Zélande	Non	Oui, IM	COP
59	Ouganda*	Non	Non	COP
60	Ouzbékistan	Non	Non	COP
61	Pakistan	Non	Oui, IM	COP
62	Pays-Bas	Non	Oui, IM	COP
63	Philippines	Non	Non	COP
64	Pologne	Non	Oui, IM	COP
65	Portugal	Non	Oui, IM	COP
66	Qatar	Non	Oui, IM	COP
67	République slovaque	Non	Oui, IM	COP
68	Roumanie	Non	Oui, IM	COP
69	Royaume-Uni	Non	Oui, IM	COP
70	Saint-Marin	Non	Oui, IM	COP
71	Sénégal	Non	Oui, IM	COP
72	Serbie	Non	Oui, IM	COP
73	Singapour	Non	Oui, IM	COP
74	Slovénie	Non	Oui, IM	COP
75	Sri Lanka	Non	Non	COP
76	Suède	Non	Oui, IM	COP
77	Suisse	Non	Oui, IM	COP
78	Tanzanie*	Non	Non	COP
79	Tchéquie	Non	Oui, IM	COP
80	Thaïlande	Non	Oui, IM	COP
81	Tunisie	Non	Oui, IM	COP
82	Türkiye	Non	Oui, IM	COP
83	Ukraine	Non	Oui, IM	COP
84	Uruguay	Oui, autres		COP
85	Viet Nam	Non	Oui, IM	COP
86	Zambie	Non	Non	COP

Autres conventions

	1. Partenaires conventionnels	2. Membre du Cadre inclusif
1	Albanie	Oui
2	Algérie*	Non
3	Bélarus	Oui
4	Congo	Oui
5	Équateur*	Non
6	Éthiopie*	Non
7	Ghana*	Non
8	Kirghizistan*	Non
9	Macédoine du Nord	Oui
10	Monténégro	Oui
11	Mozambique*	Non
12	Oman	Oui
13	Panama	Oui
14	République arabe syrienne*	Non
15	Tadjikistan*	Non
16	Trinité-et-Tobago	Oui
17	Venezuela*	Non

Jamaïque

A. Progrès dans la mise en œuvre du standard minimum

La Jamaïque compte 16 conventions fiscales en vigueur, comme l'indique sa réponse au questionnaire d'examen par les pairs, y compris la convention multilatérale entre les membres de la CARICOM conclue avec dix de ses partenaires (la convention de la CARICOM)[80]. Deux de ces conventions sont conformes au standard minimum.

La Jamaïque a signé l'IM en 2018 et a notifié ses conventions bilatérales non conformes. Les conventions qui seront modifiées par l'IM deviendront conformes au standard minimum une fois que les dispositions de l'IM auront pris effet.

La Jamaïque met en œuvre le standard minimum par l'inclusion de la disposition de la déclaration du préambule et de la règle COP associée à la règle LOB[81].

B. Conclusion

Recommandation

Il est recommandé que la Jamaïque prenne les mesures nécessaires afin que l'IM prenne effet au regard de ses conventions fiscales notifiées aux fins de l'IM, car ces conventions ne seront modifiées par l'IM (et ne deviendront conformes au standard minimum) qu'une fois que les dispositions de l'IM auront pris effet.

Synthèse de la réponse de la juridiction – Jamaïque

	1. Partenaires de convention	2. Conformité avec le standard	3. Signature d'un instrument de mise en conformité	4. Recours à la disposition relative au standard minimum
1	Allemagne	Non	Non	COP + LOB
2	Canada	Non	Oui, IM	COP
3	Chine (République populaire de)	Non	Oui, IM	COP

[80] Accord entre les gouvernements des États membres de la Communauté des Caraïbes tendant à éviter la double imposition et à prévenir l'évasion fiscale en matière d'impôts sur le revenu, sur les profits ou les gains en capital et pour l'encouragement du commerce régional et de l'investissement, Saint-Michel (Barbade), 6 juillet 1994 ; entre Antigua-et-Barbuda (18 février 1998), la Barbade (7 juillet 1995), le Belize (30 novembre 1994), la Dominique (19 juin 1996), la Grenade (1er mars 1996), le Guyana* (26 novembre 1997), la Jamaïque (16 février 1995), Saint-Kitts-et-Nevis (8 mai 1997), Sainte-Lucie (22 mai 1995), Saint-Vincent-et-les-Grenadines (12 février 1998) et Trinité-et-Tobago (29 novembre 1994).

[81] Pour ses conventions notifiées aux fins de l'IM, la Jamaïque choisit d'appliquer la disposition de la déclaration du préambule (article 6 de l'IM) et la règle COP (article 7 de l'IM). En vertu de l'article 7(7)(a) de l'IM, la Jamaïque met également en œuvre une règle LOB simplifiée (article 7(8 à 13) de l'IM) dans ses conventions conclues avec des partenaires conventionnels ayant opté pour la règle LOB simplifiée.

4	Danemark	Non	Oui, IM	COP
5	Espagne	Non	Oui, IM	COP
6	États-Unis	Non	Non	
7	France	Non	Oui, IM	COP
8	Israël	Non	Oui, IM	COP
9	Italie	Oui, autres		COP
10	Japon	Oui, autres		COP
11	Mexique	Non	Oui, IM	COP + LOB
12	Norvège	Non	Non	COP + LOB
13	Partenaires conventionnels membres de la CARICOM (Antigua-et-Barbuda, Barbade, Belize, Dominique, Grenade, Guyana*, Saint-Kitts-et-Nevis, Sainte-Lucie, Saint-Vincent-et-les-Grenadines, Trinité-et-Tobago)	Non	Non	COP
14	Royaume-Uni	Non	Oui, IM	COP
15	Suède	Non	Oui, IM	COP
16	Suisse	Non	Non	COP + LOB

Japon

A. Progrès dans la mise en œuvre du standard minimum

Le Japon compte 79 conventions fiscales en vigueur, comme l'indique sa réponse au questionnaire d'examen par les pairs. Cinquante-sept de ces conventions sont conformes au standard minimum.

Le Japon a signé l'IM en 2017 et déposé son instrument d'acceptation le 26 septembre 2018. L'IM est entré en vigueur pour le Japon le 1er janvier 2019. Par la suite, le Japon a formulé des notifications supplémentaires afin d'élargir la liste conventions qui seront couverts aux fins de l'IM[82]. Les conventions qui seront modifiées par l'IM deviendront conformes au standard minimum une fois que les dispositions de l'IM auront pris effet.

Le Japon n'a pas notifié aux fins de l'IM ses conventions avec l'Arménie, le Bélarus, le Brésil, le Brunei Darussalam, le Sri Lanka, les États-Unis et la Zambie, qui n'ont pas adhéré à l'IM ou qui l'ont rejoint, mais n'ont pas notifié leurs conventions avec le Japon dans leur liste définitive de réserves et de notifications au titre de l'IM. Aussi, à ce stade, ces conventions ne seront pas modifiées par l'IM. Le Japon a indiqué qu'il notifierait ces conventions une fois que les partenaires conventionnels auront adhéré à l'IM et notifié leurs conventions avec le Japon dans leur liste définitive de réserves et de notifications au titre de l'IM, sauf dans les cas où la convention sera mise à jour par le biais de négociations bilatérales afin de la rendre conforme au standard minimum.

Le Japon a signé un instrument bilatéral de mise en conformité concernant sa convention avec l'Azerbaïdjan.

Le Japon a indiqué dans sa réponse au questionnaire d'examen par les pairs que les conventions conclues avec l'Arménie, le Bélarus, le Brésil, le Brunéi Darussalam, le Sri Lanka et la Zambie ne soulevaient pas de préoccupations significatives en matière de chalandage fiscal au regard de sa juridiction.

Le Japon met en œuvre le standard minimum par l'inclusion de la déclaration du préambule et de la règle COP pour ses conventions conformes avec l'Afrique du Sud, l'Arabie saoudite, la Bulgarie, le Canada, le Chili, la Chine (République populaire de), la Corée, les Émirats arabes unis, l'Équateur*, l'Égypte, la Finlande, Hong Kong (Chine), la Hongrie, l'Inde, l'Indonésie, l'Irlande, Israël, la Jamaïque, le Kazakhstan, le Luxembourg, la Malaisie, le Maroc, la Norvège, Oman, le Pakistan, le Pérou, la Pologne, le Portugal, le Qatar, la République slovaque, Singapour, la Serbie, la Slovénie, la Tchéquie, la Thaïlande, l'Ukraine et l'Uruguay. Le Japon met en œuvre le standard minimum par l'inclusion de la déclaration du préambule et de la règle COP associée à la règle LOB pour ses conventions conformes avec l'Allemagne, l'Australie, l'Autriche, la Belgique, la Colombie, la Croatie, le Danemark, l'Espagne, l'Estonie, la Fédération de Russie, la France, la Géorgie, l'Islande, la Lettonie, la Lituanie, la Nouvelle-Zélande, l'Ouzbékistan, les Pays-Bas, le Royaume-Uni et la Suisse [83].

---

[82] Le 14 février 2020 (Qatar), le 22 juillet 2020 (Oman), le 21 avril 2022 (Thaïlande) et le 20 juin 2023 (Viet Nam), le Japon a formulé des notifications supplémentaires afin d'élargir la liste conventions qui seront couvertes aux fins de l'IM.

[83] Pour ses conventions notifiées aux fins de l'IM, le Japon choisit d'appliquer la disposition de la déclaration du préambule (article 6 de l'IM) et la règle COP (article 7 de l'IM). Le Japon a formulé une réserve conformément à l'article 6(4) de l'IM afin de ne pas appliquer l'article 6(1) concernant les conventions qui contiennent déjà la version adéquate du préambule (une convention).

B. Conclusion

Aucune juridiction n'a signalé de préoccupation relative à ses conventions conclues avec le Japon.

Synthèse de la réponse de la juridiction – Japon

	1. Partenaires de convention	2. Conformité avec le standard	3. Signature d'un instrument de mise en conformité	4. Recours à la disposition relative au standard minimum
1	Afrique du Sud	Oui, IM		COP
2	Allemagne	Oui, autres		COP + LOB
3	Arabie saoudite	Oui, IM		COP
4	Australie	Oui, IM		COP + LOB
5	Autriche	Oui, autres		COP + LOB
6	Azerbaïdjan	Non	Oui, autres	COP
7	Belgique	Oui, autres		COP + LOB
8	Bulgarie	Oui, IM		COP
9	Canada	Oui, IM		COP
10	Chili	Oui, autres		COP
11	Chine (République populaire de)	Oui, IM		COP
12	Colombie	Oui, autres		COP + LOB
13	Corée	Oui, IM		COP
14	Croatie	Oui, autres		COP + LOB
15	Danemark	Oui, autres		COP + LOB
16	Égypte	Oui, IM		COP
17	Émirats arabes unis	Oui, IM		COP
18	Équateur*	Oui, autres		COP
19	Espagne	Oui, autres		COP + LOB
20	Estonie	Oui, autres		COP + LOB
21	États-Unis	Non	Non	LOB détaillée
22	Fédération de Russie	Oui, autres		COP + LOB
23	Fidji*	Non	Oui, IM	COP
24	Finlande	Oui, IM		COP
25	France	Oui, IM		COP + LOB
26	Géorgie	Oui, autres		COP + LOB
27	Hong Kong (Chine)	Oui, IM		COP
28	Hongrie	Oui, IM		COP
29	Inde	Oui, IM		COP
30	Indonésie	Oui, IM		COP
31	Irlande	Oui, IM		COP
32	Islande	Oui, autres		COP + LOB
33	Israël	Oui, IM		COP
34	Italie	Non	Oui, IM	COP
35	Jamaïque	Oui, autres		COP
36	Kazakhstan	Oui, IM		COP
37	Koweït	Non	Oui, IM	COP
38	Lettonie	Oui, autres		COP + LOB
39	Lituanie	Oui, autres		COP + LOB
40	Luxembourg	Oui, IM		COP
41	Malaisie	Oui, IM		COP
42	Maroc	Oui, autres		COP
43	Mexique	Non	Oui, IM	COP

44	Norvège	Oui, IM		COP
45	Nouvelle-Zélande	Oui, IM		COP + LOB
46	Oman	Oui, IM		COP
47	Ouzbékistan	Oui autre		COP + LOB
48	Pakistan	Oui, IM		COP
49	Pays-Bas	Oui, IM		COP + LOB
50	Pérou	Oui, autres		COP
51	Pologne	Oui, IM		COP
52	Portugal	Oui, IM		COP
53	Qatar	Oui, IM		COP
54	République slovaque	Oui, IM		COP
55	Roumanie	Non	Oui, IM	COP
56	Royaume-Uni	Oui, IM		COP + LOB
57	Serbie	Oui, autres		COP
58	Singapour	Oui, IM		COP
59	Slovénie	Oui, autres		COP
60	Suède	Non	Oui, IM	COP + LOB
61	Suisse	Oui, autres		COP + LOB
62	Tchéquie	Oui, IM		COP
63	Thaïlande	Oui, IM		COP
64	Türkiye	Non	Oui, IM	COP
65	Ukraine	Oui, IM		COP
66	Uruguay	Oui, autres		COP
67	Viet Nam	Non	Oui, IM	COP

Autres conventions

	1. Partenaires conventionnels	2. Membre du Cadre inclusif
1	Arménie	Oui
2	Bangladesh*	Non
3	Bélarus	Oui
4	Brésil	Oui
5	Brunei Darussalam	Oui
6	Kirghizistan*	Non
7	Moldova*	Non
8	Philippines	Oui
9	Sri Lanka	Oui
10	Tadjikistan*	Non
11	Turkménistan*	Non
12	Zambie	Oui

Jersey

A. Progrès dans la mise en œuvre du standard minimum

Jersey compte 15 conventions fiscales en vigueur, comme l'indique sa réponse au questionnaire d'examen par les pairs. Dix de ces conventions sont conformes au standard minimum.

Jersey a signé l'IM en 2017, et déposé son instrument de ratification le 15 décembre 2017. L'IM est entré en vigueur pour Jersey le 1er juillet 2018. Les conventions qui seront modifiées par l'IM deviendront conformes au standard minimum une fois que les dispositions de l'IM auront pris effet.

Jersey n'a pas notifié sa convention avec Maurice aux fins de l'IM, mais a indiqué dans sa réponse au questionnaire d'examen par les pairs avoir pris des mesures (autres qu'au titre de l'IM) afin de mettre en œuvre le standard minimum dans ses conventions avec Guernesey, l'Île de Man et Maurice.

Jersey met en œuvre le standard minimum par l'inclusion de la déclaration du préambule et de la règle COP[84].

B. Conclusion

Aucune juridiction n'a signalé de préoccupation relative à ses conventions conclues avec Jersey.

Maurice a notifié sa convention avec Jersey aux fins de l'IM, ce qui équivaut à une demande de mise en œuvre du standard minimum.

Synthèse de la réponse de la juridiction – Jersey

	1. Partenaires de convention	2. Conformité avec le standard	3. Signature d'un instrument de mise en conformité	4. Recours à la disposition relative au standard minimum
1	Chypre*	Oui, IM		COP
2	Émirats arabes unis	Oui, IM		COP
3	Estonie	Non	Oui, IM	COP
4	Guernesey	Non	Non	COP
5	Hong Kong (Chine)	Oui, IM		COP
6	Île de Man	Non	Non	COP
7	Liechtenstein	Oui, autres		COP
8	Luxembourg	Oui, IM		COP
9	Malte	Oui, IM		COP
10	Maurice	Non	Non	
11	Qatar	Oui, IM		COP
12	Royaume-Uni	Oui, autres		COP
13	Rwanda*	Non	Non	
14	Seychelles	Oui, IM		COP
15	Singapour	Oui, IM		COP

84 Pour ses conventions notifiées aux fins de l'IM, Jersey choisit d'appliquer la disposition de la déclaration du préambule (article 6 de l'IM) et la règle COP (article 7 de l'IM).

Jordanie

A. Progrès dans la mise en œuvre du standard minimum

La Jordanie compte 39 conventions fiscales en vigueur, comme l'indique sa réponse au questionnaire d'examen par les pairs. Vingt et une de ces conventions sont conformes au standard minimum.

La Jordanie a signé l'IM en 2019, a déposé son instrument de ratification le 29 septembre 2020, et a notifié ses conventions fiscales non conformes. L'IM est entré en vigueur pour la Jordanie le 1er janvier 2021. Les conventions qui seront modifiées par l'IM deviendront conformes au standard minimum une fois que les dispositions de l'IM auront pris effet.

La Jordanie met en œuvre le standard minimum par l'inclusion de la déclaration du préambule et de la règle COP[85].

B. Conclusion

Aucune juridiction n'a signalé de préoccupation relative à ses conventions conclues avec la Jordanie

Synthèse de la réponse de la juridiction – Jordanie

	1. Partenaires de convention	2. Conformité avec le standard	3. Signature d'un instrument de mise en conformité	4. Recours à la disposition relative au standard minimum
1	Algérie*	Non	Non	
2	Arabie saoudite	Oui, IM		COP
3	Azerbaïdjan	Non	Non	
4	Bahreïn	Oui, IM		COP
5	Bosnie-Herzégovine	Oui, IM		COP
6	Bulgarie	Oui, IM		COP
7	Canada	Oui, IM		COP
8	Chypre*	Oui, autres		COP
9	Corée	Oui, IM		COP
10	Croatie	Oui, IM		COP
11	Égypte	Oui, IM		COP
12	Émirats arabes unis	Oui, IM		COP
13	France	Oui, IM		COP
14	Inde	Oui, IM		COP
15	Indonésie	Non	Non	
16	Iran*	Non	Non	
17	Italie	Non	Oui, IM	COP
18	Koweït	Non	Non	
19	Liban*	Non	Non	
20	Malaisie	Oui, IM		COP
21	Malte	Oui, IM		COP
22	Maroc	Non	Oui, IM	COP

[85] Pour ses conventions notifiées aux fins de l'IM, la Jordanie choisit d'appliquer la disposition de la déclaration du préambule (article 6 de l'IM) et la règle COP (article 7 de l'IM).

23	Ouzbékistan	Non	Non	
24	Pakistan	Oui, IM		COP
25	Palestine*	Non	Non	
26	Pays-Bas	Oui, IM		COP
27	Pologne	Oui, IM		COP
28	Qatar	Oui, IM		COP
29	Roumanie	Non	Oui, IM	COP
30	Royaume-Uni	Oui, IM		COP
31	Singapour	Oui, autres		COP
32	Soudan*	Non	Non	
33	Syrie*	Non	Non	
34	Tadjikistan*	Non	Non	
35	Tchéquie	Non	Non	
36	Tunisie	Non	Oui, IM	COP
37	Türkiye	Non	Oui, IM	COP
38	Ukraine	Oui, IM		COP
39	Yémen*	Non	Non	

Kazakhstan

A. Progrès dans la mise en œuvre du standard minimum

Le Kazakhstan compte 55 conventions fiscales en vigueur, ainsi que l'indique sa réponse au questionnaire d'examen par les pairs. Trente de ces conventions sont conformes au standard minimum.

Le Kazakhstan a signé l'IM en 2018, déposé son instrument de ratification le 24 juin 2020, et notifié ses conventions fiscales non conformes. L'IM entrera en vigueur pour le Kazakhstan le 1er octobre 2020. Les conventions qui seront modifiées par l'IM deviendront conformes au standard minimum une fois que les dispositions de l'IM auront pris effet.

Le Kazakhstan a indiqué dans sa réponse au questionnaire d'examen par les pairs avoir pris des mesures (autres qu'au titre de l'IM) afin de mettre en œuvre le standard minimum dans sa convention avec Chypre*.

Le Kazakhstan met en œuvre le standard minimum par l'inclusion de la disposition de la déclaration du préambule et de la règle COP associée à la règle LOB[86].

B. Conclusion

Aucune juridiction n'a signalé de préoccupation relative à ses conventions conclues avec le Kazakhstan.

Synthèse de la réponse de la juridiction – Kazakhstan

	1. Partenaires de convention	2. Conformité avec le standard	3. Signature d'un instrument de mise en conformité	4. Recours à la disposition relative au standard minimum
1	Allemagne	Non	Non	
2	Arabie saoudite	Oui, IM		COP
3	Arménie	Non	Oui, IM	COP + LOB
4	Autriche	Non	Non	
5	Azerbaïdjan	Non	Non	
6	Bélarus	Non	Non	
7	Belgique	Oui, IM		COP
8	Bulgarie	Oui, IM		COP
9	Canada	Oui, IM		COP
10	Chine (République populaire de)	Oui, IM		COP
11	Chypre*	Non	Non	
12	Corée	Oui, IM		COP
13	Croatie	Oui, IM		COP
14	Émirats arabes unis	Oui, IM		COP
15	Espagne	Oui, IM		COP
16	Estonie	Non	Oui, IM	COP
17	États-Unis	Non	Non	
18	Fédération de Russie	Oui, IM		COP + LOB

86 Pour ses conventions notifiées aux fins de l'IM, le Kazakhstan choisit d'appliquer la disposition de la déclaration du préambule (article 6 de l'IM) et la règle COP (article 7 de l'IM). Le Kazakhstan a également opté pour la règle LOB simplifiée conformément à l'article 7(6) de l'IM.

19	Finlande	Oui, IM		COP
20	France	Oui, IM		COP
21	Géorgie	Non	Non	
22	Hongrie	Oui, IM		COP
23	Inde	Oui, IM		COP + LOB
24	Iran*	Non	Non	
25	Irlande	Oui, IM		COP
26	Italie	Non	Oui, IM	COP
27	Japon	Oui, IM		COP
28	Kirghizistan*	Non	Non	
29	Lettonie	Oui, IM		COP
30	Lituanie	Oui, IM		COP
31	Luxembourg	Oui, IM		COP
32	Macédoine du Nord	Non	Oui, IM	
33	Malaisie	Oui, IM		COP
34	Moldova*	Non	Non	
35	Mongolie	Non	Oui, IM	
36	Norvège	Non	Non	
37	Ouzbékistan	Non	Non	
38	Pakistan	Oui, IM		COP + LOB
39	Pays-Bas	Oui, IM		COP
40	Pologne	Oui, IM		COP
41	Qatar	Oui, IM		COP + LOB
42	République slovaque	Oui, IM		COP + LOB
43	Roumanie	Non	Oui, IM	COP
44	Royaume-Uni	Oui, IM		COP
45	Serbie	Oui, IM		COP
46	Singapour	Oui, IM		COP
47	Slovénie	Oui, IM		COP
48	Suède	Non	Oui, IM	COP
49	Suisse	Non	Non	
50	Tadjikistan*	Non	Non	
51	Tchéquie	Non	Non	
52	Türkiye	Non	Oui, IM	COP
53	Turkménistan*	Non	Non	
54	Ukraine	Oui, IM		COP
55	Viet Nam	Non	Oui, IM	

Kenya

A. Progrès dans la mise en œuvre du standard minimum

Le Kenya compte 15 conventions fiscales en vigueur, comme l'indique sa réponse au questionnaire d'examen par les pairs. Aucune de ces conventions n'est conforme au standard minimum.

Le Kenya a signé l'IM en 2019. Les conventions qui seront modifiées par l'IM deviendront conformes au standard minimum une fois que les dispositions de l'IM auront pris effet.

Le Kenya n'a pas notifié aux fins de l'IM ses conventions avec l'Allemagne, la Corée et la Zambie, mais a indiqué dans sa réponse au questionnaire d'examen par les pairs avoir pris des mesures (autres qu'au titre de l'IM) afin de mettre en œuvre le standard minimum dans ses conventions avec l'Allemagne et la Corée. La Corée a notifié sa convention avec le Kenya aux fins de l'IM.

Le Kenya met en œuvre le standard minimum par l'inclusion de la disposition de la déclaration du préambule et de la règle COP associée à la règle LOB[87].

B. Conclusion

La Corée a notifié sa convention avec le Kenya aux fins de l'IM, ce qui équivaut à une demande de mise en œuvre du standard minimum.

Le Kenya a élaboré un plan de mise en œuvre du standard minimum dans sa convention conclue avec la Zambie. Le Kenya a fait savoir dans sa réponse au questionnaire d'examen par les pairs qu'elle comptait élargir la liste de ses conventions fiscales qui seront couvertes par l'IM afin d'inclure cette convention.

Recommandation

Il est recommandé que le Kenya prenne les mesures nécessaires afin que l'IM prenne effet au regard de ses conventions fiscales notifiées aux fins de l'IM, car ces conventions ne seront modifiées par l'IM (et ne deviendront conformes au standard minimum) qu'une fois que les dispositions de l'IM auront pris effet.

Synthèse de la réponse de la juridiction – Kenya

	1. Partenaires de convention	2. Conformité avec le standard	3. Signature d'un instrument de mise en conformité	4. Recours à la disposition relative au standard minimum
1	Afrique du Sud	Non	Oui, IM	COP
2	Allemagne	Non	Non	
3	Canada	Non	Oui, IM	COP
4	Corée	Non	Non	
5	Danemark	Non	Oui, IM	COP + LOB

87 Pour ses conventions notifiées aux fins de l'IM, le Kenya choisit d'appliquer la disposition de la déclaration du préambule (article 6 de l'IM) et la règle COP associée à la règle LOB (article 7 de l'IM).

6	Émirats arabes unis	Non	Oui, IM	COP
7	France	Non	Oui, IM	
8	Inde	Non	Oui, IM	COP + LOB
9	Norvège	Non	Non	
10	Qatar	Non	Oui, IM	COP
11	Royaume-Uni	Non	Oui, IM	COP
12	Seychelles	Non	Oui, IM	COP
13	Suède	Non	Oui, IM	COP

Autres conventions

	1. Partenaires conventionnels	2. Membre du Cadre inclusif
1	Iran*	Non
2	Zambie	Oui

Lettonie

A. Progrès dans la mise en œuvre du standard minimum

La Lettonie compte 64 conventions fiscales en vigueur, comme l'indique sa réponse au questionnaire d'examen par les pairs. Quarante-quatre de ces conventions sont conformes au standard minimum.

La Lettonie e a signé l'IM en 2017, et déposé son instrument de ratification le 29 octobre 2019. L'IM est entré en vigueur pour la Lettonie le 1er février 2020. Le 20 avril 2020, la Lettonie a formulé une notification supplémentaire afin d'élargir la liste conventions qui seront couverts aux fins de l'IM. Les conventions qui seront modifiées par l'IM deviendront conformes au standard minimum une fois que les dispositions de l'IM auront pris effet.

La Lettonie n'a pas notifié sa convention avec l'Allemagne aux fins de l'IM, mais a indiqué dans sa réponse au questionnaire d'examen par les pairs avoir pris des mesures (autres qu'au titre de l'IM) afin de mettre en œuvre le standard minimum dans cette convention.

La Lettonie met en œuvre le standard minimum par l'inclusion de la déclaration du préambule et de la règle COP[88].

B. Conclusion

Aucune juridiction n'a signalé de préoccupation relative à ses conventions conclues avec la Lettonie.

Synthèse de la réponse de la juridiction – Lettonie

	1. Partenaires conventionnels	2. Conformité avec le standard	3. Signature d'un instrument de mise en conformité	4. Recours à la disposition relative au standard minimum
1	Albanie	Oui, IM		COP
2	Allemagne	Non	Non	COP
3	Arabie saoudite	Oui, autres		COP
4	Arménie	Non	Oui, IM	COP
5	Autriche	Oui, IM		COP
6	Azerbaïdjan	Non	Non	COP
7	Bélarus	Non	Non	COP
8	Belgique	Oui, IM		COP
9	Bulgarie	Oui, IM		COP
10	Canada	Oui, IM		COP
11	Chine (République populaire de)	Oui, IM		COP
12	Chypre*	Oui, IM		COP
13	Corée	Oui, IM		COP
14	Croatie	Oui, IM		COP
15	Danemark	Oui, IM		COP
16	Émirats arabes unis	Oui, IM		COP
17	Espagne	Oui, IM		COP

88 Pour ses conventions notifiées aux fins de l'IM, la Lettonie choisit d'appliquer la disposition de la déclaration du préambule (article 6 de l'IM) et la règle COP (article 7 de l'IM).

18	Estonie	Oui, IM		COP
19	États-Unis	Non	Non	
20	Fédération de Russie	Oui, IM		COP
21	Finlande	Oui, IM		COP
22	France	Oui, IM		COP
23	Géorgie	Oui, IM		COP
24	Grèce	Oui, IM		COP
25	Hong Kong (Chine)	Oui, IM		COP
26	Hongrie	Oui, IM		COP
27	Inde	Oui, IM		COP
28	Irlande	Oui, IM		COP
29	Islande	Oui, IM		COP
30	Israël	Oui, IM		COP
31	Italie	Non	Oui, IM	COP
32	Japon	Oui, autres		COP + LOB
33	Kazakhstan	Oui, IM		COP
34	Kirghizistan*	Non	Non	COP
35	Kosovo*	Oui, autres		COP
36	Koweït	Non	Non	COP
37	Lituanie	Oui, IM		COP
38	Luxembourg	Oui, IM		COP
39	Macédoine du Nord	Non	Oui, IM	COP
40	Malte	Oui, IM		COP
41	Maroc	Non	Oui, IM	COP
42	Mexique	Non	Oui, IM	COP
43	Moldova*	Non	Non	COP
44	Monténégro	Non	Non	COP
45	Norvège	Oui, IM		COP
46	Ouzbékistan	Non	Non	COP
47	Pays-Bas	Oui, IM		COP
48	Pologne	Oui, IM		COP
49	Portugal	Oui, IM		COP
50	Qatar	Oui, IM		COP
51	République slovaque	Oui, IM		COP
52	Roumanie	Non	Oui, IM	COP
53	Royaume-Uni	Oui, IM		COP
54	Serbie	Oui, IM		COP
55	Singapour	Oui, IM		COP
56	Slovénie	Oui, IM		COP
57	Suède	Non	Oui, IM	COP
58	Suisse	Oui, autres		COP
59	Tadjikistan*	Non	Non	COP
60	Tchéquie	Oui, IM		COP
61	Türkiye	Non	Oui, IM	COP
62	Turkménistan*	Non	Non	COP
63	Ukraine	Oui, IM		COP
64	Viet Nam	Non	Oui, IM	COP

Libéria

A. Progrès dans la mise en œuvre du standard minimum

Le Libéria compte trois conventions fiscales en vigueur, ainsi que l'indique sa réponse au questionnaire d'examen par les pairs, dont l'Acte additionnel multilatéral A/SA 5/12/18 portant adoption des règles communautaires pour l'élimination de la double imposition en matière d'impôts sur les revenus, les capitaux et les successions et la prévention de la fraude et de l'évasion fiscale entre les États membres de la CEDEAO (l'Acte additionnel de la CEDEAO) conclu avec 14 partenaires. Deux de ces conventions, dont l'Acte additionnel de la CEDEAO, sont conformes au standard minimum. Le Libéria n'a pas signé l'IM.

Le Libéria a indiqué dans sa réponse au questionnaire d'examen par les pairs avoir pris des mesures (autres qu'au titre de l'IM) afin de mettre en œuvre le standard minimum dans sa convention avec l'Allemagne.

Le Libéria met en œuvre le standard minimum par l'inclusion de la déclaration du préambule et de la règle COP.

B. Conclusion

Aucune juridiction n'a signalé de préoccupation relative à ses conventions conclues avec le Libéria.

Synthèse de la réponse de la juridiction – Libéria

	1. Partenaires conventionnels	2. Conformité avec le standard	3. Signature d'un instrument de mise en conformité	4. Recours à la disposition relative au standard minimum
1	Allemagne	Non	Non	
2	Maroc	Oui, autres		COP
3	Partenaires conventionnels membres de l'Acte additionel de la CEDEAO (Bénin, Burkina Faso, Cabo Verde, Côte d'Ivoire, Gambie*, Ghana*, Guinée-Bissau*, Guinée Conakry*, Mali*, Niger*, Nigéria, Sénégal, Sierra Leone, Togo)	Oui, autres		COP

Liechtenstein

A. Progrès dans la mise en œuvre du standard minimum

Le Liechtenstein compte 21 conventions fiscales en vigueur, comme l'indique sa réponse au questionnaire d'examen par les pairs. Chacune de ses conventions est conforme au standard minimum.

Le Liechtenstein a signé l'IM en 2017, et déposé son instrument de ratification le 19 décembre 2019. L'IM est entré en vigueur pour le Liechtenstein le 1er avril 2020. Les conventions qui seront modifiées par l'IM deviendront conformes au standard minimum une fois que les dispositions de l'IM auront pris effet.

Le Liechtenstein met en œuvre le standard minimum par l'inclusion de la déclaration du préambule et de la règle COP[89].

B. Conclusion

Aucune juridiction n'a signalé de préoccupation relative à ses conventions conclues avec le Liechtenstein.

Synthèse de la réponse de la juridiction – Liechtenstein

	1. Partenaires conventionnels	2. Conformité avec le standard	3. Signature d'un instrument de mise en conformité	4. Recours à la disposition relative au standard minimum
1	Allemagne	Oui, autres		COP
2	Andorre	Oui, IM		COP
3	Autriche	Oui, autres		COP
4	Émirats arabes unis	Oui, IM		COP
5	Géorgie	Oui, IM		COP
6	Guernesey	Oui, IM		COP
7	Hong Kong (Chine)	Oui, IM		COP
8	Hongrie	Oui, IM		COP
9	Islande	Oui, autres		COP
10	Jersey	Oui, autres		COP
11	Lituanie	Oui, autres		COP
12	Luxembourg	Oui, IM		COP
13	Malte	Oui, IM		COP
14	Monaco	Oui, autres		COP
15	Pays-Bas	Oui, autres		COP
16	Royaume-Uni	Oui, IM		COP
17	Saint-Marin	Oui, IM		COP
18	Singapour	Oui, IM		COP
19	Suisse	Oui, autres		COP
20	Tchéquie	Oui, IM		COP
21	Uruguay	Oui, IM		COP

[89] Pour ses conventions notifiées aux fins de l'IM, le Liechtenstein choisit d'appliquer la disposition de la déclaration du préambule (article 6 de l'IM) et la règle COP (article 7 de l'IM).

Lituanie

A. Progrès dans la mise en œuvre du standard minimum

La Lituanie compte 58 conventions fiscales en vigueur, comme l'indique sa réponse au questionnaire d'examen par les pairs. Quarante-et-une de ces conventions sont conformes au standard minimum.

La Lituanie a signé l'IM en 2017, et a déposé son instrument de ratification le 11 septembre 2018. L'IM est entré en vigueur pour la Lituanie le 1er janvier 2019. Les conventions qui seront modifiées par l'IM deviendront conformes au standard minimum une fois que les dispositions de l'IM auront pris effet.

La Lituanie a signé un instrument bilatéral de mise en conformité concernant sa convention avec l'Allemagne[90].

La Lituanie met en œuvre le standard minimum par l'inclusion de la déclaration du préambule et de la règle COP[91].

B. Conclusion

Aucune juridiction n'a signalé de préoccupation relative à ses conventions conclues avec la Lituanie.

Synthèse de la réponse de la juridiction – Lituanie

	1. Partenaires conventionnels	2. Conformité avec le standard	3. Signature d'un instrument de mise en conformité	4. Recours à la disposition relative au standard minimum
1	Allemagne	Non	Oui, autres	COP
2	Arménie	Non	Oui, IM	COP
3	Autriche	Oui, IM		COP
4	Azerbaïdjan-	Non	Non	COP
5	Bélarus	Non	Non	COP
6	Belgique	Oui, IM		COP
7	Bulgarie	Oui, IM		COP
8	Canada	Oui, IM		COP
9	Chine (République populaire de)	Oui, IM		COP
10	Chypre*	Oui, IM		COP
11	Corée	Oui, IM		COP
12	Croatie	Oui, IM		COP
13	Danemark	Oui, IM		COP
14	Émirats arabes unis	Oui, IM		COP
15	Espagne	Oui, IM		COP
16	Estonie	Oui, IM		COP
17	États-Unis	Non	Non	
18	Fédération de Russie	Oui, IM		COP
19	Finlande	Oui, IM		COP

[90] La Lituanie a ratifié l'instrument de mise en conformité concernant sa convention avec l'Allemagne le 23 mai 2023.

[91] Pour ses conventions notifiées aux fins de l'IM, la Lituanie choisit d'appliquer la disposition de la déclaration du préambule (article 6 de l'IM) et la règle COP (article 7 de l'IM).

20	France	Oui, IM		COP
21	Géorgie	Oui, IM		COP
22	Grèce	Oui, IM		COP
23	Hongrie	Oui, IM		COP
24	Inde	Oui, IM		COP
25	Irlande	Oui, IM		COP
26	Islande	Oui, IM		COP
27	Israël	Oui, IM		COP
28	Italie	Non	Oui, IM	COP
29	Japon	Oui, autres		COP + LOB
30	Kazakhstan	Oui, IM		COP
31	Kirghizistan*	Non	Non	COP
32	Kosovo*	Oui, autres		COP
33	Koweït	Non	Oui, IM	COP
34	Lettonie	Oui, IM		COP
35	Liechtenstein	Oui, autres		COP
36	Luxembourg	Oui, IM		COP
37	Macédoine du Nord	Non	Oui, IM	COP
38	Malte	Oui, IM		COP
39	Maroc	Non	Oui, IM	COP
40	Mexique	Non	Oui, IM	COP
41	Moldova*	Non	Non	COP
42	Norvège	Oui, IM		COP
43	Ouzbékistan	Non	Non	COP
44	Pays-Bas	Oui, IM		COP
45	Pologne	Oui, IM		COP
46	Portugal	Oui, IM		COP
47	République slovaque	Oui, IM		COP
48	Roumanie	Non	Oui, IM	COP
49	Royaume-Uni	Oui, IM		COP
50	Serbie	Oui, IM		COP
51	Singapour	Oui, IM		COP
52	Slovénie	Oui, IM		COP
53	Suède	Non	Oui, IM	COP
54	Suisse	Oui, IM		COP
55	Tchéquie	Oui, IM		COP
56	Türkiye	Non	Oui, IM	COP
57	Turkménistan*	Non	Non	COP
58	Ukraine	Oui, IM		COP

Luxembourg

A. Progrès dans la mise en œuvre du standard minimum

Le Luxembourg compte 84 conventions fiscales en vigueur, comme l'indique sa réponse au questionnaire d'examen par les pairs. Soixante-deux de ces conventions sont conformes au standard minimum.

Le Luxembourg a signé l'IM en 2017, déposé son instrument de ratification le 9 avril 2019, et notifié ses conventions fiscales non conformes. L'IM est entré en vigueur pour le Luxembourg le 1er août 2019. Les conventions qui seront modifiées par l'IM deviendront conformes au standard minimum une fois que les dispositions de l'IM auront pris effet.

Le Luxembourg met en œuvre le standard minimum par l'inclusion de la déclaration du préambule et de la règle COP[92].

B. Conclusion

Aucune juridiction n'a signalé de préoccupation relative à ses conventions conclues avec le Luxembourg.

Synthèse de la réponse de la juridiction – Luxembourg

	1. Partenaires conventionnels	2. Conformité avec le standard	3. Signature d'un instrument de mise en conformité	4. Recours à la disposition relative au standard minimum
1	Afrique du Sud	Oui, IM		COP
2	Allemagne	Non	Oui, IM	COP
3	Andorre	Oui, IM		COP
4	Arabie saoudite	Oui, IM		COP
5	Arménie	Non	Oui, IM	COP
6	Autriche	Oui, IM		COP
7	Azerbaïdjan	Non	Non	COP
8	Bahreïn	Oui, IM		COP
9	Barbade	Oui, IM		COP
10	Belgique	Oui, IM		COP
11	Botswana	Oui, autres		COP
12	Brésil	Non	Non	COP
13	Brunei Darussalam	Non	Non	COP
14	Bulgarie	Oui, IM		COP
15	Canada	Oui, IM		COP
16	Chine (République populaire de)	Oui, IM		COP
17	Chypre*	Oui, autres		COP
18	Corée	Oui, IM		COP

[92] Pour ses conventions notifiées aux fins de l'IM, le Luxembourg choisit d'appliquer la disposition de la déclaration du préambule (article 6 de l'IM) et la règle COP (article 7 de l'IM). Le Luxembourg a formulé une réserve conformément à l'article 6(4) de l'IM afin de ne pas appliquer l'article 6(1) concernant les conventions qui contiennent déjà la version adéquate du préambule (une convention). Le Luxembourg a également formulé une réserve conformément à l'article 7(15)(b) de l'IM afin de ne pas appliquer l'article 7(1) concernant les conventions qui contiennent déjà une règle COP (une convention).

19	Croatie	Oui, IM		COP
20	Danemark	Oui, IM		COP
21	Émirats arabes unis	Oui, IM		COP
22	Espagne	Oui, IM		COP
23	Estonie	Non	Oui, IM	COP
24	États-Unis	Non	Non	LOB détaillée
25	Fédération de Russie	Oui, IM		COP
26	Finlande	Oui, IM		COP
27	France	Oui, autres		COP
28	Géorgie	Oui, IM		COP
29	Grèce	Oui, IM		COP
30	Guernesey	Oui, IM		COP
31	Hong Kong (Chine)	Oui, IM		COP
32	Hongrie	Oui, IM		COP
33	Île de Man	Oui, IM		COP
34	Inde	Oui, IM		COP
35	Indonésie	Oui, IM		COP
36	Irlande	Oui, IM		COP
37	Islande	Oui, IM		COP
38	Israël	Oui, IM		COP
39	Italie	Non	Oui, IM	COP
40	Japon	Oui, IM		COP
41	Jersey	Oui, IM		COP
42	Kazakhstan	Oui, IM		COP
43	Kosovo*	Oui, autres		COP
44	Lettonie	Oui, IM		COP
45	Liechtenstein	Oui, IM		COP
46	Lituanie	Oui, IM		COP
47	Macédoine du Nord	Non	Oui, IM	COP
48	Malaisie	Oui, IM		COP
49	Malte	Oui, IM		COP
50	Maroc	Non	Oui, IM	COP
51	Maurice	Oui, IM		COP
52	Mexique	Non	Oui, IM	COP
53	Moldova*	Non	Non	COP
54	Monaco	Oui, IM		COP
55	Norvège	Oui, IM		COP
56	Ouzbékistan	Oui autre		COP
57	Panama	Oui, IM		COP
58	Pays-Bas	Oui, IM		COP
59	Pologne	Oui, IM		COP
60	Portugal	Oui, IM		COP
61	Qatar	Oui, IM		COP
62	République démocratique populaire lao*	Non	Non	COP
63	République slovaque	Oui, IM		COP
64	Roumanie	Non	Oui, IM	COP
65	Royaume-Uni	Oui, IM		COP
66	Saint-Marin	Oui, IM		COP
67	Sénégal	Oui, autres		COP
68	Serbie	Oui, IM		COP
69	Seychelles	Oui, IM		COP
70	Singapour	Oui, IM		COP
71	Slovénie	Oui, IM		COP

72	Sri Lanka	Non	Non	COP
73	Suède	Non	Oui, IM	COP
74	Suisse	Oui, IM		COP
75	Tadjikistan*	Non	Non	COP
76	Taipei chinois*	Non	Non	COP
77	Tchéquie	Oui, IM		COP
78	Thaïlande	Oui, IM		COP
79	Trinité-et-Tobago	Non	Non	COP
80	Tunisie	Non	Oui, IM	COP
81	Türkiye	Non	Oui, IM	COP
82	Ukraine	Oui, IM		COP
83	Uruguay	Oui, IM		COP
84	Viet Nam	Non	Oui, IM	COP

Macao (Chine)

A. Progrès dans la mise en œuvre du standard minimum

Macao (Chine) compte quatre conventions fiscales en vigueur, comme l'indique sa réponse au questionnaire d'examen par les pairs. Aucune de ces conventions n'est conforme au standard minimum.

Macao (Chine) n'a pas adhéré à l'IM.

Macao (Chine) a indiqué dans sa réponse au questionnaire d'examen par les pairs avoir pris des mesures (autres qu'au titre de l'IM) afin de mettre en œuvre le standard minimum dans ses conventions avec le Cabo Verde, le Mozambique*, le Portugal et le Viet Nam.

B. Conclusion

Aucune juridiction n'a signalé de préoccupation relative à ses conventions conclues avec Macao (Chine).

Synthèse de la réponse de la juridiction – Macao (Chine)

	1.Partenaires conventionnels	2. Conformité avec le standard	3. Signature d'un instrument de mise en conformité	4. Recours à la disposition relative au standard minimum
1	Cabo Verde	Non	Non	COP
2	Mozambique*	Non	Non	COP
3	Portugal	Non	Non	
4	Viet Nam	Non	Non	

Macédoine du Nord

A. Progrès dans la mise en œuvre du standard minimum

La République de Macédoine du Nord compte 48 conventions fiscales en vigueur, comme l'indique sa réponse au questionnaire d'examen par les pairs. Aucune de ces conventions n'est conforme au standard minimum.

La République de Macédoine du Nord a signé l'IM en 2020. Les conventions qui seront modifiées par l'IM deviendront conformes au standard minimum une fois que les dispositions de l'IM auront pris effet.

La République de Macédoine du Nord a signé un instrument bilatéral de mise en conformité concernant sa convention avec la Suisse.

La République de Macédoine du Nord met en œuvre le standard minimum par l'inclusion de la déclaration du préambule et de la règle COP[93].

B. Conclusion

Recommandation

Il est recommandé que la République de Macédoine du Nord prenne les mesures nécessaires afin que l'IM prenne effet au regard de ses conventions fiscales notifiées aux fins de l'IM, car ces conventions ne seront modifiées par l'IM (et ne deviendront conformes au standard minimum) qu'une fois que les dispositions de l'IM auront pris effet.

Synthèse de la réponse de la juridiction – République de Macédoine du Nord

	1. Partenaires conventionnels	2. Conformité avec le standard	3. Signature d'un instrument de mise en conformité	4. Recours à la disposition relative au standard minimum
1	Albanie	Non	Oui, IM	COP
2	Allemagne	Non	Non	COP
3	Arabie saoudite	Non	Oui, IM	COP
4	Autriche	Non	Non	COP
5	Azerbaïdjan	Non	Non	COP
6	Bélarus	Non	Non	COP
7	Belgique	Non	Oui, IM	COP
8	Bosnie-Herzégovine	Non	Oui, IM	COP
9	Bulgarie	Non	Oui, IM	COP
10	Chine (République populaire de)	Non	Oui, IM	COP
11	Croatie	Non	Oui, IM	COP
12	Danemark	Non	Oui, IM	COP

93 Pour ses conventions notifiées aux fins de l'IM, la République de Macédoine du Nord choisit d'appliquer la disposition de la déclaration du préambule (article 6 de l'IM) et la règle COP (article 7 de l'IM).

13	Émirats arabes unis	Non	Oui, IM	COP
14	Espagne	Non	Oui, IM	COP
15	Estonie	Non	Oui, IM	COP
16	Fédération de Russie	Non	Non	COP
17	Finlande	Non	Oui, IM	COP
18	France	Non	Oui, IM	COP
19	Hongrie	Non	Oui, IM	COP
20	Inde	Non	Oui, IM	COP
21	Iran*	Non	Non	COP
22	Irlande	Non	Oui, IM	COP
23	Israël	Non	Oui, IM	COP
24	Italie	Non	Non	COP
25	Kazakhstan	Non	Oui, IM	COP
26	Kosovo*	Non	Non	COP
27	Koweït	Non	Non	COP
28	Lettonie	Non	Oui, IM	COP
29	Lituanie	Non	Oui, IM	COP
30	Luxembourg	Non	Oui, IM	COP
31	Maroc	Non	Oui, IM	COP
32	Moldova*	Non	Non	COP
33	Monténégro	Non	Non	COP
34	Norvège	Non	Non	COP
35	Pays-Bas	Non	Oui, IM	COP
36	Pologne	Non	Oui, IM	COP
37	Qatar	Non	Oui, IM	COP
38	République slovaque	Non	Oui, IM	COP
39	Roumanie	Non	Oui, IM	COP
40	Royaume-Uni	Non	Oui, IM	COP
41	Serbie	Non	Oui, IM	COP
42	Slovénie	Non	Oui, IM	COP
43	Suède	Non	Oui, IM	COP
44	Suisse	Non	Oui, autres	COP
45	Taipei chinois*	Non	Non	COP
46	Tchéquie	Non	Non	COP
47	Türkiye	Non	Oui, IM	COP
48	Ukraine	Non	Oui, IM	COP

Malaisie

A. Progrès dans la mise en œuvre du standard minimum

La Malaisie compte 74 conventions fiscales en vigueur, comme l'indique sa réponse au questionnaire d'examen par les pairs. Quarante-quatre de ces conventions sont conformes au standard minimum.

La Malaisie a signé l'IM en 2018, déposé son instrument de ratification le 18 février 2021, et notifié ses conventions fiscales non conformes alors en vigueur. Le 10 novembre 2022, la Malaisie a formulé une notification supplémentaire afin d'élargir la liste de conventions qui seront couvertes par l'IM. L'IM est entré en vigueur pour la Malaisie le 1er juin 2021. Les conventions qui seront modifiées par l'IM deviendront conformes au standard minimum une fois que les dispositions de l'IM auront pris effet.

La Malaisie met en œuvre le standard minimum par l'inclusion de la déclaration du préambule et de la règle COP[94].

B. Conclusion

Aucune juridiction n'a signalé de préoccupation relative à ses conventions conclues avec la Malaisie.

Synthèse de la réponse de la juridiction – Malaisie

	1. Partenaires conventionnels	2. Conformité avec le standard	3. Signature d'un instrument de mise en conformité	4. Recours à la disposition relative au standard minimum
1	Afrique du Sud	Oui, IM		COP
2	Albanie	Oui, IM		COP
3	Allemagne	Non	Non	COP
4	Arabie saoudite	Oui, IM		COP
5	Australie	Oui, IM		COP
6	Autriche	Non	Non	COP
7	Bahreïn	Oui, IM		COP
8	Bangladesh*	Non	Non	COP
9	Belgique	Oui, IM		COP
10	Bosnie-Herzégovine	Oui, IM		COP
11	Brunei Darussalam	Non	Non	COP
12	Cambodge*	Oui, autres		COP
13	Canada	Oui, IM		COP
14	Chili	Oui, IM		COP
15	Chine (République populaire de)	Oui, IM		COP
16	Corée	Oui, IM		COP
17	Croatie	Oui, IM		COP
18	Danemark	Oui, IM		COP
19	Égypte	Oui, IM		COP
20	Émirats arabes unis	Oui, IM		COP
21	Espagne	Oui, IM		COP

[94] Pour ses conventions notifiées aux fins de l'IM, la Malaisie choisit d'appliquer la disposition de la déclaration du préambule (article 6 de l'IM) et la règle COP (article 7 de l'IM).

22	Fédération de Russie	Oui, IM		COP
23	Fidji*	Non	Oui, IM	COP
24	Finlande	Oui, IM		COP
25	France	Oui, IM		COP
26	Hong Kong (Chine)	Oui, IM		COP
27	Hongrie	Oui, IM		COP
28	Inde	Oui, IM		COP
29	Indonésie	Oui, IM		COP
30	Iran*	Non	Non	COP
31	Irlande	Oui, IM		COP
32	Italie	Non	Oui, IM	COP
33	Japon	Oui, IM		COP
34	Jordanie	Oui, IM		COP
35	Kazakhstan	Oui, IM		COP
36	Kirghizistan*	Non	Non	COP
37	Koweït	Non	Oui, IM	COP
38	Liban*	Non	Non	COP
39	Luxembourg	Oui, IM		COP
40	Malte	Oui, IM		COP
41	Maroc	Non	Oui, IM	COP
42	Maurice	Oui, IM		COP
43	Mongolie	Non	Oui, IM	COP
44	Myanmar*	Non	Non	COP
45	Namibie	Non	Oui, IM	COP
46	Norvège	Non	Non	COP
47	Nouvelle-Zélande	Oui, IM		COP
48	Ouzbékistan	Non	Non	COP
49	Pakistan	Oui, IM		COP
50	Papouasie–Nouvelle-Guinée	Non	Oui, IM	COP
51	Pays-Bas	Oui, IM		COP
52	Philippines	Non	Non	COP
53	Pologne	Oui, IM		COP
54	Qatar	Oui, IM		COP
55	République arabe syrienne*	Non	Non	COP
56	République démocratique populaire lao*	Non	Non	COP
57	République slovaque	Oui, IM		COP
58	Roumanie	Oui, IM		COP
59	Royaume-Uni	Oui, IM		COP
60	Saint-Marin	Oui, IM		COP
61	Seychelles	Oui, IM		COP
62	Singapour	Oui, IM		COP
63	Soudan*	Non	Non	COP
64	Sri Lanka	Non	Non	COP
65	Suède	Non	Oui, IM	COP
66	Suisse	Non	Non	COP
67	Tchéquie	Non	Non	COP
68	Thaïlande	Oui, IM		COP
69	Türkiye	Non	Oui, IM	COP
70	Turkménistan*	Non	Non	COP
71	Ukraine	Oui, IM		COP
72	Venezuela*	Non	Non	COP
73	Viet Nam	Non	Oui, IM	COP
74	Zimbabwe*	Non	Non	COP

Maldives

A. Progrès dans la mise en œuvre du standard minimum

Les Maldives comptent une convention fiscale en vigueur[95], avec les Émirats arabes unis, comme l'indique leur réponse au questionnaire d'examen par les pairs. Cette convention n'est pas conforme au standard minimum.

Les Maldives n'ont pas signé l'IM.

Les Maldives ont indiqué dans leur réponse au questionnaire d'examen par les pairs avoir pris des mesures (autres qu'au titre de l'IM) afin de mettre en œuvre le standard minimum dans leurs conventions avec les Émirats arabes unis.

B. Conclusion

Aucune juridiction n'a signalé de préoccupation relative à ses conventions conclues avec les Maldives.

Synthèse de la réponse de la juridiction – Maldives

	1. Partenaires de convention	2. Conformité avec le standard	3. Signature d'un instrument de mise en conformité	4. Recours à la disposition relative au standard minimum
1	Émirats arabes unis	Non	Non	

[95] Les Maldives ont également conclu un accord avec le Bangladesh*, qui a été ratifié le 23 décembre 2021.

Malte

A. Progrès dans la mise en œuvre du standard minimum

Malte compte 78 conventions fiscales en vigueur, comme l'indique sa réponse au questionnaire d'examen par les pairs. Cinquante-six de ces conventions sont conformes au standard minimum.

Malte a signé l'IM en 2017 et a déposé son instrument de ratification le 18 décembre 2018. L'IM est entré en vigueur pour Malte le 1er avril 2019. Les conventions qui seront modifiées par l'IM deviendront conformes au standard minimum une fois que les dispositions de l'IM auront pris effet[96].

Malte n'a pas notifié ses conventions avec le Botswana, la Bulgarie et Monaco aux fins de l'IM, mais a indiqué dans sa réponse au questionnaire d'examen par les pairs avoir pris des mesures (autres qu'au titre de l'IM) afin de mettre en œuvre le standard minimum dans ses conventions avec le Botswana, la Bulgarie, les États-Unis, la Géorgie, la Moldova*, Monaco et le Monténégro.

Malte met en œuvre le standard minimum par l'inclusion de la déclaration du préambule et de la règle COP[97].

B. Conclusion

Aucune juridiction n'a signalé de préoccupation relative à ses conventions conclues avec Malte.

Synthèse de la réponse de la juridiction – Malte

	1. Partenaires conventionnels	2. Conformité avec le standard	3. Signature d'un instrument de mise en conformité	4. Recours à la disposition relative au standard minimum
1	Afrique du Sud	Oui, IM		COP
2	Albanie	Oui, IM		COP
3	Allemagne	Non	Oui, IM	COP
4	Andorre	Oui, IM		COP
5	Arabie saoudite	Oui, IM		COP
6	Arménie	Oui, autres		COP
7	Australie	Oui, IM		COP
8	Autriche	Oui, IM		COP
9	Azerbaïdjan	Non	Non	
10	Bahreïn	Oui, IM		COP
11	Barbade	Oui, IM		COP
12	Belgique	Oui, IM		COP
13	Botswana	Non	Non	
14	Bulgarie	Non	Non	

96 Malte a choisi de remplacer, en vertu de l'article 35(3) de l'IM, l'expression « *périodes d'imposition commençant à l'expiration ou après l'expiration d'une période* » par « *périodes d'imposition commençant à compter du 1er janvier de l'année qui commence à compter de l'expiration d'une période* », pour une application unilatérale de l'article 35(1)(b) et (5)(b) (Entrée en vigueur) de l'IM.

97 Pour ses conventions notifiées aux fins de l'IM, Malte choisit d'appliquer la disposition de la déclaration du préambule (article 6 de l'IM) et la règle COP (article 7 de l'IM).

15	Canada	Oui, IM		COP
16	Chine (République populaire de)	Oui, IM		COP
17	Chypre*	Oui, IM		COP
18	Corée	Oui, IM		COP
19	Croatie	Oui, IM		COP
20	Danemark	Oui, IM		COP
21	Égypte	Oui, IM		COP
22	Émirats arabes unis	Oui, IM		COP
23	Espagne	Oui, IM		COP
24	Estonie	Non	Oui, IM	COP
25	États-Unis	Non	Non	
26	Fédération de Russie	Oui, IM		COP
27	Finlande	Oui, IM		COP
28	France	Oui, IM		COP
29	Géorgie	Non	Non	COP
30	Grèce	Oui, IM		COP
31	Guernesey	Oui, IM		COP
32	Hong Kong (Chine)	Oui, IM		COP
33	Hongrie	Oui, IM		COP
34	Île de Man	Oui, IM		COP
35	Inde	Oui, IM		COP
36	Irlande	Oui, IM		COP
37	Islande	Oui, IM		COP
38	Israël	Oui, IM		COP
39	Italie	Non	Oui, IM	COP
40	Jersey	Oui, IM		COP
41	Jordanie	Oui, IM		COP
42	Kosovo*	Oui, autres		COP
43	Koweït	Non	Oui, IM	COP
44	Lettonie	Oui, IM		COP
45	Liban*	Non	Non	
46	Libye*	Non	Non	
47	Liechtenstein	Oui, IM		COP
48	Lituanie	Oui, IM		COP
49	Luxembourg	Oui, IM		COP
50	Malaisie	Oui, IM		COP
51	Maroc	Non	Oui, IM	COP
52	Maurice	Oui, IM		COP
53	Mexique	Non	Oui, IM	COP
54	Moldova*	Non	Non	
55	Monaco	Non	Non	
56	Monténégro	Non	Non	
57	Norvège	Oui, IM		COP
58	Pakistan	Oui, IM		COP
59	Pays-Bas	Oui, IM		COP
60	Pologne	Oui, IM		COP
61	Portugal	Oui, IM		COP
62	Qatar	Oui, IM		COP
63	République slovaque	Oui, IM		COP
64	Roumanie	Non	Oui, IM	COP
65	Royaume-Uni	Oui, IM		COP
66	Saint-Marin	Oui, IM		COP
67	Serbie	Oui, IM		COP

68	Singapour	Oui, IM		COP
69	Slovénie	Oui, IM		COP
70	Suède	Non	Oui, IM	COP
71	Suisse	Oui, autres		COP
72	Syrie*	Non	Non	
73	Tchéquie	Oui, IM		
74	Tunisie	Non	Oui, IM	COP
75	Türkiye	Non	Oui, IM	COP
76	Ukraine	Oui, IM		COP
77	Uruguay	Oui, IM		COP
78	Viet Nam	Non	Oui, IM	COP

Maroc

A. Progrès dans la mise en œuvre du standard minimum

Le Maroc compte 65 conventions fiscales en vigueur, comme l'indique sa réponse au questionnaire d'examen par les pairs, y compris la Convention en matière d'impôts sur le revenu de l'Union du Maghreb arabe conclue avec quatre partenaires (la Convention UMA). Deux de ces conventions, celles avec le Japon et le Bénin, sont conformes au standard minimum.

Le Maroc a signé l'IM en 2019 et a notifié ses conventions bilatérales non conformes. Les conventions qui seront modifiées par l'IM deviendront conformes au standard minimum une fois que les dispositions de l'IM auront pris effet.

Le Maroc met en œuvre le standard minimum par l'inclusion de la déclaration du préambule et de la règle COP[98].

B. Conclusion

Recommandation

Il est recommandé que Maroc prenne les mesures nécessaires afin que l'IM prenne effet au regard de ses conventions fiscales notifiées aux fins de l'IM, car ces conventions ne seront modifiées par l'IM (et ne deviendront conformes au standard minimum) qu'une fois que les dispositions de l'IM auront pris effet.

Synthèse de la réponse de la juridiction – Maroc

	1. Partenaires conventionnels	2. Conformité avec le standard	3. Signature d'un instrument de mise en conformité	4. Recours à la disposition relative au standard minimum
1	Allemagne	Non	Non	COP
2	Arabie saoudite	Non	Oui, IM	COP
3	Autriche	Non	Non	COP
4	Bahreïn	Non	Oui, IM	COP
5	Belgique	Non	Oui, IM	COP
6	Bénin	Oui autre		COP
7	Bulgarie	Non	Oui, IM	COP
8	Cameroun	Non	Oui, IM	COP
9	Canada	Non	Oui, IM	COP
10	Chine (République populaire de)	Non	Oui, IM	COP
11	Corée	Non	Oui, IM	COP
12	Côte d'Ivoire	Non	Oui, IM	COP
13	Croatie	Non	Oui, IM	COP

98 Pour ses conventions notifiées aux fins de l'IM, le Maroc choisit d'appliquer la disposition de la déclaration du préambule (article 6 de l'IM) et la règle COP (article 7 de l'IM).

14	Danemark	Non	Oui, IM	COP
15	Égypte	Non	Oui, IM	COP
16	Émirats arabes unis	Non	Oui, IM	COP
17	Espagne	Non	Oui, IM	COP
18	États-Unis	Non	Non	COP
19	Éthiopie*	Non	Non	COP
20	Fédération de Russie	Non	Oui, IM	COP
21	Finlande	Non	Oui, IM	COP
22	France	Non	Oui, IM	COP
23	Gabon	Non	Oui, IM	COP
24	Ghana	Non	Non	COP
25	Grèce	Non	Oui, IM	COP
26	Guinée*	Non	Non	COP
27	Hongrie	Non	Oui, IM	COP
28	Inde	Non	Oui, IM	COP
29	Indonésie	Non	Non	COP
30	Irlande	Non	Oui, IM	COP
31	Italie	Non	Oui, IM	COP
32	Japon	Oui, autres		COP
33	Jordanie	Non	Oui, IM	COP
34	Koweït	Non	Oui, IM	COP
35	Lettonie	Non	Oui, IM	COP
36	Liban*	Non	Non	COP
37	Lituanie	Non	Oui, IM	COP
38	Luxembourg	Non	Oui, IM	COP
39	Macédoine du Nord	Non	Oui, IM	COP
40	Madagascar	Non	Non	COP
41	Malaisie	Non	Oui, IM	COP
42	Mali*	Non	Non	COP
43	Malte	Non	Oui, IM	COP
44	Norvège	Non	Non	COP
45	Oman	Non	Oui, IM	COP
46	Pakistan	Non	Oui, IM	COP
47	Partenaires conventionnels de l'UMA (Algérie*, Libye*, Mauritanie, Tunisie)	Non	Non	COP
48	Pays-Bas	Non	Oui, IM	COP
49	Pologne	Non	Oui, IM	COP
50	Portugal	Non	Oui, IM	COP
51	Qatar	Non	Oui, IM	COP
52	Roumanie	Non	Oui, IM	COP
53	Royaume-Uni	Non	Oui, IM	COP
54	Rwanda*	Non	Non	COP
55	Sénégal	Non	Oui, IM	COP
56	Serbie	Non	Oui, IM	COP
57	Singapour	Non	Oui, IM	COP
58	Slovénie	Non	Oui, IM	COP
59	Suisse	Non	Non	COP
60	Syrie*	Non	Non	COP
61	Tchéquie	Non	Non	COP
62	Türkiye	Non	Oui, IM	COP
63	Ukraine	Non	Oui, IM	COP
64	Viet Nam	Non	Oui, IM	COP
65	Zambie	Non	Non	COP

Maurice

A. Progrès dans la mise en œuvre du standard minimum

Maurice compte 44 conventions fiscales en vigueur, comme l'indique sa réponse au questionnaire d'examen par les pairs. Vingt-trois de ces conventions sont conformes au standard minimum.

Maurice a signé l'IM en 2017 et a déposé son instrument de ratification le 18 octobre 2019. L'IM est entré en vigueur pour Maurice le 1er février 2020. Les conventions qui seront modifiées par l'IM deviendront conformes au standard minimum une fois que les dispositions de l'IM auront pris effet.

Maurice n'a pas notifié sa convention avec l'Inde aux fins de l'IM, mais a indiqué dans sa réponse au questionnaire d'examen par les pairs avoir pris des mesures (autres qu'au titre de l'IM) afin de mettre en œuvre le standard minimum dans ses conventions avec le Bangladesh*, le Botswana, Cabo Verde, l'Inde, Jersey, Madagascar*, le Mozambique*, l'Ouganda*, le Rwanda* et la Tunisie. L'Inde a notifié sa convention avec Maurice aux fins de l'IM.

Maurice met en œuvre le standard minimum par l'inclusion de la disposition de la déclaration du préambule et de la règle COP[99].

B. Conclusion

Aucune juridiction n'a signalé de préoccupation relative à ses conventions conclues avec Maurice.

L'Inde a notifié sa convention avec Maurice aux fins de l'IM, ce qui équivaut à une demande de mise en œuvre du standard minimum.

Synthèse de la réponse de la juridiction – Maurice

	1. Partenaires conventionnels	2. Conformité avec le standard	3. Signature d'un instrument de mise en conformité	4. Recours à la disposition relative au standard minimum
1	Afrique du Sud	Non	Oui, IM	COP
2	Allemagne	Oui, autres		COP
3	Bangladesh*	Non	Non	COP
4	Barbade	Oui, IM		COP
5	Belgique	Oui, IM		COP
6	Botswana	Non	Non	COP
7	Cabo Verde	Non	Non	COP
8	Chine (République populaire de)	Oui, IM		COP
9	Chypre*	Oui, IM		COP
10	Congo	Non	Non	COP
11	Croatie	Oui, IM		COP
12	Égypte	Oui, IM		COP
13	Émirats arabes unis	Oui, IM		COP

99 Pour ses conventions notifiées aux fins de l'IM, Maurice choisit d'appliquer la disposition de la déclaration du préambule (article 6 de l'IM) et la règle COP (article 7 de l'IM). Maurice a indiqué que même s'il accepte l'application de la règle COP aux fins de l'IM, il a l'intention d'adopter dans la mesure du possible une règle LOB au moyen de négociations bilatérales.

14	Estonie	Oui, autres		COP
15	Eswatini	Non	Non	COP
16	France	Oui, IM		COP
17	Ghana*	Non	Non	COP
18	Guernesey	Oui, IM		COP
19	Inde	Non	Non	COP
20	Italie	Non	Oui, IM	COP
21	Jersey	Non	Non	COP
22	Koweït	Non	Oui, IM	COP
23	Lesotho*	Oui, autres		COP
24	Luxembourg	Oui, IM		COP
25	Madagascar*	Non	Non	COP
26	Malaisie	Oui, IM		COP
27	Malte	Oui, IM		COP
28	Monaco	Oui, IM		COP
29	Mozambique*	Non	Non	COP
30	Namibie	Non	Oui, IM	COP
31	Népal*	Non	Non	COP
32	Oman	Oui, IM		COP
33	Ouganda*	Non	Non	COP
34	Pakistan	Oui, IM		COP
35	Qatar	Oui, IM		COP
36	Royaume-Uni	Oui, IM		COP
37	Rwanda*	Non	Non	COP
38	Seychelles	Oui, IM		COP
39	Singapour	Oui, IM		COP
40	Sri Lanka	Non	Non	COP
41	Suède	Non	Oui, IM	COP
42	Thaïlande	Oui, IM		COP
43	Tunisie	Non	Non	COP
44	Zimbabwe*	Non	Non	COP

Mauritanie

A. Progrès dans la mise en œuvre du standard minimum

La Mauritanie compte six conventions fiscales en vigueur, comme l'indique sa réponse au questionnaire d'examen par les pairs, y compris la Convention en matière d'impôts sur le revenu de l'Union du Maghreb arabe conclue avec quatre partenaires (la Convention UMA).

Aucune de ces conventions n'est conforme au standard minimum.

La Mauritanie n'a pas signé l'IM.

B. Conclusion

La Mauritanie a élaboré un plan de mise en œuvre du standard minimum dans ses conventions conclue avec les Émirats arabes unis, la France, la Sénégal et la Tunisie. La Mauritanie a indiqué dans sa réponse au questionnaire d'examen par les pairs qu'elle prévoyait de signer l'IM, et de notifier les conventions devant être couvertes par l'IM.

Autres conventions

Le tableau ci-après répertorie les conventions non conformes, qui ne font pas l'objet d'un instrument de mise en conformité, d'une déclaration générale relative à l'application d'une règle détaillée de limitation des avantages, et pour lesquelles aucune mesure n'a été prise en vue de mettre en œuvre le standard minimum.

	1. Partenaires conventionnels	2. Membre du Cadre inclusif
1	Algérie*	Non
2	France	Oui
4	Maroc	Oui
3	Partenaires conventionnels de l'UMA (Algérie*, Libye*, Maroc, Tunisie)	Oui (Maroc, Tunisie), Non (Algérie*, Libye*)
5	Sénégal	Oui
6	Tunisie	Oui

Mexique

A. Progrès dans la mise en œuvre du standard minimum

Le Mexique compte 60 conventions fiscales en vigueur, comme l'indique sa réponse au questionnaire d'examen par les pairs. Trois de ces conventions sont conformes au standard minimum.

Le Mexique a signé l'IM en 2017 et déposé son instrument de ratification le 15 mars 2023, et a notifié ses conventions fiscales non conformes. L'IM est entré en vigueur pour le Mexique le 1er juillet 2023. Les conventions qui seront modifiées par l'IM deviendront conformes au standard minimum une fois que les dispositions de l'IM auront pris effet.

Le Mexique a signé un instrument bilatéral de mise en conformité concernant sa convention avec l'Allemagne.

Le Mexique met en œuvre le standard minimum par l'inclusion de la disposition de la déclaration du préambule et de la règle COP associée à la règle LOB[100].

B. Conclusion

Aucune juridiction n'a signalé de préoccupation relative à ses conventions conclues avec le Mexique.

Synthèse de la réponse de la juridiction – Mexique

	1. Partenaires conventionnels	2. Conformité avec le standard	3. Signature d'un instrument de mise en conformité	4. Recours à la disposition relative au standard minimum
1	Afrique du Sud	Non	Oui, IM	COP
2	Allemagne	Non	Oui, autres	COP
3	Arabie saoudite	Non	Oui, IM	COP
4	Argentine	Oui, autres		COP + LOB
5	Australie	Non	Oui, IM	COP
6	Autriche	Non	Oui, IM	COP
7	Bahreïn	Non	Oui, IM	COP
8	Barbade	Non	Oui, IM	COP
9	Belgique	Non	Oui, IM	COP
10	Brésil	Non	Non	
11	Canada	Non	Oui, IM	COP
12	Chili	Non	Oui, IM	COP + LOB
13	Chine (République populaire de)	Non	Oui, IM	COP
14	Colombie	Non	Oui, IM	COP + LOB

[100] Pour ses conventions notifiées aux fins de l'IM, le Mexique choisit d'appliquer la disposition de la déclaration du préambule (article 6 de l'IM) et la règle COP (article 7 de l'IM). Le Mexique a également adopté la règle simplifiée de limitation des avantages en vertu de l'article 7(6) de l'IM. Le Mexique a formulé une réserve conformément à l'article 6(4) de l'IM afin de ne pas appliquer l'article 6(1) concernant les conventions qui contiennent déjà la version adéquate du préambule (quatre conventions). Le Mexique a également formulé une réserve conformément à l'article 7(15)(b) de l'IM afin de ne pas appliquer l'article 7(1) concernant les conventions qui contiennent déjà une règle COP (trois conventions).

15	Corée	Non	Oui, IM	COP
16	Costa Rica	Non	Oui, IM	COP
17	Danemark	Non	Oui, IM	COP + LOB
18	Émirats arabes unis	Non	Oui, IM	COP
19	Équateur*	Non	Non	COP
20	Espagne	Oui, autres		COP
21	Estonie	Non	Oui, IM	COP
22	États-Unis	Non	Non	
23	Fédération de Russie	Non	Oui, IM	COP + LOB
24	Finlande	Non	Oui, IM	COP
25	France	Non	Oui, IM	COP
26	Grèce	Non	Oui, IM	COP + LOB
27	Hong Kong (Chine)	Non	Oui, IM	COP
28	Hongrie	Non	Oui, IM	COP
29	Inde	Non	Oui, IM	COP
30	Indonésie	Non	Oui, IM	COP
31	Irlande	Non	Oui, IM	COP
32	Islande	Non	Oui, IM	COP + LOB
33	Israël	Non	Oui, IM	COP
34	Italie	Non	Oui, IM	COP
35	Jamaïque	Non	Oui, IM	COP + LOB
36	Japon	Non	Oui, IM	COP
37	Koweït	Non	Oui, IM	COP
38	Lettonie	Non	Oui, IM	COP
39	Lituanie	Non	Oui, IM	COP
40	Luxembourg	Non	Oui, IM	COP
41	Malte	Non	Oui, IM	COP
42	Norvège	Non	Oui, IM	COP + LOB
43	Nouvelle-Zélande	Non	Oui, IM	COP
44	Panama	Non	Oui, IM	COP
45	Pays-Bas	Non	Oui, IM	COP
46	Pérou	Non	Oui, IM	COP
47	Philippines	Oui autre		COP
48	Pologne	Non	Oui, IM	COP
49	Portugal	Non	Oui, IM	COP
50	Qatar	Non	Oui, IM	COP
51	République slovaque	Non	Oui, IM	COP + LOB
52	Roumanie	Non	Oui, IM	COP
53	Royaume-Uni	Non	Oui, IM	COP
54	Singapour	Non	Oui, IM	COP
55	Suède	Non	Oui, IM	COP
56	Suisse	Non	Oui, IM	COP
57	Tchéquie	Non	Oui, IM	COP
58	Türkiye	Non	Oui, IM	COP
59	Ukraine	Non	Oui, IM	COP
60	Uruguay	Non	Oui, IM	COP + LOB

Monaco

A. Progrès dans la mise en œuvre du standard minimum

Monaco compte onze conventions fiscales en vigueur, comme l'indique sa réponse au questionnaire d'examen par les pairs. Huit de ces conventions sont conformes au standard minimum.

Monaco a signé l'IM en 2017 et a déposé son instrument de ratification le 10 janvier 2019. L'IM est entré en vigueur pour Monaco le 1er mai 2019. Les conventions qui seront modifiées par l'IM deviendront conformes au standard minimum une fois que les dispositions de l'IM auront pris effet.

Monaco n'a pas notifié sa convention avec Malte aux fins de l'IM, mais a indiqué dans sa réponse au questionnaire d'examen par les pairs avoir pris des mesures (autres qu'au titre de l'IM) afin de mettre en œuvre le standard minimum dans ces conventions avec Malte et le Mali*.

Monaco met en œuvre le standard minimum par l'inclusion de la déclaration du préambule et de la règle COP[101].

B. Conclusion

Aucune juridiction n'a signalé de préoccupation relative à ses conventions conclues avec Monaco.

Synthèse de la réponse de la juridiction – Monaco

	1. Partenaires conventionnels	2. Conformité avec le standard	3. Signature d'un instrument de mise en conformité	4. Recours à la disposition relative au standard minimum
1	France	Oui, IM		COP
2	Guernesey	Oui, IM		COP
3	Liechtenstein	Oui, autres		COP
4	Luxembourg	Oui, IM		COP
5	Mali*	Non	Non	
6	Malte	Non	Non	
7	Maurice	Oui, IM		COP
8	Monténégro	Oui autre		COP
9	Qatar	Oui, IM		COP
10	Saint-Kitts-et-Nevis	Non	Non	
11	Seychelles	Oui, IM		COP

[101] Pour ses conventions notifiées aux fins de l'IM, Monaco choisit d'appliquer la disposition de la déclaration du préambule (article 6 de l'IM) et la règle COP (article 7 de l'IM).

Mongolie

A. Progrès dans la mise en œuvre du standard minimum

La Mongolie compte 26 conventions fiscales en vigueur, comme l'indique sa réponse au questionnaire d'examen par les pairs. Aucune de ces conventions n'est conforme au standard minimum.

La Mongolie a signé l'IM en octobre 2022 et a notifié ses conventions non conformes. Les conventions qui seront modifiées par l'IM deviendront conformes au standard minimum une fois que les dispositions de l'IM auront pris effet.

La Mongolie met en œuvre le standard minimum par l'inclusion de la déclaration du préambule et de la règle COP[102].

B. Conclusion

Recommandation

Il est recommandé que la Mongolie prenne les mesures nécessaires afin que l'IM prenne effet au regard de ses conventions fiscales notifiées aux fins de l'IM, car ces conventions ne seront modifiées par l'IM (et ne deviendront conformes au standard minimum) qu'une fois que les dispositions de l'IM auront pris effet.

Synthèse de la réponse de la juridiction – Mongolie

	1. Partenaires conventionnels	2. Conformité avec le standard	3. Signature d'un instrument de mise en conformité	4. Recours à la disposition relative au standard minimum
1	Allemagne	Non	Non	
2	Autriche	Non	Non	
3	Bélarus	Non	Non	
4	Belgique	Non	Oui, IM	COP
5	Bulgarie	Non	Oui, IM	COP
6	Canada	Non	Oui, IM	COP
7	Chine (République populaire de)	Non	Oui, IM	COP
8	Corée	Non	Oui, IM	COP
9	Fédération de Russie	Non	Oui, IM	COP + LOB
10	France	Non	Oui, IM	COP
11	Hongrie	Non	Non	
12	Inde	Non	Oui, IM	COP + LOB
13	Indonésie	Non	Non	
14	Italie	Non	Oui, IM	COP
15	Kazakhstan	Non	Oui, IM	COP + LOB

102 Pour ses conventions notifiées aux fins de l'IM, la Mongolie choisit d'appliquer la disposition de la déclaration du préambule (article 6 de l'IM) et la règle COP (article 7 de l'IM).

16	Kirghizistan*	Non	Non	
17	Malaisie	Non	Oui, IM	COP
18	Pologne	Non	Oui, IM	COP
19	République populaire démocratique de Corée*	Non	Non	
20	Royaume-Uni	Non	Oui, IM	COP
21	Singapour	Non	Oui, IM	COP
22	Suisse	Non	Non	
23	Tchéquie	Non	Non	
24	Türkiye	Non	Oui, IM	COP
25	Ukraine	Non	Oui, IM	COP
26	Viet Nam	Non	Oui, IM	COP

Monténégro

A. Progrès dans la mise en œuvre du standard minimum

Le Monténégro compte 43 conventions fiscales en vigueur, comme l'indique sa réponse au questionnaire d'examen par les pairs. Aucune de ces conventions n'est conforme au standard minimum.

Le Monténégro n'a pas signé l'IM.

Le Monténégro a indiqué dans sa réponse au questionnaire d'examen par les pairs avoir pris des mesures (autres qu'au titre de l'IM) afin de mettre en œuvre le standard minimum dans ses conventions avec la Pologne, la République slovaque, la Slovénie et la Tchéquie.

Le Monténégro a indiqué dans sa réponse au questionnaire d'examen par les pairs qu'il prévoyait d'adhérer à l'IM.

Dans leurs réponses au questionnaire d'examen par les pairs, la Hongrie, l'Italie et la Suède ont indiqué que leurs conventions avec le Monténégro ne soulevaient pas de préoccupations importantes en matière de chalandage fiscal, au regard de leurs juridictions respectives.

B. Conclusion

Le Monténégro a élaboré un plan de mise en œuvre du standard minimum dans ses conventions avec l'Albanie, l'Allemagne, l'Autriche, l'Azerbaïdjan, le Bélarus, la Belgique, la Bosnie-Herzégovine, la Bulgarie, la Chine (République populaire de), la Croatie, le Danemark, l'Égypte, les Émirats arabes unis, la Fédération de Russie, la Finlande, la France, la Hongrie, l'Irlande, l'Italie, la Lettonie, la Macédoine du Nord, la Malaisie, Malte, la Norvège, les Pays-Bas, le Portugal, la Roumanie, le Royaume-Uni, la Serbie, le Sri Lanka, la Suède, la Suisse, la Türkiye et l'Ukraine. Le Monténégro a indiqué dans sa réponse au questionnaire d'examen par les pairs qu'il prévoyait de signer l'IM, et de notifier les conventions devant être couvertes par l'IM.

Synthèse de la réponse de la juridiction – Monténégro

	1. Partenaires conventionnels	2. Conformité avec le standard	3. Signature d'un instrument de mise en conformité	4. Recours à la disposition relative au standard minimum
1	Pologne	Non	Non	
3	République slovaque	Non	Non	
4	Slovénie	Non	Non	
5	Tchéquie	Non	Non	

Autres conventions

	1. Partenaires conventionnels	2. Membre du Cadre inclusif
1	Albanie	Oui
2	Allemagne	Oui
3	Autriche	Oui
4	Azerbaïdjan	Oui
5	Bélarus	Oui

6	Belgique	Oui
7	Bosnie-Herzégovine	Oui
8	Bulgarie	Oui
9	Chine (République populaire de)	Oui
10	Chypre*	Non
11	Croatie	Oui
12	Danemark	Oui
13	Égypte	Oui
14	Émirats arabes unis	Oui
15	Fédération de Russie	Oui
16	Finlande	Oui
17	France	Oui
18	Hongrie	Oui
19	Iran*	Non
20	Irlande	Oui
21	Italie	Oui
22	Koweït	Oui
23	Lettonie	Oui
24	Macédoine du Nord	Oui
25	Malaisie	Oui
26	Malte	Oui
27	Moldova*	Non
28	Norvège	Oui
29	Pays-Bas	Oui
30	Portugal	Oui
31	République populaire démocratique de Corée*	Non
32	Roumanie	Oui
33	Royaume-Uni	Oui
34	Serbie	Oui
35	Sri Lanka	Oui
36	Suède	Oui
37	Suisse	Oui
38	Türkiye	Oui
39	Ukraine	Oui

Montserrat

A. Progrès dans la mise en œuvre du standard minimum

Montserrat compte deux conventions fiscales en vigueur, comme l'indique sa réponse au questionnaire d'examen par les pairs. Aucune de ces conventions n'est conforme au standard minimum.

Montserrat n'a pas adhéré à l'IM.

Montserrat a indiqué dans sa réponse au questionnaire d'examen par les pairs avoir pris des mesures (autres qu'au titre de l'IM) afin de mettre en œuvre le standard minimum dans sa convention avec le Royaume-Uni.

Dans sa réponse au questionnaire d'examen par les pairs, la Suisse a indiqué que sa convention avec Montserrat ne soulevait pas de préoccupations importantes en matière de chalandage fiscal, au regard de sa juridiction.

B. Conclusion

Aucune juridiction n'a signalé de préoccupation relative à ses conventions conclues avec Montserrat.

Synthèse de la réponse de la juridiction – Montserrat

	1. Partenaires conventionnels	2. Conformité avec le standard	3. Signature d'un instrument de mise en conformité	4. Recours à la disposition relative au standard minimum
1	Royaume-Uni	Non	Non	COP

Autres conventions

	1. Partenaires conventionnels	2. Membre du Cadre inclusif
1	Suisse	Oui

Namibie

A. Progrès dans la mise en œuvre du standard minimum

La Namibie compte onze conventions fiscales en vigueur, comme l'indique sa réponse au questionnaire d'examen par les pairs. Aucune de ces conventions n'est conforme au standard minimum.

La Namibie a signé l'IM en septembre 2021, et a notifié ses conventions non conformes. Les conventions qui seront modifiées par l'IM deviendront conformes au standard minimum une fois que les dispositions de l'IM auront pris effet.

La Namibie met en œuvre le standard minimum par l'inclusion de la disposition de la déclaration du préambule et de la règle COP associée à la règle LOB[103].

B. Conclusion

Recommandation

Il est recommandé que la Namibie prenne les mesures nécessaires afin que l'IM prenne effet au regard de ses conventions fiscales notifiées aux fins de l'IM, car ces conventions ne seront modifiées par l'IM (et ne deviendront conformes au standard minimum) qu'une fois que les dispositions de l'IM auront pris effet.

Synthèse de la réponse de la juridiction – Namibie

	1. Partenaires conventionnels	2. Conformité avec le standard	3. Signature d'un instrument de mise en conformité	4. Recours à la disposition relative au standard minimum
1	Afrique du Sud	Non	Oui, IM	COP + LOB
2	Allemagne	Non	Non	COP + LOB
3	Botswana	Non	Non	COP + LOB
4	Fédération de Russie	Non	Non	COP + LOB
5	France	Non	Oui, IM	COP + LOB
6	Inde	Non	Oui, IM	COP + LOB
7	Malaisie	Non	Oui, IM	COP + LOB
8	Maurice	Non	Oui, IM	COP + LOB
9	Roumanie	Non	Oui, IM	COP + LOB
10	Royaume-Uni	Non	Oui, IM	COP + LOB
11	Suède	Non	Oui, IM	COP + LOB

[103] Pour ses conventions notifiées aux fins de l'IM, la Namibie choisit d'appliquer la disposition de la déclaration du préambule (article 6 de l'IM), la règle COP (article 7 de l'IM) et la règle LOB simplifiée (article 7(6) de l'IM). La Namibie a déclaré, conformément à l'article 7(17)(a) de l'IM, que même si elle accepte d'appliquer uniquement la règle COP de manière provisoire, elle a l'intention d'adopter, dans la mesure du possible, une règle LOB venant compléter ou remplacer la règle COP *via* des négociations bilatérales.

Nigéria

A. Progrès dans la mise en œuvre du standard minimum

Le Nigéria compte 16 conventions fiscales en vigueur, ainsi que l'indique sa réponse au questionnaire d'examen par les pairs, dont l'Acte additionnel multilatéral A/SA 5/12/18 portant adoption des règles communautaires pour l'élimination de la double imposition en matière d'impôts sur les revenus, les capitaux et les successions et la prévention de la fraude et de l'évasion fiscale entre les États membres de la CEDEAO (l'Acte additionnel de la CEDEAO) conclu avec 14 partenaires. L'une de ces conventions, l'Acte additionnel de la CEDEAO, est conforme au standard minimum.

Le Nigéria a signé l'IM en 2017 et a notifié ses conventions non conformes. Les conventions qui seront modifiées par l'IM deviendront conformes au standard minimum une fois que les dispositions de l'IM auront pris effet.

Le Nigéria met en œuvre le standard minimum par l'inclusion de la déclaration du préambule et de la règle COP[104].

B. Conclusion

Recommandation

Il est recommandé que Nigéria prenne les mesures nécessaires afin que l'IM prenne effet au regard de ses conventions fiscales notifiées aux fins de l'IM, car ces conventions ne seront modifiées par l'IM (et ne deviendront conformes au standard minimum) qu'une fois que les dispositions de l'IM auront pris effet.

Synthèse de la réponse de la juridiction – Nigéria

	1. Partenaires conventionnels	2. Conformité avec le standard	3. Signature d'un instrument de mise en conformité	4. Recours à la disposition relative au standard minimum
1	Afrique du Sud	Non	Oui, IM	COP
2	Belgique	Non	Oui, IM	COP
3	Canada	Non	Oui, IM	COP
4	Chine (République populaire de)	Non	Oui, IM	COP
5	Espagne	Non	Oui, IM	COP
6	États membres de la CEDEAO (Bénin, Burkina Faso, Cabo Verde, Côte d'Ivoire, Gambie*, Ghana*, Guinée-Bissau*, Guinée Conakry*, Libéria, Mali*, Niger*, Sénégal, Sierra Leone, Togo)	Oui autre		COP
7	France	Non	Oui, IM	COP

[104] Pour ses conventions notifiées aux fins de l'IM, le Nigéria choisit d'appliquer la disposition de la déclaration du préambule (article 6 de l'IM) et la règle COP (article 7 de l'IM).

8	Pakistan	Non	Oui, IM	COP
9	Pays-Bas	Non	Oui, IM	COP
10	Philippines	Non	Non	COP
11	République slovaque	Non	Oui, IM	COP
12	Roumanie	Non	Oui, IM	COP
13	Royaume-Uni	Non	Oui, IM	COP
14	Singapour	Non	Oui, IM	COP
15	Suède	Non	Oui, IM	COP
16	Tchéquie	Non	Oui, IM	COP

Norvège

A. Progrès dans la mise en œuvre du standard minimum

La Norvège compte 84 conventions fiscales en vigueur, comme l'indique sa réponse au questionnaire d'examen par les pairs, y compris la Convention nordique multilatérale conclue avec le Danemark, les Îles Féroé, la Finlande, l'Islande et la Suède (la « Convention nordique »)[105]. Vingt-six de ces conventions, y compris la Convention nordique, sont conformes au standard minimum.

La Norvège a signé l'IM en 2017, déposé son instrument de ratification le 17 juillet 2019, et notifié 28 de ses conventions alors en vigueur. L'IM est entré en vigueur pour la Norvège le 1er novembre 2019. Les conventions qui seront modifiées par l'IM deviendront conformes au standard minimum une fois que les dispositions de l'IM auront pris effet.

La Norvège n'a pas notifié ses conventions avec l'Albanie, l'Allemagne, l'Autriche, l'Azerbaïdjan, la Barbade, le Bénin, la Bosnie-Herzégovine, le Canada, la Corée, la Côte d'Ivoire, la Croatie, Curaçao, l'Égypte, l'Espagne, la France, le Groenland, la Hongrie, l'Indonésie, Israël, l'Italie, la Jamaïque, le Kazakhstan, le Kenya, la Macédoine du Nord, la Malaisie, le Maroc, le Monténégro, la Nouvelle-Zélande, le Pakistan, le Qatar, la République slovaque, le Sénégal, la Sierra Leone, Singapour, le Sri Lanka, la Suisse, la Thaïlande, la Tunisie, l'Ukraine, le Viet Nam, et la Zambie aux fins de l'IM. Aussi, à ce stade, ces conventions ne seront pas modifiées par l'IM. L'Albanie, la Barbade, la Bosnie-Herzégovine, le Canada, la Corée, la Côte d'Ivoire, la Croatie, Curaçao, l'Égypte, la France, la Hongrie, l'Indonésie, Israël, l'Italie, la Jamaïque, le Kazakhstan, le Kenya, la Macédoine du Nord, la Malaisie, le Maroc, la Nouvelle-Zélande, le Pakistan, la République slovaque, le Sénégal, Singapour, la Tunisie, l'Ukraine et le Viet Nam ont notifié leurs conventions avec la Norvège aux fins de l'IM.

La Norvège a indiqué dans sa réponse au questionnaire d'examen par les pairs avoir pris des mesures (autres qu'au titre de l'IM) afin de mettre en œuvre le standard minimum dans ses conventions avec l'Allemagne, l'Autriche, le Canada, la Corée, l'Espagne, les États-Unis, la France, le Groenland, Israël, l'Italie, la Malaisie, la Nouvelle-Zélande, le Pakistan et le Qatar, la République slovaque, Singapour, la Thaïlande.

La Norvège a signé un instrument bilatéral de mise en conformité concernant sa convention avec la Belgique, le Brésil et le Ghana*.

La Norvège a indiqué dans sa réponse au questionnaire d'examen par les pairs que ses conventions avec l'Azerbaïdjan, le Bangladesh*, la Gambie*, le Malawi*, le Népal*, l'Ouganda*, le Venezuela*, et le Zimbabwe* ne soulevaient pas de préoccupations importantes en matière de chalandage fiscal au regard de sa juridiction.

105 Voir la convention multilatérale conclue par le Danemark, la Finlande, les Îles Féroé, l'Islande, la Norvège et la Suède tendant à éviter la double imposition concernant les impôts sur le revenu et la fortune (1996, 1997, 2008 et 2018).

La Norvège met en œuvre le standard minimum par l'inclusion de la déclaration du préambule et de la règle COP[106].

B. Conclusion

L'Albanie, la Barbade, la Bosnie-Herzégovine, le Canada, la Corée, la Côte d'Ivoire, la Croatie, Curaçao, l'Égypte, la France, la Hongrie, l'Indonésie, Israël, l'Italie, la Jamaïque, le Kazakhstan, le Kenya, la Macédoine du Nord, la Malaisie, le Maroc, la Nouvelle-Zélande, le Pakistan, la République slovaque, le Sénégal, Singapour, la Tunisie, l'Ukraine et le Viet Nam ont notifié leurs conventions avec la Norvège aux fins de l'IM, ce qui équivaut à une demande de mise en œuvre du standard minimum.

La Norvège a commencé à donner effet à son plan de mise en œuvre du standard minimum dans ses conventions avec l'Albanie, la Barbade, le Bénin, la Bosnie-Herzégovine, la Côte d'Ivoire, la Croatie, Curaçao, l'Égypte, la Hongrie, l'Indonésie, la Jamaïque, le Kazakhstan, le Kenya, la Macédoine du Nord, le Monténégro, le Maroc, le Sénégal, la Sierra Leone, le Sri Lanka, la Tunisie, l'Ukraine, le Viet Nam, et la Zambie. La Norvège a indiqué dans sa réponse au questionnaire d'examen par les pairs que des discussions bilatérales seraient engagées concernant ces conventions.

Synthèse de la réponse de la juridiction – Norvège

	1. Partenaires conventionnels	2. Conformité avec le standard	3. Signature d'un instrument de mise en conformité	4. Recours à la disposition relative au standard minimum
1	Afrique du Sud	Oui, IM		COP
2	Allemagne	Non	Non	
3	Argentine	Non	Oui, IM	COP + LOB
4	Australie	Oui, IM		COP
5	Autriche	Non	Non	
6	Belgique	Non	Oui, autres	COP
7	Brésil	Non	Oui, autres	COP + LOB
8	Bulgarie	Oui, IM		COP
9	Canada	Non	Non	
10	Chili	Oui, IM		COP + LOB
11	Chine (République populaire de)	Oui, IM		
12	Chypre*	Oui, IM		COP
13	Corée	Non	Non	
14	Espagne	Non	Non	
15	Estonie	Oui, IM		COP
16	États-Unis	Non	Non	
17	Fédération de Russie	Oui, IM		COP
18	France	Non	Non	
19	Géorgie	Oui, IM		COP
20	Ghana*	Non	Oui, autres	COP + LOB
21	Grèce	Oui, IM		COP

[106] Pour ses conventions notifiées aux fins de l'IM, la Norvège choisit d'appliquer la disposition de la déclaration du préambule (article 6 de l'IM) et la règle COP (article 7 de l'IM). En vertu de l'article 7(7)(a) de l'IM, la Norvège met également en œuvre une règle LOB simplifiée (article 7(8 à 13) de l'IM) dans ses conventions conclues avec des partenaires conventionnels ayant opté pour la règle LOB simplifiée. La Norvège a déclaré, conformément à l'article 7(17)(a) de l'IM, que même si elle accepte d'appliquer uniquement la règle COP à titre provisoire, elle a l'intention d'adopter, dans la mesure du possible, une règle LOB venant compléter ou remplacer la règle COP *via* des négociations bilatérales.

22	Groenland	Non	Non	
23	Inde	Oui, IM		COP + LOB
24	Irlande	Oui, IM		COP
25	Israël	Non	Non	
26	Italie	Non	Non	
27	Japon	Oui, IM		COP
28	Lettonie	Oui, IM		COP
29	Lituanie	Oui, IM		COP
30	Luxembourg	Oui, IM		COP
31	Malaisie	Non	Non	
32	Malte	Oui, IM		COP
33	Mexique	Non	Oui, IM	COP + LOB
34	Nouvelle-Zélande	Non	Non	
35	Pakistan	Non	Non	
36	Partenaires conventionnels membres de la Convention nordique (Danemark,, Finlande, Îles Féroé, Islande Suède).	Oui, autres		COP
37	Pays-Bas	Oui, IM		COP
38	Pologne	Oui, IM		COP
39	Portugal	Oui, IM		COP
40	Qatar	Non	Non	
41	République slovaque	Non	Non	
42	Roumanie	Non	Oui, IM	COP
43	Royaume-Uni	Oui, IM		COP
44	Serbie	Oui, IM		COP
45	Singapour	Non	Non	
46	Slovénie	Oui, IM		COP
47	Suisse	Oui, autres		COP
48	Tchéquie	Oui, IM		COP
49	Thaïlande	Non	Non	
50	Türkiye	Non	Oui, IM	COP

Autres conventions

	1. Partenaires conventionnels	2. Membre du Cadre inclusif
1	Albanie	Oui
2	Azerbaïdjan	Oui
3	Bangladesh*	Non
4	Barbade	Oui
5	Bénin	Oui
6	Bosnie-Herzégovine	Oui
7	Côte d'Ivoire	Oui
8	Croatie	Oui
9	Curaçao	Oui
10	Égypte	Oui
11	Gambie*	Non
12	Hongrie	Oui
13	Indonésie	Oui
14	Jamaïque	Oui
15	Kazakhstan	Oui
16	Kenya	Oui
17	Macédoine du Nord	Oui

18	Malawi*	Non
19	Maroc	Oui
20	Monténégro	Oui
21	Népal*	Non
22	Ouganda*	Non
23	Philippines	Oui
24	Sénégal	Oui
25	Sierra Leone	Oui
26	Sri Lanka	Oui
27	Tanzanie*	Non
28	Trinité-et-Tobago	Oui
29	Tunisie	Oui
30	Ukraine	Oui
31	Venezuela*	Non
32	Viet Nam	Oui
33	Zambie	Oui
34	Zimbabwe*	Non

Nouvelle-Zélande

A. Progrès dans la mise en œuvre du standard minimum

La Nouvelle-Zélande compte 40 conventions fiscales en vigueur, comme l'indique sa réponse au questionnaire d'examen par les pairs. Vingt-sept de ces conventions sont conformes au standard minimum.

La Nouvelle-Zélande a signé l'IM en 2017, déposé son instrument de ratification le 27 juin 2018, et notifié ses conventions fiscales non conformes. L'IM est entré en vigueur pour la Nouvelle-Zélande le 1er octobre 2018. Les conventions qui seront modifiées par l'IM deviendront conformes au standard minimum une fois que les dispositions de l'IM auront pris effet.

La Nouvelle-Zélande a indiqué dans sa réponse au questionnaire d'examen par les pairs avoir pris des mesures (autres qu'au titre de l'IM) afin de mettre en œuvre le standard minimum dans ses conventions avec l'Allemagne, l'Autriche et la Norvège.

La Nouvelle-Zélande met en œuvre le standard minimum par l'inclusion de la déclaration du préambule et de la règle COP[107].

B. Conclusion

Aucune juridiction n'a signalé de préoccupation relative à ses conventions conclues avec la Nouvelle-Zélande.

Synthèse de la réponse de la juridiction – Nouvelle-Zélande

	1. Partenaires conventionnels	2. Conformité avec le standard	3. Signature d'un instrument de mise en conformité	4. Recours à la disposition relative au standard minimum
1	Afrique du Sud	Oui, IM		COP
2	Allemagne	Non	Non	COP
3	Australie	Oui, IM		COP
4	Autriche	Non	Non	COP
5	Belgique	Oui, IM		COP
6	Canada	Oui, IM		COP
7	Chili	Oui, IM		COP
8	Chine (République populaire de)	Oui, autres		COP
9	Corée	Oui, IM		COP
10	Danemark	Oui, IM		COP
11	Émirats arabes unis	Oui, IM		COP
12	Espagne	Oui, IM		COP
13	États-Unis	Non	Non	LOB détaillée
14	Fédération de Russie	Oui, IM		COP
15	Fidji*	Non	Oui, IM	COP
16	Finlande	Oui, IM		COP

107 Pour ses conventions notifiées aux fins de l'IM, la Nouvelle-Zélande choisit d'appliquer la disposition de la déclaration du préambule (article 6 de l'IM) et la règle COP (article 7 de l'IM).

17	France	Oui, IM		COP
18	Hong Kong (Chine)	Oui, IM		COP
19	Inde	Oui, IM		COP
	Indonésie	Oui, IM		COP
21	Irlande	Oui, IM		COP
22	Italie	Non	Oui, IM	COP
23	Japon	Oui, IM		COP + LOB
24	Malaisie	Oui, IM		COP
25	Mexique	Non	Oui, IM	COP
26	Norvège	Non	Non	COP
27	Papouasie–Nouvelle-Guinée	Non	Oui, IM	COP
28	Pays-Bas	Oui, IM		COP
29	Philippines	Non	Non	COP
30	Pologne	Oui, IM		COP
31	Royaume-Uni	Oui, IM		COP
32	Samoa	Oui, autres		COP
33	Singapour	Oui, IM		COP
34	Suède	Non	Oui, IM	COP
35	Suisse	Oui, autres		COP
36	Tchéquie	Oui, IM		COP
37	Thaïlande	Oui, IM		COP
38	Türkiye	Non	Oui, IM	COP
39	Viet Nam	Non	Oui, IM	COP

Autres conventions

	1. Partenaires conventionnels	2. Membre du Cadre inclusif
1	Taipei chinois*	Non

Oman

A. Progrès dans la mise en œuvre du standard minimum

Oman compte 37 conventions fiscales en vigueur, comme l'indique sa réponse au questionnaire d'examen par les pairs. Dix-sept de ces conventions sont conformes au standard minimum.

Oman a signé l'IM en 2019 et a déposé son instrument de ratification le 7 juillet 2020. L'IM est entré en vigueur pour Oman le 1er novembre 2020. Les conventions qui seront modifiées par l'IM deviendront conformes au standard minimum une fois que les dispositions de l'IM auront pris effet.

Oman n'a pas notifié sa convention avec l'Inde aux fins de l'IM, mais a indiqué avoir pris des mesures (autres qu'au titre de l'IM) afin de mettre en œuvre le standard minimum dans cette convention. L'Inde a notifié sa convention avec Oman aux fins de l'IM.

Oman met en œuvre le standard minimum par l'inclusion de la déclaration du préambule et de la règle COP[108].

B. Conclusion

Aucune juridiction n'a signalé de préoccupation relative à ses conventions conclues avec Oman.

L'Inde a notifié sa convention avec Oman aux fins de l'IM, ce qui équivaut à une demande de mise en œuvre du standard minimum.

Synthèse de la réponse de la juridiction – Oman

	1. Partenaires conventionnels	2. Conformité avec le standard	3. Signature d'un instrument de mise en conformité	4. Recours à la disposition relative au standard minimum
1	Afrique du Sud	Non	Oui, IM	COP
2	Algérie*	Non	Non	COP
3	Bélarus	Non	Non	COP
4	Brunei Darussalam	Non	Non	COP
5	Canada	Oui, IM		COP
6	Chine (République populaire de)	Oui, IM		COP
7	Corée	Oui, IM		COP
8	Croatie	Oui, IM		COP
9	Espagne	Oui, IM		COP
10	France	Oui, IM		COP
11	Hongrie	Oui, IM		COP
12	Inde	Non	Non	
13	Iran*	Non	Non	
14	Italie	Non	Non	
15	Japon	Oui, IM		COP
16	Liban*	Non	Non	COP
17	Maroc	Non	Oui, IM	COP

108 Pour ses conventions notifiées aux fins de l'IM, Oman choisit d'appliquer la disposition de la déclaration du préambule (article 6 de l'IM) et la règle COP (article 7 de l'IM).

18	Maurice	Oui, IM		
19	Moldova*	Non	Non	COP
20	Ouzbékistan	Non	Non	COP
21	Pakistan	Oui, IM		COP
22	Pays-Bas	Oui, IM		COP
23	Portugal	Oui, IM		COP
24	Qatar	Oui, autres		COP
25	République arabe syrienne*	Non	Non	
26	République slovaque	Non	Non	
27	Royaume-Uni	Oui, IM		COP
28	Seychelles	Oui, IM		COP
29	Singapour	Oui, IM		COP
30	Soudan*	Non	Non	
31	Sri Lanka	Non	Non	COP
32	Suisse	Non	Non	
33	Thaïlande	Oui, IM		COP
34	Tunisie	Non	Oui, IM	COP
35	Türkiye	Non	Oui, IM	COP
36	Viet Nam	Non	Oui, IM	COP
37	Yémen*	Non	Non	COP

Ouzbékistan

A. Progrès dans la mise en œuvre du standard minimum

L'Ouzbékistan compte 55 conventions fiscales en vigueur, comme l'indique sa réponse au questionnaire d'examen par les pairs. Cinq de ces conventions sont conformes au standard minimum.

L'Ouzbékistan n'a pas signé l'IM.

L'Ouzbékistan a indiqué dans sa réponse au questionnaire d'examen par les pairs avoir pris des mesures (autres qu'au titre de l'IM) afin de mettre en œuvre le standard minimum dans ses conventions avec l'Autriche, la Bulgarie et l'Italie.

L'Ouzbékistan met en œuvre le standard minimum par l'inclusion de la disposition de la déclaration du préambule et de la règle COP, associée à la règle LOB en ce qui concerne sa convention avec le Japon.

Dans sa réponse au questionnaire d'examen par les pairs, la Suisse a indiqué que sa convention avec la Suisse ne soulevait pas de préoccupations significatives en matière de chalandage fiscal, au regard de sa juridiction.

B. Conclusion

L'Ouzbékistan a entrepris d'élaborer, en consultation avec le Secrétariat, un plan de mise en œuvre du standard minimum dans ses conventions avec l'Allemagne, l'Arabie saoudite, l'Azerbaïdjan, le Bahreïn, le Bélarus, la Belgique, le Canada, la Chine (République populaire de), l'Égypte, les Émirats arabes unis, l'Espagne, l'Estonie, la Fédération de Russie, la Finlande, la France, la Géorgie, la Grèce, la Hongrie, l'Inde, l'Indonésie, l'Irlande, Israël, la Jordanie, le Kazakhstan, la Lettonie, la Lituanie, la Malaisie, Oman, le Pakistan, la Pologne, la Roumanie, Singapour, la République slovaque, la Slovénie, la Suisse, la Tchéquie, la Thaïlande, la Türkiye, l'Ukraine et le Viet Nam.

Synthèse de la réponse de la juridiction – Ouzbékistan

	1. Partenaires de convention	2. Conformité avec le standard	3. Signature d'un instrument de mise en conformité	4. Recours à la disposition relative au standard minimum
1	Autriche	Non	Non	
2	Bulgarie	Non	Non	
3	Corée	Oui, autres		COP
4	Italie	Non	Non	
5	Japon	Oui, autres		COP + LOB
6	Luxembourg	Oui, autres		COP
7	Pays-Bas	Oui, autres		COP
8	Royaume-Uni	Oui, autres		COP

Autres conventions

	1. Partenaires conventionnels	2. Membre du Cadre inclusif
1	Allemagne	Oui
2	Arabie saoudite	Oui

3	Azerbaïdjan	Oui
4	Bahreïn	Oui
5	Bélarus	Oui
6	Belgique	Oui
7	Canada	Oui
8	Chine	Oui
9	Chypre*	Non
10	Égypte	Oui
11	Émirats arabes unis	Oui
12	Espagne	Oui
13	Estonie	Oui
14	Fédération de Russie	Oui
15	Finlande	Oui
16	France	Oui
17	Géorgie	Oui
18	Grèce	Oui
19	Hongrie	Oui
20	Inde	Oui
21	Indonésie	Oui
22	Iran*	Non
23	Irlande	Oui
24	Israël	Oui
25	Jordanie	Oui
26	Kazakhstan	Oui
27	Kirghizistan*	Non
28	Koweït	Oui
29	Lettonie	Oui
30	Lituanie	Oui
31	Malaisie	Oui
32	Moldova*	Non
33	Oman	Oui
34	Pakistan	Oui
35	Pologne	Oui
36	République slovaque	Oui
37	Roumanie	Oui
38	Singapour	Oui
39	Slovénie	Oui
40	Suisse	Oui
41	Tadjikistan*	Non
42	Tchéquie	Oui
43	Thaïlande	Oui
44	Türkiye	Oui
45	Turkménistan*	Non
46	Ukraine	Oui
47	Viet Nam	Oui

Pakistan

A. Progrès dans la mise en œuvre du standard minimum

Le Pakistan compte 66 conventions fiscales en vigueur, comme l'indique sa réponse au questionnaire d'examen par les pairs. Trente-huit de ces conventions sont conformes au standard minimum.

Le Pakistan a signé l'IM en 2017, déposé son instrument de ratification le 18 décembre 2020, et notifié ses conventions fiscales non conformes. L'IM est entrée en vigueur pour le Pakistan le 1er avril 2021. Les conventions qui seront modifiées par l'IM deviendront conformes au standard minimum une fois que les dispositions de l'IM auront pris effet.

Le Pakistan met en œuvre le standard minimum par l'inclusion de la déclaration du préambule et de la règle COP[109].

B. Conclusion

Aucune juridiction n'a signalé de préoccupation relative à ses conventions conclues avec le Pakistan.

Synthèse de la réponse de la juridiction – Pakistan

	1. Partenaires conventionnels	2. Conformité avec le standard	3. Signature d'un instrument de mise en conformité	4. Recours à la disposition relative au standard minimum
1	Afrique du Sud	Oui, IM		COP
2	Allemagne	Non	Non	S/O
3	Arabie saoudite	Oui, IM		COP
4	Autriche	Oui, IM		COP
5	Azerbaïdjan	Non	Non	
6	Bahreïn	Oui, IM		COP
7	Bangladesh*	Non	Non	
8	Bélarus	Non	Non	
9	Belgique	Oui, IM		COP
10	Bosnie-Herzégovine	Oui, IM		COP
11	Brunei Darussalam	Non	Non	
12	Bulgarie	Oui, autres		COP
13	Canada	Oui, IM		COP
14	Chine (République populaire de)	Oui, IM		COP
15	Corée	Oui, IM		COP
16	Danemark	Oui, IM		COP + LOB
17	Égypte	Oui, IM		COP
18	Émirats arabes unis	Oui, IM		COP
19	Espagne	Oui, IM		COP
20	États-Unis	Non	Non	
21	Finlande	Oui, IM		COP
22	France	Oui, IM		COP

109 Pour ses conventions notifiées aux fins de l'IM, le Pakistan choisit d'appliquer la disposition de la déclaration du préambule (article 6 de l'IM) et la règle COP (article 7 de l'IM).

23	Hong Kong (Chine)	Oui, IM		COP
24	Hongrie	Oui, IM		COP
25	Indonésie	Oui, IM		COP
26	Iran*	Non	Non	
27	Irlande	Oui, IM		COP
28	Italie	Non	Oui, IM	COP
29	Japon	Oui, IM		COP
30	Jordanie	Oui, IM		COP
31	Kazakhstan	Oui, IM		COP + LOB
32	Kirghizistan*	Non	Non	
33	Koweït	Non	Oui, IM	COP
34	Liban*	Non	Non	
35	Libye*	Non	Non	
36	Malaisie	Oui, IM		COP
37	Malte	Oui, IM		COP
38	Maroc	Non	Oui, IM	COP
39	Maurice	Oui, IM		COP
40	Népal*	Non	Non	
41	Nigéria	Non	Oui, IM	COP
42	Norvège	Non	Non	
43	Oman	Oui, IM		COP
44	Ouzbékistan	Non	Non	
45	Pays-Bas	Oui, IM		COP
46	Philippines	Non	Non	
47	Pologne	Oui, IM		COP
48	Portugal	Oui, IM		COP
49	Qatar	Oui, IM		COP
50	Roumanie	Oui, IM		COP
51	Royaume-Uni	Oui, IM		COP
52	Serbie	Oui, IM		COP
53	Singapour	Oui, IM		COP
54	Sri Lanka	Non	Non	
55	Suède	Non	Oui, IM	COP
56	Suisse	Non	Non	
57	Syrie*	Non	Non	
58	Tadjikistan*	Non	Non	
59	Tchéquie	Oui, IM		COP
60	Thaïlande	Oui, IM		COP
61	Tunisie	Non	Oui, IM	COP
62	Türkiye	Non	Oui, IM	COP
63	Turkménistan*	Non	Non	
64	Ukraine	Oui, IM		COP
65	Viet Nam	Non	Oui, IM	COP
66	Yémen*	Non	Non	

Panama

A. Progrès dans la mise en œuvre du standard minimum

Le Panama compte 17 conventions fiscales en vigueur, comme l'indique sa réponse au questionnaire d'examen par les pairs. Treize de ces conventions sont conformes au standard minimum.

Le Panama a signé l'IM en 2018, déposé son instrument de ratification le 5 novembre 2020, et notifié ses conventions fiscales non conformes. L'IM est entré en vigueur pour le Panama le 1er mars 2021. Les conventions qui seront modifiées par l'IM deviendront conformes au standard minimum une fois que les dispositions de l'IM auront pris effet.

Le Panama met en œuvre le standard minimum par l'inclusion de la déclaration du préambule et de la règle COP[110].

B. Conclusion

Aucune juridiction n'a signalé de préoccupation relative à ses conventions conclues avec le Panama.

Synthèse de la réponse de la juridiction – Panama

	1. Partenaires conventionnels	2. Conformité avec le standard	3. Signature d'un instrument de mise en conformité	4. Recours à la disposition relative au standard minimum
1	Barbade	Oui, IM		COP
2	Corée	Oui, IM		COP
3	Émirats arabes unis	Oui, IM		COP
4	Espagne	Oui, IM		COP
5	France	Oui, IM		COP
6	Irlande	Oui, IM		COP
7	Israël	Oui, IM		COP
8	Italie	Non	Non	COP
9	Luxembourg	Oui, IM		COP
10	Mexique	Non	Oui, IM	COP
11	Pays-Bas	Oui, IM		COP
12	Portugal	Oui, IM		COP
13	Qatar	Oui, IM		COP
14	Royaume-Uni	Oui, IM		COP
15	Singapour	Oui, IM		COP
16	Tchéquie	Non	Non	COP
17	Viet Nam	Non	Oui, IM	COP

110 Pour ses conventions notifiées aux fins de l'IM, le Panama choisit d'appliquer la disposition de la déclaration du préambule (article 6 de l'IM) et la règle COP (article 7 de l'IM).

Papouasie–Nouvelle-Guinée

A. Progrès dans la mise en œuvre du standard minimum

La Papouasie–Nouvelle-Guinée compte dix conventions fiscales en vigueur, comme l'indique sa réponse au questionnaire d'examen par les pairs. Aucune de ces conventions n'est conforme au standard minimum.

La Papouasie-Nouvelle-Guinée ont signé l'IM en 2019 et déposé son instrument de ratification le 31 août 2023, et a notifié ses conventions fiscales non conformes. L'IM entrera en vigueur pour la Papouasie-Nouvelle-Guinée le 1er décembre 2023. Les conventions qui seront modifiées par l'IM deviendront conformes au standard minimum une fois que les dispositions de l'IM auront pris effet.

La Papouasie–Nouvelle-Guinée met en œuvre le standard minimum par l'inclusion de la déclaration du préambule et de la règle COP[111].

B. Conclusion

Aucune juridiction n'a signalé de préoccupation relative à ses conventions conclues avec la Papouasie–Nouvelle-Guinée.

Synthèse de la réponse de la juridiction – Papouasie–Nouvelle-Guinée

	1. Partenaires conventionnels	2. Conformité avec le standard	3. Signature d'un instrument de mise en conformité	4. Recours à la disposition relative au standard minimum
1	Australie	Non	Oui, IM	COP
2	Canada	Non	Oui, IM	COP
3	Chine (République populaire de)	Non	Oui, IM	COP
4	Corée	Non	Oui, IM	COP
5	Fidji*	Non	Non	COP
6	Indonésie	Non	Non	COP
7	Malaisie	Non	Oui, IM	COP
8	Nouvelle-Zélande	Non	Oui, IM	COP
9	Royaume-Uni	Non	Oui, IM	COP
10	Singapour	Non	Oui, IM	COP

[111] Pour ses conventions notifiées aux fins de l'IM, la Papouasie–Nouvelle-Guinée choisit d'appliquer la disposition de la déclaration du préambule (article 6 de l'IM) et la règle COP (article 7 de l'IM).

Paraguay

A. Progrès dans la mise en œuvre du standard minimum

Le Paraguay compte cinq conventions fiscales en vigueur, comme l'indique sa réponse au questionnaire d'examen par les pairs. L'une de ces conventions, celle conclue avec l'Uruguay, est conforme au standard minimum.

Le Paraguay n'a pas signé l'IM.

Le Paraguay a indiqué dans sa réponse au questionnaire d'examen par les pairs avoir pris des mesures (autres qu'au titre de l'IM) afin de mettre en œuvre le standard minimum dans sa convention avec le Chili.

Le Paraguay met en œuvre le standard minimum par l'inclusion de la disposition de la déclaration du préambule et de la règle COP associée à la règle LOB.

B. Conclusion

Le Paraguay a entrepris d'élaborer, en consultation avec le Secrétariat, un plan de mise en œuvre du standard minimum dans sa convention avec le Qatar et les Émirats arabes unis.

Synthèse de la réponse de la juridiction – Paraguay

	1. Partenaires conventionnels	2. Conformité avec le standard	3. Signature d'un instrument de mise en conformité	4. Recours à la disposition relative au standard minimum
1	Chili	Non	Non	COP + LOB
2	Uruguay	Oui, autres		COP + LOB

Autres conventions

	1. Partenaires conventionnels	2. Membre du Cadre inclusif
1	Émirats arabes unis	Oui
2	Qatar	Oui
3	Taipei chinois*	Non

Pays-Bas

A. Progrès dans la mise en œuvre du standard minimum

Les Pays-Bas comptent 94 conventions fiscales en vigueur, comme l'indique leur réponse au questionnaire d'examen par les pairs. Cinquante-neuf de ces conventions sont conformes au standard minimum.

Les Pays-Bas ont signé l'IM en 2017 et ont déposé leur instrument d'acceptation le 29 mars 2019. L'IM est entré en vigueur pour les Pays-Bas le 1er juillet 2019. Le 25 novembre 2021, les Pays-Bas ont formulé une notification supplémentaire afin d'élargir la liste de conventions qui seront couvertes par l'IM. Les conventions qui seront modifiées par l'IM deviendront conformes au standard minimum une fois que les dispositions de l'IM auront pris effet.

Les Pays-Bas n'ont pas notifié leurs conventions avec le Brésil et l'Espagne aux fins de l'IM, mais ont indiqué dans leur réponse au questionnaire d'examen par les pairs avoir pris des mesures (autres qu'au titre de l'IM) afin de mettre en œuvre le standard minimum dans ces conventions, ainsi que dans les conventions conclues avec Aruba, le Bangladesh*, Curaçao, Moldova*, l'Ouganda*, le Suriname* et la Thaïlande.

Les Pays-Bas ont signé un instrument bilatéral de mise en conformité concernant leur convention avec l'Allemagne.

Les conventions conclues par les Pays-Bas avec Aruba, Curaçao et Sint-Maarten* sont des accords régis par le droit interne du Royaume des Pays-Bas.

Les Pays-Bas mettent en œuvre le standard minimum par l'inclusion de la déclaration du préambule et de la règle COP[112].

B. Conclusion

Aucune juridiction n'a signalé de préoccupation relative à ses conventions conclues avec les Pays-Bas.

Synthèse de la réponse de la juridiction – Pays-Bas

	1. Partenaires conventionnels	2. Conformité avec le standard	3. Signature d'un instrument de mise en conformité	4. Recours à la disposition relative au standard minimum
1	Afrique du Sud	Oui, IM		COP
2	Albanie	Oui, IM		COP
3	Algérie*	Oui, autres		COP
4	Allemagne	Oui, autres		COP
5	Arabie saoudite	Oui, IM		COP
6	Argentine	Non	Oui, IM	COP
7	Arménie	Non	Oui, IM	COP

112 Pour ses conventions notifiées aux fins de l'IM, les Pays-Bas choisissent d'appliquer la disposition de la déclaration du préambule (article 6 de l'IM) et la règle COP (article 7 de l'IM). Les conventions conclues avec Aruba, Curaçao et Sint-Maarten* ne sont pas notifiées aux fins de l'IM, car ce sont des accords régis par le droit interne du Royaume des Pays-Bas.

8	Aruba	Non	Non	
9	Australie	Oui, IM		COP
10	Autriche	Oui, IM		COP
11	Azerbaïdjan	Non	Non	COP
12	Bahreïn	Oui, IM		COP
13	Bangladesh*	Non	Non	COP
14	Barbade	Oui, IM		COP
15	Bélarus	Non	Non	COP
16	Belgique	Oui, IM		COP
17	Bosnie-Herzégovine	Oui, IM		COP
18	Brésil	Non	Non	
19	Bulgarie	Oui, autres		COP
20	Canada	Oui, IM		COP
21	Chili	Oui, autres		COP + LOB
22	Chine (République populaire de)	Oui, IM		COP
23	Corée	Oui, IM		COP
24	Croatie	Oui, IM		COP
25	Curaçao	Non	Non	
26	Danemark	Oui, autres		COP
27	Égypte	Oui, IM		COP
28	Émirats arabes unis	Oui, IM		COP
29	Espagne	Non	Non	
30	Estonie	Non	Oui, IM	COP
31	États-Unis	Non	Non	
32	Éthiopie*	Non	Non	COP
33	Finlande	Oui, IM		COP
34	France	Oui, IM		COP
35	Géorgie	Oui, IM		COP
36	Ghana*	Oui, autres		COP
37	Grèce	Oui, IM		COP
38	Hong Kong (Chine)	Oui, IM		COP
39	Hongrie	Oui, IM		COP
40	Inde	Oui, IM		COP
41	Indonésie	Oui, IM		COP
42	Irlande	Oui, autres		COP
43	Islande	Oui, IM		COP
44	Israël	Oui, IM		COP
45	Italie	Non	Oui, IM	COP
46	Japon	Oui, IM		COP + LOB
47	Jordanie	Oui, IM		COP
48	Kazakhstan	Oui, IM		COP
49	Kosovo*	Oui, autres		COP
50	Koweït	Non	Oui, IM	COP
51	Lettonie	Oui, IM		COP
52	Liechtenstein	Oui, autres		COP
53	Lituanie	Oui, IM		COP
54	Luxembourg	Oui, IM		COP
55	Macédoine du Nord	Non	Oui, IM	COP
56	Malaisie	Oui, IM		COP
57	Malte	Oui, IM		COP
58	Maroc	Non	Oui, IM	COP
59	Mexique	Non	Oui, IM	COP
60	Moldova*	Non	Non	COP

61	Monténégro	Non	Non	COP
62	Nigéria	Non	Oui, IM	COP
63	Norvège	Oui, IM		COP
64	Nouvelle-Zélande	Oui, IM		COP
65	Oman	Oui, IM		COP
66	Ouganda*	Non		COP
67	Ouzbékistan	Oui autre		COP
68	Pakistan	Oui, IM		COP
69	Panama	Oui, IM		COP
70	Philippines	Non	Non	COP
71	Pologne	Oui, autres		COP
72	Portugal	Oui, IM		COP
73	Qatar	Oui, IM		COP
74	République slovaque	Oui, IM		COP
75	Roumanie	Non	Oui, IM	COP
76	Royaume-Uni	Oui, IM		COP
77	Serbie	Oui, IM		COP
78	Singapour	Oui, IM		COP
79	Slovénie	Oui, IM		COP
80	Sri Lanka	Non	Non	COP
81	Suède	Non	Oui, IM	COP
82	Suisse	Oui, autres		COP
83	Suriname*	Non	Non	COP
84	Tchéquie	Oui, IM		COP
85	Thaïlande	Non	Non	COP
86	Tunisie	Non	Oui, IM	COP
87	Türkiye	Non	Oui, IM	COP
88	Ukraine	Oui, autres		COP
89	Venezuela*	Non	Non	COP
90	Viet Nam	Non	Oui, IM	COP
91	Zambie	Non	Non	COP
92	Zimbabwe*	Non	Non	COP

Autres conventions

	1. Partenaires conventionnels	2. Membre du Cadre inclusif
1	Sint-Maarten*	Non
2	Taipei chinois*	Non

Pérou

A. Progrès dans la mise en œuvre du standard minimum

Le Pérou compte neuf conventions fiscales en vigueur, ainsi que l'indique sa réponse au questionnaire d'examen par les pairs, y compris la Décision 578 de la Commission de la Communauté andine pour les membres de la Communauté andine (la convention de la Communauté andine)[113]. Une de ces conventions, celle avec le Japon, est conforme au standard minimum.

Le Pérou a signé l'IM en 2018 et a notifié ses conventions bilatérales non conformes. Les conventions qui seront modifiées par l'IM deviendront conformes au standard minimum une fois que les dispositions de l'IM auront pris effet.

Le Pérou a indiqué dans sa réponse au questionnaire d'examen par les pairs qu'il avait entrepris de renégocier la Convention andine afin de mettre en œuvre le standard minimum. Le Pérou a également précisé avoir pris des mesures (autres qu'au titre de l'IM) afin de mettre en œuvre le standard minimum dans ses conventions avec le Brésil et la Suisse.

Le Pérou met en œuvre le standard minimum par l'inclusion de la déclaration du préambule et de la règle COP[114].

B. Conclusion

Recommandation

Il est recommandé que le Pérou prenne les mesures nécessaires afin que l'IM prenne effet au regard de ses conventions fiscales notifiées aux fins de l'IM, car ces conventions ne seront modifiées par l'IM (et ne deviendront conformes au standard minimum) qu'une fois que les dispositions de l'IM auront pris effet.

Synthèse de la réponse de la juridiction – Pérou

	1. Partenaires conventionnels	2. Conformité avec le standard	3. Signature d'un instrument de mise en conformité	4. Recours à la disposition relative au standard minimum
1	Brésil	Non	Non	
2	Canada	Non	Oui, IM	COP
3	Chili	Non	Oui, IM	COP

113 La Décision 578 de la Commission de la Communauté andine établissant un régime tendant à éviter la double imposition et à prévenir la fraude fiscale, adoptée le 4 mai 2004. Les membres actuels de la Communauté andine sont la Bolivie*, la Colombie, l'Équateur* et le Pérou.

114 Pour ses conventions notifiées aux fins de l'IM, le Pérou choisit d'appliquer la disposition de la déclaration du préambule (article 6 de l'IM) et la règle COP (article 7 de l'IM). Le Pérou a déclaré, conformément à l'article 7(17)(a) de l'IM, que même s'il accepte l'application de la règle COP aux fins de l'IM, il a l'intention d'adopter, dans la mesure du possible, une règle LOB venant compléter ou remplacer la règle COP *via* des négociations bilatérales.

4	Corée	Non	Oui, IM	COP
5	Japon	Oui, autres		COP
6	Mexique	Non	Oui, IM	COP
7	Partenaires conventionnels (Décision 578) (Bolivie*, Colombie, Équateur*).	Non	Non	COP
8	Portugal	Non	Oui, IM	COP
9	Suisse	Non	Non	

Pologne

A. Progrès dans la mise en œuvre du standard minimum

La Pologne compte 82 conventions fiscales en vigueur, comme l'indique sa réponse au questionnaire d'examen par les pairs. Cinquante-deux de ces conventions sont conformes au standard minimum.

La Pologne a signé l'IM en 2017 et a déposé son instrument de ratification de l'IM le 23 janvier 2018. L'IM est entré en vigueur pour la Pologne le 1er juillet 2018. Les conventions qui seront modifiées par l'IM deviendront conformes au standard minimum une fois que les dispositions de l'IM auront pris effet.

La Pologne n'a pas notifié ses conventions avec l'Allemagne, les États-Unis, le Monténégro et la Suisse aux fins de l'IM, mais a indiqué dans sa réponse au questionnaire d'examen par les pairs avoir pris des mesures (autres qu'au titre de l'IM) afin de mettre en œuvre le standard minimum dans ces conventions.

La Pologne met en œuvre le standard minimum par l'inclusion de la déclaration du préambule et de la règle COP[115].

B. Conclusion

Aucune juridiction n'a signalé de préoccupation relative à ses conventions conclues avec la Pologne.

Synthèse de la réponse de la juridiction – Pologne

	1. Partenaires de convention	2. Conformité avec le standard	3. Signature d'un instrument de mise en conformité	4. Recours à la disposition relative au standard minimum
1	Afrique du Sud	Oui, IM		COP
2	Albanie	Oui, IM		COP
3	Allemagne	Non	Non	
4	Arabie saoudite	Oui, IM		COP
5	Arménie	Non	Oui, IM	COP
6	Australie	Oui, IM		COP
7	Autriche	Oui, IM		COP
8	Azerbaïdjan	Non	Non	COP
9	Bangladesh*	Non	Non	COP
10	Bélarus	Non	Non	COP
11	Belgique	Oui, IM		COP
12	Bosnie-Herzégovine	Oui, IM		COP
13	Bulgarie	Oui, IM		COP
14	Canada	Oui, IM		COP
15	Chili	Oui, IM		COP
16	Chine (République populaire de)	Oui, IM		COP
17	Chypre*	Oui, IM		COP
18	Corée	Oui, IM		COP

[115] Pour ses conventions notifiées aux fins de l'IM, la Pologne choisit d'appliquer la disposition de la déclaration du préambule (article 6 de l'IM) et la règle COP (article 7 de l'IM). La Pologne a indiqué que même si elle accepte l'application de la règle COP aux fins de l'IM, elle a l'intention d'adopter dans la mesure du possible une règle LOB par négociation bilatérale.

19	Croatie	Oui, IM		COP
20	Danemark	Oui, IM		COP
21	Égypte	Oui, IM		COP
22	Émirats arabes unis	Oui, IM		COP
23	Espagne	Oui, IM		COP
24	Estonie	Oui, IM		COP
25	États-Unis	Non	Non	
26	Éthiopie*	Non	Non	COP
27	Fédération de Russie	Oui, IM		COP
28	Finlande	Oui, IM		COP
29	France	Oui, IM		COP
30	Géorgie	Oui, autres		COP
31	Grèce	Oui, IM		COP
32	Hongrie	Oui, IM		COP
33	Inde	Oui, IM		COP
34	Indonésie	Oui, IM		COP
35	Iran*	Non	Non	COP
36	Irlande	Oui, IM		COP
37	Islande	Oui, IM		COP
38	Israël	Oui, IM		COP
39	Italie	Non	Oui, IM	COP
40	Japon	Oui, IM		COP
41	Jordanie	Oui, IM		COP
42	Kazakhstan	Oui, IM		COP
43	Kirghizistan*	Non	Non	COP
44	Koweït	Non	Non	COP
45	Lettonie	Oui, IM		COP
46	Liban*	Non	Non	COP
47	Lituanie	Oui, IM		COP
48	Luxembourg	Oui, IM		COP
49	Macédoine du Nord	Non	Oui, IM	COP
50	Malaisie	Oui, IM		COP
51	Malte	Oui, IM		COP
52	Maroc	Non	Oui, IM	COP
53	Mexique	Non	Oui, IM	COP
54	Moldova*	Non	Non	COP
55	Mongolie	Non	Oui, IM	COP
56	Monténégro	Non	Non	
57	Norvège	Oui, IM		COP
58	Nouvelle-Zélande	Oui, IM		COP
59	Ouzbékistan	Non	Non	COP
60	Pakistan	Oui, IM		COP
61	Pays-Bas	Oui, autres		COP
62	Philippines	Non	Non	COP
63	Portugal	Oui, IM		COP
64	Qatar	Oui, IM		COP
65	République arabe syrienne*	Non	Non	COP
66	République slovaque	Oui, IM		COP
67	Roumanie	Non	Oui, IM	COP
68	Royaume-Uni	Oui, IM		COP
69	Serbie	Oui, IM		COP
70	Singapour	Oui, IM		COP
71	Slovénie	Oui, IM		COP

72	Sri Lanka	Non	Non	COP
73	Suède	Non	Oui, IM	COP
74	Suisse	Non	Non	
75	Tadjikistan*	Non	Non	COP
76	Tchéquie	Oui, IM		COP
77	Thaïlande	Oui, IM		COP
78	Tunisie	Non	Oui, IM	COP
79	Türkiye	Non	Oui, IM	COP
80	Ukraine	Oui, IM		COP
81	Viet Nam	Non	Oui, IM	COP
82	Zimbabwe*	Non	Non	COP

Portugal

A. Progrès dans la mise en œuvre du standard minimum

Le Portugal compte 78 conventions fiscales en vigueur, comme l'indique sa réponse au questionnaire d'examen par les pairs. Cinquante de ces conventions sont conformes au standard minimum.

Le Portugal a signé l'IM en 2017, déposé son instrument de ratification le 28 février 2020, et notifié ses conventions fiscales non conformes. L'IM est entré en vigueur pour le Portugal le 1er juin 2020. Les conventions qui seront modifiées par l'IM deviendront conformes au standard minimum une fois que les dispositions de l'IM auront pris effet.

Le Portugal a indiqué dans sa réponse au questionnaire d'examen par les pairs avoir pris des mesures (autres qu'au titre de l'IM) afin de mettre en œuvre le standard minimum dans ses conventions avec l'Allemagne, le Brésil, le Cabo Verde et le Mozambique*.

Le Portugal met en œuvre le standard minimum par l'inclusion de la déclaration du préambule et de la règle COP[116].

B. Conclusion

Aucune juridiction n'a signalé de préoccupation relative à ses conventions conclues avec le Portugal.

Synthèse de la réponse de la juridiction – Portugal

	1. Partenaires conventionnels	2. Conformité avec le standard	3. Signature d'un instrument de mise en conformité	4. Recours à la disposition relative au standard minimum
1	Afrique du Sud	Oui, IM		COP
2	Algérie*	Non	Non	
3	Allemagne	Non	Non	
4	Andorre	Oui, IM		COP
5	Angola	Oui, autres		COP
6	Arabie saoudite	Oui, IM		COP
7	Autriche	Oui, IM		COP
8	Bahreïn	Oui, IM		COP
9	Barbade	Oui, IM		COP
10	Belgique	Oui, IM		COP
11	Brésil	Non	Non	
12	Bulgarie	Oui, IM		COP
13	Cabo Verde	Non	Non	
14	Canada	Oui, IM		COP
15	Chili	Oui, IM		COP
16	Chine (République populaire de)	Oui, IM		COP
17	Chypre*	Oui, IM		COP
18	Colombie	Non	Oui, IM	COP

116 Pour ses conventions notifiées aux fins de l'IM, le Portugal choisit d'appliquer la disposition de la déclaration du préambule (article 6 de l'IM) et la règle COP (article 7 de l'IM).

19	Corée	Oui, IM		COP
20	Côte d'Ivoire	Non	Oui, IM	COP
21	Croatie	Oui, IM		COP
22	Cuba*	Non	Non	
23	Danemark	Oui, IM		COP
24	Émirats arabes unis	Oui, IM		COP
25	Espagne	Oui, IM		COP
26	Estonie	Non	Oui, IM	COP
27	États-Unis	Non	Non	
28	Éthiopie*	Non	Non	
29	Fédération de Russie	Oui, IM		COP
30	France	Oui, IM		COP
31	Géorgie	Oui, IM		COP
32	Grèce	Oui, IM		COP
33	Guinée-Bissau*	Non	Non	
34	Hong Kong (Chine)	Oui, IM		COP
35	Hongrie	Oui, IM		COP
36	Inde	Oui, IM		COP
37	Indonésie	Oui, IM		COP
38	Irlande	Oui, IM		COP
39	Islande	Oui, IM		COP
40	Israël	Oui, IM		COP
41	Italie	Non	Oui, IM	COP
42	Japon	Oui, IM		COP
43	Koweït	Non	Oui, IM	COP
44	Lettonie	Oui, IM		COP
45	Lituanie	Oui, IM		COP
46	Luxembourg	Oui, IM		COP
47	Macao (Chine)	Non	Non	
48	Malte	Oui, IM		COP
49	Maroc	Non	Oui, IM	COP
50	Mexique	Non	Oui, IM	COP
51	Moldova*	Non	Non	
52	Monténégro	Non	Non	
53	Mozambique*	Non	Non	
54	Norvège	Oui, IM		COP
55	Oman	Oui, IM		COP
56	Pakistan	Oui, IM		COP
57	Panama	Oui, IM		COP
58	Pays-Bas	Oui, IM		COP
59	Pérou	Non	Oui, IM	COP
60	Pologne	Oui, IM		COP
61	Qatar	Oui, IM		COP
62	République slovaque	Oui, IM		COP
63	Roumanie	Non	Oui, IM	COP
64	Royaume-Uni	Oui, IM		COP
65	Saint-Marin	Oui, IM		COP
66	Sao Tomé-et-Principe*	Non	Non	
67	Sénégal	Oui, IM		COP
68	Singapour	Oui, IM		COP
69	Slovénie	Oui, IM		COP
70	Suisse	Non	Oui, IM	COP
71	Tchéquie	Oui, IM		COP

72	Timor-Leste*	Non	Non	
73	Tunisie	Non	Oui, IM	COP
74	Türkiye	Non	Oui, IM	COP
75	Ukraine	Oui, IM		COP
76	Uruguay	Oui, IM		COP
77	Venezuela*	Non	Non	
78	Viet Nam	Non	Oui, IM	

Qatar

A. Progrès dans la mise en œuvre du standard minimum

Le Qatar compte 80 conventions fiscales en vigueur, comme l'indique sa réponse au questionnaire d'examen par les pairs. Quarante-quatre de ces conventions sont conformes au standard minimum.

Le Qatar a signé l'IM en 2018 et a déposé son instrument de ratification le 23 décembre 2019. L'IM est entré en vigueur pour le Qatar le 1er avril 2020. Le 25 novembre 2021, le Qatar a formulé une notification supplémentaire afin d'élargir la liste de conventions qui seront couvertes par l'IM. Les conventions qui seront modifiées par l'IM deviendront conformes au standard minimum une fois que les dispositions de l'IM auront pris effet.

Le Qatar n'a pas notifié ses conventions avec l'Argentine, l'Autriche, la Norvège et la Suisse aux fins de l'IM mais a indiqué dans sa réponse au questionnaire d'examen par les pairs avoir pris des mesures (autres qu'au titre de l'IM) afin de mettre en œuvre le standard minimum dans ces conventions.

Le Qatar a signé un instrument bilatéral de mise en conformité concernant sa convention avec les Bermudes et l'Ukraine.

Le Qatar met en œuvre le standard minimum par l'inclusion de la déclaration du préambule et de la règle COP[117].

B. Conclusion

Aucune juridiction n'a signalé de préoccupation relative à ses conventions conclues avec le Qatar.

Synthèse de la réponse de la juridiction – Qatar

	1. Partenaires conventionnels	2. Conformité avec le standard	3. Signature d'un instrument de mise en conformité	4. Recours à la disposition relative au standard minimum
1	Afrique du Sud	Oui, IM		COP
2	Albanie	Oui, IM		COP
3	Algérie*	Non	Non	COP
4	Argentine	Non	Non	COP
5	Arménie	Non	Oui, IM	COP
6	Autriche	Non	Non	COP
7	Azerbaïdjan	Non	Non	COP
8	Barbade	Oui, IM		COP
9	Bélarus	Non	Non	COP
10	Bermudes	Non	Oui, autres	COP
11	Bosnie-Herzégovine	Oui, IM		COP
12	Brunei Darussalam	Non	Non	COP
13	Bulgarie	Oui, IM		COP
14	Chine (République populaire de)	Oui, IM		COP
15	Chypre*	Oui, IM		COP

117 Pour ses conventions notifiées aux fins de l'IM, le Qatar choisit d'appliquer la disposition de la déclaration du préambule (article 6 de l'IM) et la règle COP (article 7 de l'IM).

16	Corée	Oui, IM		COP
17	Croatie	Oui, IM		COP
18	Cuba*	Non	Non	COP
19	Équateur*	Non	Non	COP
20	Espagne	Oui, IM		COP
21	Fédération de Russie	Oui, IM		COP
22	Fidji*	Non	Oui, IM	COP
23	France	Oui, IM		COP
24	Géorgie	Non	Non	COP
25	Grèce	Oui, IM		COP
26	Guernesey	Oui, autres		COP
27	Hong Kong (Chine)	Oui, IM		COP
28	Hongrie	Oui, IM		COP
29	Île de Man	Oui, IM		COP
30	Inde	Oui, IM		COP
31	Indonésie	Oui, IM		COP
32	Iran*	Non	Non	COP
33	Irlande	Oui, IM		COP
34	Italie	Non	Oui, IM	COP
35	Japon	Oui, IM		COP
36	Jersey	Oui, IM		COP
37	Jordanie	Oui, IM		COP
38	Kazakhstan	Oui, IM		COP
39	Kenya	Non	Oui, IM	COP
40	Kirghizistan*	Non	Non	COP
41	Lettonie	Oui, IM		COP
42	Liban*	Non	Non	COP
43	Luxembourg	Oui, IM		COP
44	Macédoine du Nord	Non	Oui, IM	COP
45	Malaisie	Oui, IM		COP
46	Malte	Oui, IM		COP
47	Maroc	Non	Oui, IM	COP
48	Maurice	Oui, IM		COP
49	Mexique	Non	Oui, IM	COP
50	Monaco	Oui, IM		COP
51	Népal*	Non	Non	COP
52	Nigéria	Non	Oui, IM	COP
53	Norvège	Non	Non	COP
54	Oman	Oui autre		COP
55	Pakistan	Oui, IM		COP
56	Panama	Oui, IM		COP
57	Pays-Bas	Oui, IM		COP
58	Philippines	Non	Non	COP
59	Pologne	Oui, IM		COP
60	Portugal	Oui, IM		COP
61	République arabe syrienne*	Non	Non	COP
62	Roumanie	Non	Oui, IM	COP
63	Royaume-Uni	Oui, IM		COP
64	Saint-Marin	Oui, IM		COP
65	Sénégal	Oui, IM		COP
66	Serbie	Oui, IM		COP
67	Seychelles	Oui, IM		COP
68	Singapour	Oui, IM		COP

69	Slovénie	Oui, IM		COP
70	Soudan*	Non	Non	COP
71	Sri Lanka	Non	Non	COP
72	Suisse	Non	Non	COP
73	Tchad*	Non	Non	COP
74	Tchéquie	Oui autre		COP
75	Tunisie	Non	Non	COP
76	Türkiye	Non	Oui, IM	COP
77	Ukraine	Non	Oui, autres	COP
78	Venezuela*	Non	Non	COP
79	Viet Nam	Non	Oui, IM	COP
80	Yémen*	Non	Non	COP

République démocratique du Congo

A. Progrès dans la mise en œuvre du standard minimum

La République démocratique du Congo compte deux conventions fiscales en vigueur, ainsi que l'indique sa réponse au questionnaire d'examen par les pairs. Aucune de ces conventions n'est conforme au standard minimum.

La République démocratique du Congo n'a pas signé l'IM.

B. Conclusion

Recommandation

Il est recommandé que la République démocratique du Congo élabore un plan afin de mettre en œuvre le standard minimum dans ses conventions pour laquelle aucune mesure n'a encore été prise et qui ont été conclues avec des membres du Cadre inclusif sur le BEPS (Afrique du Sud et Belgique)[118].

Autres conventions

Le tableau ci-après répertorie les conventions non conformes, qui ne font pas l'objet d'un instrument de mise en conformité, d'une déclaration générale relative à l'application d'une règle détaillée de limitation des avantages, et pour lesquelles aucune mesure n'a été prise en vue de mettre en œuvre le standard minimum.

	1. Partenaires conventionnels	2. Membre du Cadre inclusif
1	Afrique du Sud	Oui
2	Belgique	Oui

[118] Il est noté que la République démocratique du Congo a travaillé en collaboration avec le Secrétariat en vue de la signature de l'IM et a préparé un projet de liste de réserves et notifications au titre de l'IM.

République dominicaine

A. Progrès dans la mise en œuvre du standard minimum

La République dominicaine compte deux conventions fiscales en vigueur, comme l'indique sa réponse au questionnaire d'examen par les pairs. Aucune de ces conventions n'est conforme au standard minimum.

La République dominicaine n'a pas signé l'IM.

B. Conclusion

La Dominique a élaboré un plan de mise en œuvre du standard minimum dans ses conventions conclues avec le Canada et l'Espagne. La République dominicaine a indiqué dans sa réponse au questionnaire d'examen par les pairs que des négociations bilatérales seraient engagées concernant ces conventions.

Autres conventions

Le tableau ci-après répertorie les conventions non conformes, qui ne font pas l'objet d'un instrument de mise en conformité, d'une déclaration générale relative à l'application d'une règle détaillée de limitation des avantages, et pour lesquelles aucune mesure n'a été prise en vue de mettre en œuvre le standard minimum.

	1. Partenaires conventionnels	2. Membre du Cadre inclusif
1	Canada	Oui
2	Espagne	Oui

République slovaque

A. Progrès dans la mise en œuvre du standard minimum

La République slovaque compte 70 conventions fiscales en vigueur, comme l'indique sa réponse au questionnaire d'examen par les pairs. Quarante-et-une de ces conventions sont conformes au standard minimum.

La République slovaque a signé l'IM en 2017 et a déposé son instrument de ratification le 20 septembre 2018. L'IM est entré en vigueur pour la République slovaque le 1er janvier 2019. Les conventions qui seront modifiées par l'IM deviendront conformes au standard minimum une fois que les dispositions de l'IM auront pris effet.

La République slovaque n'a pas notifié ses conventions avec l'Arménie, les Émirats arabes unis et Oman aux fins de l'IM, mais a indiqué dans sa réponse au questionnaire d'examen par les pairs avoir pris des mesures (autres qu'au titre de l'IM) afin de mettre en œuvre le standard minimum dans les conventions conclues avec le Brésil, l'Éthiopie* et l'Iran*. L'Arménie, Oman et les Émirats arabes unis ont notifié leurs conventions conclues avec la République slovaque aux fins de l'IM.

La République slovaque met en œuvre le standard minimum par l'inclusion de la disposition de la déclaration du préambule et de la règle COP associée à la règle LOB[119].

B. Conclusion

Aucune juridiction n'a signalé de préoccupation relative à ses conventions conclues avec la République slovaque.

L'Arménie, Oman et les Émirats arabes unis ont notifié leurs conventions avec la République slovaque aux fins de l'IM, ce qui équivaut à des demandes de mise en œuvre du standard minimum.

Synthèse de la réponse de la juridiction – République slovaque

	1. Partenaires conventionnels	2. Conformité avec le standard	3. Signature d'un instrument de mise en conformité	4. Recours à la disposition relative au standard minimum
1	Afrique du Sud	Oui, IM		COP
2	Allemagne	Non	Oui, IM	COP
3	Arménie	Non	Non	COP + LOB
4	Australie	Oui, IM		COP
5	Autriche	Oui, IM		COP
6	Bélarus	Non	Non	
7	Belgique	Oui, IM		COP
8	Bosnie-Herzégovine	Oui, IM		COP
9	Brésil	Non	Non	COP + LOB
10	Bulgarie	Oui, IM		COP

119 Pour ses conventions notifiées aux fins de l'IM, la République slovaque choisit d'appliquer la disposition de la déclaration du préambule (article 6 de l'IM) et la règle COP (article 7 de l'IM). La République slovaque a également opté pour la règle LOB simplifiée au titre de l'article 7(6) de l'IM.

11	Canada	Oui, IM		COP
12	Chine (République populaire de)	Oui, IM		COP
13	Chypre*	Oui, IM		COP
14	Corée	Oui, IM		COP
15	Croatie	Oui, IM		COP
16	Danemark	Oui, IM		COP + LOB
17	Émirats arabes unis	Non	Non	
18	Espagne	Oui, IM		COP
19	Estonie	Oui, IM		COP
20	États-Unis	Non	Non	
21	Éthiopie*	Non	Non	COP + LOB
22	Fédération de Russie	Oui, IM		COP + LOB
23	Finlande	Oui, IM		COP
24	France	Oui, IM		COP
25	Géorgie	Oui, IM		COP
26	Grèce	Oui, IM		COP + LOB
27	Hongrie	Oui, IM		COP
28	Inde	Oui, IM		COP + LOB
29	Indonésie	Oui, IM		COP
30	Iran*	Non	Non	COP
31	Irlande	Oui, IM		COP
32	Islande	Oui, IM		COP + LOB
33	Israël	Oui, IM		COP
34	Italie	Non	Oui, IM	COP
35	Japon	Oui, IM		COP
36	Kazakhstan	Oui, IM		COP + LOB
37	Koweït	Non	Oui, IM	COP
38	Lettonie	Oui, IM		COP
39	Libye*	Non	Non	
40	Lituanie	Oui, IM		COP
41	Luxembourg	Oui, IM		COP
42	Macédoine du Nord	Non	Oui, IM	COP
43	Malaisie	Oui, IM		COP
44	Malte	Oui, IM		COP
45	Mexique	Non	Oui, IM	COP + LOB
46	Moldova*	Non	Non	
47	Monténégro	Non	Non	
48	Nigéria	Non	Oui, IM	COP
49	Norvège	Non	Non	
50	Oman	Non	Non	
51	Ouzbékistan	Non	Non	
52	Pays-Bas	Oui, IM		COP
53	Pologne	Oui, IM		COP
54	Portugal	Oui, IM		COP
55	République arabe syrienne*	Non	Non	
56	Roumanie	Non	Oui, IM	COP
57	Royaume-Uni	Oui, IM		COP
58	Serbie	Oui, IM		COP
59	Singapour	Oui, IM		COP
60	Slovénie	Oui, IM		COP
61	Sri Lanka	Non	Non	
62	Suède	Non	Oui, IM	COP
63	Suisse	Non	Non	

64	Tchéquie	Oui, IM		COP
65	Tunisie	Non	Oui, IM	COP
66	Türkiye	Non	Oui, IM	COP
67	Turkménistan*	Non	Non	
68	Ukraine	Oui, IM		COP
69	Viet Nam	Non	Oui, IM	COP

Autres conventions

	1. Partenaires conventionnels	2. Membre du Cadre inclusif
1	Taipei chinois*	Non

Roumanie

A. Progrès dans la mise en œuvre du standard minimum

La Roumanie compte 88 conventions fiscales en vigueur, comme l'indique sa réponse au questionnaire d'examen par les pairs. L'une de ces conventions, celle conclue avec l'Espagne, est conforme au standard minimum.

La Roumanie a signé l'IM en 2017 et déposé son instrument de ratification le 28 février 2022, et a notifié ses conventions fiscales non conformes. L'IM est entré en vigueur pour la Roumanie le 1er juin 2022. Les conventions qui seront modifiées par l'IM deviendront conformes au standard minimum une fois que les dispositions de l'IM auront pris effet.

La Roumanie se réserve le droit de retarder la prise d'effet des dispositions de l'IM jusqu'à ce qu'elle ait accompli les procédures internes prévues à cet effet au regard de chacune des conventions notifiées[120]. La Roumanie a fait savoir qu'elle avait accompli les procédures internes prévues aux fins de l'entrée en vigueur de l'IM concernant ses conventions avec l'Afrique du Sud, l'Arabie saoudite, l'Australie, l'Autriche, la Belgique, la Bosnie-Herzégovine, la Bulgarie, le Canada, la Chine (République populaire de), la Corée, la Croatie, Chypre, le Danemark, l'Égypte, les Émirats arabes unis, l'Espagne, l'Estonie, les États-Unis, la Fédération de Russie, la Finlande, la France, la Géorgie, la Grèce, Hong Kong (Chine), la Hongrie, l'Islande, l'Inde, l'Indonésie, l'Irlande, Israël, le Japon, le Kazakhstan, la Lettonie, la Lituanie, le Luxembourg, la Malaisie, Malte, le Pakistan, les Pays-Bas, la Pologne, le Portugal, le Qatar, la République slovaque, le Royaume-Uni, Saint-Marin, la Slovénie, la Suède, la Tchéquie, la Thaïlande, l'Ukraine et l'Uruguay le 6 mars 2023, concernant sa convention avec le Mexique le 3 juillet 2023, concernant sa convention avec le Viet Nam le 5 septembre 2023, et concernant sa convention avec la Tunisie le 10 novembre 2023.

La Roumanie n'a pas notifié sa convention avec l'Allemagne aux fins de l'IM, mais a indiqué dans sa réponse au questionnaire d'examen par les pairs avoir pris des mesures (autres qu'au titre de l'IM) afin de mettre en œuvre le standard minimum dans cette convention.

La Roumanie met en œuvre le standard minimum par l'inclusion de la déclaration du préambule et de la règle COP[121].

B. Conclusion

Aucune juridiction n'a signalé de préoccupation relative à ses conventions conclues avec la Roumanie.

L'Allemagne a notifié sa convention avec la Roumanie aux fins de l'IM, ce qui équivaut à une demande de mise en œuvre du standard minimum.

---

[120] Des réserves ont été formulées conformément à l'article 35(7)(a) de l'IM.

[121] Pour ses conventions notifiées aux fins de l'IM, la Roumanie choisit d'appliquer la disposition de la déclaration du préambule (article 6 de l'IM) et la règle COP (article 7 de l'IM).

Synthèse de la réponse de la juridiction – Roumanie

	1. Partenaires conventionnels	2. Conformité avec le standard	3. Signature d'un instrument de mise en conformité	4. Recours à la disposition relative au standard minimum
1	Afrique du Sud	Non	Oui, IM	COP
2	Albanie	Non	Oui, IM	COP
3	Algérie*	Non	Non	COP
4	Allemagne	Non	Non	
5	Arabie saoudite	Non	Oui, IM	COP
6	Arménie	Non	Oui, IM	COP
7	Australie	Non	Oui, IM	COP
8	Autriche	Non	Oui, IM	COP
9	Azerbaïdjan	Non	Non	COP
10	Bangladesh*	Non	Non	COP
11	Bélarus	Non	Non	COP
12	Belgique	Non	Oui, IM	COP
13	Bosnie-Herzégovine	Non	Oui, IM	COP
14	Bulgarie	Non	Oui, IM	COP
15	Canada	Non	Oui, IM	COP
16	Chine (République populaire de)	Non	Oui, IM	COP
17	Chypre*	Non	Oui, IM	COP
18	Corée	Non	Oui, IM	COP
19	Croatie	Non	Oui, IM	COP
20	Danemark	Non	Oui, IM	COP
21	Égypte	Non	Oui, IM	COP
22	Émirats arabes unis	Non	Oui, IM	COP
23	Équateur*	Non	Non	COP
24	Espagne	Oui, autres		COP
25	Estonie	Non	Oui, IM	COP
26	États-Unis	Non	Non	
27	Éthiopie*	Non	Non	COP
28	Fédération de Russie	Non	Oui, IM	COP
29	Finlande	Non	Oui, IM	COP
30	France	Non	Oui, IM	COP
31	Géorgie	Non	Oui, IM	COP
32	Grèce	Non	Oui, IM	COP
33	Hong Kong (Chine)	Non	Oui, IM	COP
34	Hongrie	Non	Oui, IM	COP
35	Inde	Non	Oui, IM	COP
36	Indonésie	Non	Oui, IM	COP
37	Iran*	Non	Non	COP
38	Irlande	Non	Oui, IM	COP
39	Islande	Non	Oui, IM	COP
40	Israël	Non	Oui, IM	COP
41	Italie	Non	Oui, IM	COP
42	Japon	Non	Oui, IM	COP
43	Jordanie	Non	Oui, IM	COP
44	Kazakhstan	Non	Oui, IM	COP
45	Koweït	Non	Oui, IM	COP
46	Lettonie	Non	Oui, IM	COP
47	Liban*	Non	Non	COP
48	Lituanie	Non	Oui, IM	COP

49	Luxembourg	Non	Oui, IM	COP
50	Macédoine du Nord	Non	Oui, IM	COP
51	Malaisie	Non	Oui, IM	COP
52	Malte	Non	Oui, IM	COP
53	Maroc	Non	Oui, IM	COP
54	Mexique	Non	Oui, IM	COP
55	Moldova*	Non	Non	COP
56	Monténégro	Non	Non	COP
57	Namibie	Non	Oui, IM	COP
58	Nigéria	Non	Oui, IM	COP
59	Norvège	Non	Oui, IM	COP
60	Ouzbékistan	Non	Non	COP
61	Pakistan	Non	Oui, IM	COP
62	Pays-Bas	Non	Oui, IM	COP
63	Philippines	Non	Non	COP
64	Pologne	Non	Oui, IM	COP
65	Portugal	Non	Oui, IM	COP
66	Qatar	Non	Oui, IM	COP
67	République arabe syrienne*	Non	Non	COP
68	République populaire démocratique de Corée*	Non	Non	COP
69	République slovaque	Non	Oui, IM	COP
70	Royaume-Uni	Non	Oui, IM	COP
71	Saint-Marin	Non	Oui, IM	COP
72	Serbie	Non	Oui, IM	COP
73	Singapour	Non	Oui, IM	COP
74	Slovénie	Non	Oui, IM	COP
75	Soudan*	Non	Non	COP
76	Sri Lanka	Non	Non	COP
77	Suède	Non	Oui, IM	COP
78	Suisse	Non	Non	
79	Tadjikistan*	Non	Non	COP
80	Tchéquie	Non	Oui, IM	COP
81	Thaïlande	Non	Oui, IM	COP
82	Tunisie	Non	Oui, IM	COP
83	Türkiye	Non	Oui, IM	COP
84	Turkménistan*	Non	Non	COP
85	Ukraine	Non	Oui, IM	COP
86	Uruguay	Non	Oui, IM	COP
87	Viet Nam	Non	Oui, IM	COP
88	Zambie	Non	Non	COP

Royaume-Uni

A. Progrès dans la mise en œuvre du standard minimum

Le Royaume-Uni compte 132 conventions fiscales en vigueur, comme l'indique sa réponse au questionnaire d'examen par les pairs. Soixante-treize de ces conventions sont conformes au standard minimum.

Le Royaume-Uni a signé l'IM en 2017 et a déposé son instrument de ratification le 29 juin 2018. L'IM est entré en vigueur pour le Royaume-Uni le 1er octobre 2018. Les conventions qui seront modifiées par l'IM deviendront conformes au standard minimum une fois que les dispositions de l'IM auront pris effet.

Le Royaume-Uni a indiqué dans sa réponse au questionnaire d'examen par les pairs avoir pris des mesures (autres qu'au titre de l'IM) afin de mettre en œuvre le standard minimum dans sa convention avec Montserrat.

Le Royaume-Uni met en œuvre le standard minimum par l'inclusion de la déclaration du préambule et de la règle COP[122].

B. Conclusion

Aucune juridiction n'a signalé de préoccupation relative à ses conventions conclues avec le Royaume-Uni.

Synthèse de la réponse de la juridiction – Royaume-Uni

	1. Partenaires conventionnels	2. Conformité avec le standard	3. Signature d'un instrument de mise en conformité	4. Recours à la disposition relative au standard minimum
1	Afrique du Sud	Oui, IM		COP
2	Albanie	Oui, IM		COP
3	Algérie*	Non	Non	COP
4	Allemagne	Oui, autres		COP
5	Antigua-et-Barbuda	Non	Non	COP
6	Arabie saoudite	Oui, IM		COP
7	Argentine	Non	Oui, IM	COP
8	Arménie	Non	Oui, IM	COP
9	Australie	Oui, IM		COP
10	Autriche	Oui, autres		COP
11	Azerbaïdjan	Non	Non	COP
12	Bahreïn	Oui, IM		COP
13	Bangladesh*	Non	Non	COP
14	Barbade	Oui, IM		COP
15	Bélarus	Oui, autres		COP
16	Belgique	Oui, IM		COP

[122] Pour leurs conventions notifiées aux fins de l'IM, le Royaume-Uni choisit d'appliquer la disposition de la déclaration du préambule (article 6 de l'IM) et la règle COP (article 7 de l'IM). Le Royaume-Uni a formulé une réserve conformément à l'article 6(4) de l'IM afin de ne pas appliquer l'article 6(1) concernant les conventions qui contiennent déjà la version adéquate du préambule (trois conventions).

17	Belize	Oui, IM		COP
18	Bolivie*	Non	Non	COP
19	Bosnie-Herzégovine	Oui, IM		COP
20	Botswana	Non	Non	COP
21	Brunei Darussalam	Non	Non	COP
22	Bulgarie	Oui, IM		COP
23	Canada	Oui, IM		COP
24	Chili	Oui, IM		COP
25	Chine (République populaire de)	Oui, IM		COP
26	Chypre*	Oui, autres		COP
27	Colombie	Oui, autres		COP
28	Corée	Oui, IM		COP
29	Côte d'Ivoire	Non	Oui, IM	COP
30	Croatie	Oui, IM		COP
31	Danemark	Oui, IM		COP
32	Égypte	Oui, IM		COP
33	Émirats arabes unis	Oui, IM		COP
34	Espagne	Oui, IM		COP
35	Estonie	Non	Oui, IM	COP
36	Eswatini	Non	Non	COP
37	États-Unis	Non	Non	
38	Éthiopie*	Non	Non	COP
39	Fédération de Russie	Oui, IM		COP
40	Fidji*	Non	Oui, IM	COP
41	Finlande	Oui, IM		COP
42	France	Oui, IM		COP
43	Gambie*	Non	Non	COP
44	Géorgie	Oui, IM		COP
45	Ghana*	Non	Non	COP
46	Gibraltar	Oui, autres		COP
47	Grèce	Oui, IM		COP
48	Grenade	Non	Non	COP
49	Guernesey	Oui, autres		COP
50	Guyana*	Non	Non	COP
51	Hong Kong (Chine)	Oui, IM		COP
52	Hongrie	Oui, IM		COP
53	Île de Man	Oui, autres		COP
54	Îles Féroé	Non	Non	COP
55	Îles Salomon*	Non	Non	COP
56	Inde	Oui, IM		COP
57	Indonésie	Oui, IM		COP
58	Irlande	Oui, IM		COP
59	Islande	Oui, IM		COP
60	Israël	Oui, autres		COP
61	Italie	Non	Oui, IM	COP
62	Jamaïque	Non	Oui, IM	COP
63	Japon	Oui, IM		COP + LOB
64	Jersey	Oui, autres		COP
65	Jordanie	Oui, IM		COP
66	Kazakhstan	Oui, IM		COP
67	Kenya	Non	Oui, IM	COP
68	Kirghizistan*	Non	Non	COP
69	Kiribati*	Non	Non	COP

70	Kosovo*	Non	Non	COP
71	Koweït	Non	Oui, IM	COP
72	Lesotho*	Oui, IM		COP
73	Lettonie	Oui, IM		COP
74	Libye*	Non	Non	COP
75	Liechtenstein	Oui, IM		COP
76	Lituanie	Oui, IM		COP
77	Luxembourg	Oui, IM		COP
78	Macédoine du Nord	Non	Oui, IM	COP
79	Malaisie	Oui, IM		COP
80	Malawi*	Non	Non	COP
81	Malte	Oui, IM		COP
82	Maroc	Non	Oui, IM	COP
83	Maurice	Oui, IM		COP
84	Mexique	Non	Oui, IM	COP
85	Moldova*	Non	Non	COP
86	Mongolie	Non	Oui, IM	COP
87	Monténégro	Non	Non	COP
88	Montserrat	Non	Non	COP
89	Myanmar*	Non	Non	COP
90	Namibie	Non	Oui, IM	COP
91	Nigéria	Non	Oui, IM	COP
92	Norvège	Oui, IM		COP
93	Nouvelle-Zélande	Oui, IM		COP
94	Oman	Oui, IM		COP
95	Ouganda*	Non	Non	COP
96	Ouzbékistan	Oui autre		COP
97	Pakistan	Oui, IM		COP
98	Panama	Oui, IM		COP
99	Papouasie–Nouvelle-Guinée	Non	Oui, IM	COP
100	Pays-Bas	Oui, IM		COP
101	Philippines	Non	Non	COP
102	Pologne	Oui, IM		COP
103	Portugal	Oui, IM		COP
104	Qatar	Oui, IM		COP
105	République slovaque	Oui, IM		COP
106	Roumanie	Non	Oui, IM	COP
107	Saint-Kitts-et-Nevis	Non	Non	COP
108	Sénégal	Oui, IM		COP
109	Serbie	Oui, IM		COP
110	Sierra Leone	Non	Non	COP
111	Singapour	Oui, IM		COP
112	Slovénie	Oui, IM		COP
113	Soudan*	Non	Non	COP
114	Sri Lanka	Non	Non	COP
115	Suède	Oui, autres		COP
116	Suisse	Oui, autres		COP
117	Tadjikistan*	Non	Non	COP
118	Taipei chinois*	Oui, autres		COP
119	Tchéquie	Oui, IM		COP
120	Thaïlande	Oui, IM		COP
121	Trinité-et-Tobago	Non	Non	COP
122	Tunisie	Non	Oui, IM	COP

123	Türkiye	Non	Oui, IM	COP
124	Turkménistan*	Non	Non	COP
125	Tuvalu*	Non	Non	COP
126	Ukraine	Oui, IM		COP
127	Uruguay	Oui, IM		COP
128	Venezuela*	Non	Non	COP
129	Viet Nam	Non	Oui, IM	COP
130	Zambie	Non	Non	COP
131	Zimbabwe*	Non	Non	COP

Autres conventions

	1. Partenaires conventionnels	2. Membre du Cadre inclusif
1	Îles Falkland*	Non

Sainte-Lucie

A. Progrès dans la mise en œuvre du standard minimum

Sainte-Lucie compte deux conventions fiscales en vigueur, comme l'indique sa réponse au questionnaire d'examen par les pairs, y compris la convention multilatérale entre les membres de la CARICOM conclue avec dix de ses partenaires (la convention de la CARICOM)[123]. Aucune de ces conventions n'est conforme au standard minimum.

Sainte-Lucie n'a pas signé l'IM.

Sainte-Lucie a indiqué dans sa réponse au questionnaire d'examen par les pairs avoir pris des mesures (autres qu'au titre de l'IM) afin de mettre en œuvre le standard minimum dans la convention de la CARICOM.

Sainte-Lucie a précisé dans sa réponse au questionnaire d'examen par les pairs que sa convention avec la Suisse ne soulevait pas de préoccupations importantes en matière de chalandage fiscal, au regard de sa juridiction. Dans sa réponse au questionnaire d'examen par les pairs, la Suisse a aussi indiqué que sa convention avec Sainte-Lucie ne soulevait pas de préoccupations importantes en matière de chalandage fiscal, au regard de sa juridiction.

B. Conclusion

Aucune juridiction n'a signalé de préoccupation relative à ses conventions conclues avec Sainte-Lucie.

Synthèse de la réponse de la juridiction – Sainte-Lucie

	1. Partenaires de convention	2. Conformité avec le standard	3. Signature d'un instrument de mise en conformité	4. Recours à la disposition relative au standard minimum
1	Partenaires conventionnels membres de la CARICOM (Antigua-et-Barbuda, Barbade, Belize, Dominique, Grenade, Guyana*, Jamaïque, Saint-Kitts-et-Nevis, Saint-Vincent-et-les-Grenadines, Trinité-et-Tobago)	Non	Non	

Autres conventions

	1. Partenaires conventionnels	2. Membre du Cadre inclusif
1	Suisse	Oui

[123] Accord entre les gouvernements des États membres de la Communauté des Caraïbes tendant à éviter la double imposition et à prévenir l'évasion fiscale en matière d'impôts sur le revenu, sur les profits ou les gains en capital et pour l'encouragement du commerce régional et de l'investissement, Saint-Michel (Barbade), 6 juillet 1994 ; entre Antigua-et-Barbuda (18 février 1998), la Barbade (7 juillet 1995), le Belize (30 novembre 1994), la Dominique (19 juin 1996), la Grenade (1er mars 1996), le Guyana* (26 novembre 1997), la Jamaïque (16 février 1995), Saint-Kitts-et-Nevis (8 mai 1997), Sainte-Lucie (22 mai 1995), Saint-Vincent-et-les-Grenadines (12 février 1998) et Trinité-et-Tobago (29 novembre 1994).

Saint-Kitts-et-Nevis

A. Progrès dans la mise en œuvre du standard minimum

Saint-Kitts-et-Nevis compte dix conventions fiscales en vigueur, comme l'indique sa réponse au questionnaire d'examen par les pairs, y compris la convention multilatérale entre les membres de la CARICOM conclue avec dix de ses partenaires (la convention de la CARICOM)[124]. Aucune de ces conventions n'est conforme au standard minimum.

Saint-Kitts-et-Nevis n'a pas signé l'IM.

Saint-Kitts-et-Nevis a indiqué dans sa réponse au questionnaire d'examen par les pairs avoir pris des mesures (autres qu'au titre de l'IM) afin de mettre en œuvre le standard minimum dans la convention de la CARICOM.

Saint-Kitts-et-Nevis a précisé que sa convention avec la Suisse ne soulevait pas de préoccupations importantes en matière de chalandage fiscal au regard de sa juridiction. Dans sa réponse au questionnaire d'examen par les pairs, la Suisse a aussi indiqué que sa convention avec Saint-Kitts-et-Nevis ne soulevait pas de préoccupations importantes en matière de chalandage fiscal au regard de sa juridiction.

B. Conclusion

Saint-Kitts-et-Nevis a entrepris d'élaborer, en concertation avec le Secrétariat, un plan de mise en œuvre du standard minimum dans ses conventions conclues avec le Danemark, Monaco, la Norvège, la Nouvelle-Zélande, le Royaume-Uni, Saint-Marin, et la Suède.

Synthèse de la réponse de la juridiction – Saint-Kitts-et-Nevis

	1. Partenaires de convention	2. Conformité avec le standard	3. Signature d'un instrument de mise en conformité	4. Recours à la disposition relative au standard minimum
1	Partenaires conventionnels membres de la CARICOM (Antigua-et-Barbuda, Barbade, Belize, Dominique, Grenade, Guyana*, Jamaïque, Sainte-Lucie, Saint-Vincent-et-les-Grenadines, Trinité-et-Tobago)	Non	Non	

[124] Accord entre les gouvernements des États membres de la Communauté des Caraïbes tendant à éviter la double imposition et à prévenir l'évasion fiscale en matière d'impôts sur le revenu, sur les profits ou les gains en capital et pour l'encouragement du commerce régional et de l'investissement, Saint-Michel (Barbade), 6 juillet 1994 ; entre Antigua-et-Barbuda (18 février 1998), la Barbade (7 juillet 1995), le Belize (30 novembre 1994), la Dominique (19 juin 1996), la Grenade (1er mars 1996), le Guyana* (26 novembre 1997), la Jamaïque (16 février 1995), Saint-Kitts-et-Nevis (8 mai 1997), Sainte-Lucie (22 mai 1995), Saint-Vincent-et-les-Grenadines (12 février 1998) et Trinité-et-Tobago (29 novembre 1994).

Autres conventions

	1. Partenaires conventionnels	2. Membre du Cadre inclusif
1	Canada	Oui
2	Danemark	Oui
3	Monaco	Oui
4	Norvège	Oui
5	Nouvelle-Zélande	Oui
6	Royaume-Uni	Oui
7	Saint-Marin	Oui
8	Suède	Oui
9	Suisse	Oui

Saint-Marin

A. Progrès dans la mise en œuvre du standard minimum

Saint-Marin compte 25 conventions fiscales en vigueur, comme l'indique sa réponse au questionnaire d'examen par les pairs. Dix-huit de ces conventions sont conformes au standard minimum.

Saint-Marin a signé l'IM en 2017, a déposé son instrument de ratification le 11 mars 2020, et a notifié ses conventions fiscales non conformes. L'IM est entré en vigueur pour Saint-Marin le 1er juillet 2020. Les conventions qui seront modifiées par l'IM deviendront conformes au standard minimum une fois que les dispositions de l'IM auront pris effet.

Saint-Marin met en œuvre le standard minimum par l'inclusion de la déclaration du préambule et de la règle COP[125].

B. Conclusion

Aucune juridiction n'a signalé de préoccupation relative à ses conventions conclues avec Saint-Marin.

Synthèse de la réponse de la juridiction – Saint-Marin

	1. Partenaires conventionnels	2. Conformité avec le standard	3. Signature d'un instrument de mise en conformité	4. Recours à la disposition relative au standard minimum
1	Andorre	Oui, autres		COP
2	Autriche	Non	Non	COP
3	Azerbaïdjan	Non	Non	COP
4	Barbade	Oui, IM		COP
5	Belgique	Oui, IM		COP
6	Chypre*	Oui, IM		COP
7	Croatie	Oui, IM		COP
8	Émirats arabes unis	Non	Non	COP
9	Géorgie	Oui, IM		COP
10	Grèce	Oui, IM		COP
11	Hongrie	Oui, IM		COP
12	Italie	Non	Oui, IM	COP
13	Liechtenstein	Oui, IM		COP
14	Luxembourg	Oui, IM		COP
15	Malaisie	Oui, IM		COP
16	Malte	Oui, IM		COP
17	Portugal	Oui, IM		COP
18	Qatar	Oui, IM		COP
19	Roumanie	Non	Oui, IM	COP
20	Saint-Kitts-et-Nevis	Non	Non	COP

[125] Pour ses conventions notifiées aux fins de l'IM, Saint-Marin choisit d'appliquer la disposition de la déclaration du préambule (article 6 de l'IM) et la règle COP (article 7 de l'IM). Saint-Marin a formulé une réserve conformément à l'article 7(15)(b) de l'IM afin de ne pas appliquer l'article 7(1) concernant les conventions qui contiennent déjà une règle COP (trois conventions).

21	Serbie	Oui, autres		COP
22	Seychelles	Oui, IM		COP
23	Singapour	Oui, IM		COP
24	Tchéquie	Oui autre		COP
25	Viet Nam	Non	Oui, IM	COP

Saint-Vincent-et-Grenadines

A. Progrès dans la mise en œuvre du standard minimum

Saint-Vincent-et-les-Grenadines compte trois conventions fiscales en vigueur, comme l'indique sa réponse au questionnaire d'examen par les pairs, y compris la convention multilatérale entre les membres de la CARICOM conclue avec dix de ses partenaires (la convention de la CARICOM)[126]. Aucune de ces conventions n'est conforme au standard minimum.

Saint-Vincent-et-les-Grenadines n'a pas signé l'IM.

Saint-Vincent-et-les-Grenadines a signé un instrument bilatéral de mise en conformité concernant ses conventions conclues avec les Émirats arabes unis.

Saint-Vincent-et-les-Grenadines a indiqué dans sa réponse au questionnaire d'examen par les pairs avoir pris des mesures (autres qu'au titre de l'IM) afin de mettre en œuvre le standard minimum dans la convention de la CARICOM.

Saint-Vincent-et-les-Grenadines a en outre précisé que sa convention avec la Suisse ne soulevait pas de préoccupations importantes en matière de chalandage fiscal, au regard de sa juridiction. Dans sa réponse au questionnaire d'examen par les pairs, la Suisse a aussi indiqué que sa convention avec Saint-Vincent-et-les-Grenadines ne soulevait pas de préoccupations importantes en matière de chalandage fiscal, au regard de sa juridiction.

B. Conclusion

Aucune juridiction n'a signalé de préoccupation relative à ses conventions conclues avec Saint-Vincent-et-les-Grenadines.

Synthèse de la réponse de la juridiction – Saint-Vincent-et-les-Grenadines

	1. Partenaires conventionnels	2. Conformité avec le standard	3. Signature d'un instrument de mise en conformité	4. Recours à la disposition relative au standard minimum
1	Émirats arabes unis	Non	Oui, autres	
2	Partenaires conventionnels membres de la CARICOM (Antigua-et-Barbuda, Barbade, Belize, Dominique, Grenade, Guyana*, Jamaïque, Saint-Kitts-et-Nevis, Sainte-Lucie, Trinité-et-Tobago)	Non	Non	

[126] Accord entre les gouvernements des États membres de la Communauté des Caraïbes tendant à éviter la double imposition et à prévenir l'évasion fiscale en matière d'impôts sur le revenu, sur les profits ou les gains en capital et pour l'encouragement du commerce régional et de l'investissement, Saint-Michel (Barbade), 6 juillet 1994 ; entre Antigua-et-Barbuda (18 février 1998), la Barbade (7 juillet 1995), le Belize (30 novembre 1994), la Dominique (19 juin 1996), la Grenade (1er mars 1996), le Guyana* (26 novembre 1997), la Jamaïque (16 février 1995), Saint-Kitts-et-Nevis (8 mai 1997), Sainte-Lucie (22 mai 1995), Saint-Vincent-et-les-Grenadines (12 février 1998) et Trinité-et-Tobago (29 novembre 1994).

Autres conventions

	1. Partenaires conventionnels	2. Membre du Cadre inclusif
1	Suisse	Oui

Samoa

A. Progrès dans la mise en œuvre du standard minimum

Samoa compte une convention fiscale en vigueur avec la Nouvelle-Zélande, comme l'indique sa réponse au questionnaire d'examen par les pairs. Cette convention est conforme au standard minimum.

B. Conclusion

Aucune juridiction n'a signalé de préoccupation relative à ses conventions conclues avec Samoa.

Synthèse de la réponse de la juridiction – Samoa

	1. Partenaires conventionnels	2. Conformité avec le standard	3. Signature d'un instrument de mise en conformité	4. Recours à la disposition relative au standard minimum
1	Nouvelle-Zélande	Oui, autres		COP

Sénégal

A. Progrès dans la mise en œuvre du standard minimum

Le Sénégal compte vingt conventions fiscales en vigueur, ainsi que l'indique sa réponse au questionnaire d'examen par les pairs, y compris le Règlement multilatéral 08/2008/COM portant adoption des règles visant à éviter la double imposition au sein de l'Union économique et monétaire ouest-africaine (l'UEMOA) et des règles d'assistance en matière fiscale conclu avec sept de ses partenaires[127], ainsi que l'Acte additionnel multilatéral A/SA 5/12/18 portant adoption des règles communautaires pour l'élimination de la double imposition en matière d'impôts sur les revenus, les capitaux et les successions et la prévention de la fraude et de l'évasion fiscale entre les États membres de la CEDEAO (l'Acte additionnel de la CEDEAO) conclu avec 14 partenaires. Douze de ces conventions, dont l'Acte additionnel de la CEDEAO, sont conformes au standard minimum.

Le Sénégal a signé l'IM en 2017, déposé son instrument de ratification le 10 mai 2022, et notifié ses conventions fiscales bilatérales non conformes conclues avec d'autres membres du Cadre inclusif. L'IM est entré en vigueur pour le Sénégal le 1er septembre 2022. Les conventions qui seront modifiées par l'IM deviendront conformes au standard minimum une fois que les dispositions de l'IM auront pris effet.

Le Sénégal met en œuvre le standard minimum par l'inclusion de la disposition de la déclaration du préambule et de la règle COP associée à la règle LOB[128].

B. Conclusion

La Convention de l'UEMOA n'est pas conforme au standard minimum à ce stade, et des discussions visant à la mettre à jour devraient être envisagées[129].

Synthèse de la réponse de la juridiction – Sénégal

	1. Partenaires conventionnels	2. Conformité avec le standard	3. Signature d'un instrument de mise en conformité	4. Recours à la disposition relative au standard minimum
1	Belgique	Oui, IM		COP

[127] Règlement n° 08/2008/CM des pays de l'Union économique et monétaire ouest-africaine (UEMOA) du 26 septembre 2008 portant adoption des règles visant à éviter la double imposition au sein de l'UEMOA et des règles d'assistance en matière fiscale.

[128] Pour ses conventions notifiées aux fins de l'IM, le Sénégal choisit d'appliquer la disposition de la déclaration du préambule (article 6 de l'IM) et la règle COP (article 7 de l'IM). Le Sénégal a également opté pour la règle LOB simplifiée conformément à l'article 7(6) de l'IM, et a indiqué, en vertu de l'article 7(17)(a) de l'IM, que même s'il accepte l'application de la règle COP aux fins de l'IM, il a l'intention dans la mesure du possible d'adopter une règle LOB *via* des négociations bilatérales. Le Sénégal a formulé une réserve conformément à l'article 6(4) de l'IM afin de ne pas appliquer l'article 6(1) concernant les conventions qui contiennent déjà la version adéquate du préambule (une convention). Le Sénégal a également formulé une réserve conformément à l'article 7(15)(b) de l'IM afin de ne pas appliquer l'article 7(1) concernant les conventions qui contiennent déjà une règle COP (une convention).

[129] Les révisions de la Convention de l'UEMOA nécessitent l'accord de ses huit partenaires.

2	Cabo Verde	Oui, autres		COP
3	Canada	Oui, IM		COP
4	Émirats arabes unis	Oui, IM		COP
5	Espagne	Oui, IM		COP
6	France	Oui, IM		COP
7	Italie	Non	Oui, IM	COP
8	Liban*	Non	Non	COP
9	Luxembourg	Oui, autres		COP
10	Malaisie	Oui, IM		COP
11	Maroc	Non	Oui, IM	COP
12	Mauritanie	Non	Non	COP
13	Norvège	Non	Non	COP
14	Partenaires conventionnels membres de l'Acte additionel de la CEDEAO (Bénin, Burkina Faso, Cabo Verde, Côte d'Ivoire, Gambie*, Ghana*, Guinée-Bissau*, Guinée Conakry*, Libéria, Mali*, Niger*, Nigéria, Sierra Leone, Togo)	Oui, autres		COP
15	Portugal	Oui, IM		COP
16	Qatar	Oui, IM		COP
17	Royaume-Uni	Oui, IM		COP
18	Tunisie	Non	Oui, IM	COP

Autres conventions

	1. Partenaires conventionnels	2. Membre du Cadre inclusif
1	Partenaires conventionnels membres de l'UEMOA (Bénin, Burkina Faso, Côte d'Ivoire, Guinée-Bissau*, Mali*, Niger*, Togo)	Oui (Bénin, Burkina Faso, Côte d'Ivoire, Togo) Non (Guinée-Bissau*, Mali*, Niger*)
2	Taipei chinois*	Non

Serbie

A. Progrès dans la mise en œuvre du standard minimum

La Serbie compte 64 conventions fiscales en vigueur, comme l'indique sa réponse au questionnaire d'examen par les pairs. Quarante-trois de ces conventions sont conformes au standard minimum.

La Serbie a signé l'IM en 2017, a déposé son instrument de ratification le 5 juin 2018, et a notifié ses conventions fiscales non conformes. L'IM est entré en vigueur pour la Serbie le 1er octobre 2018. Les conventions qui seront modifiées par l'IM deviendront conformes au standard minimum une fois que les dispositions de l'IM auront pris effet.

La Serbie met en œuvre le standard minimum par l'inclusion de la déclaration du préambule et de la règle COP[130].

B. Conclusion

Aucune juridiction n'a signalé de préoccupation relative à ses conventions conclues avec la Serbie.

Synthèse de la réponse de la juridiction – Serbie

	1. Partenaires conventionnels	2. Conformité avec le standard	3. Signature d'un instrument de mise en conformité	4. Recours à la disposition relative au standard minimum
1	Albanie	Oui, IM		COP
2	Allemagne	Non	Non	COP
3	Arménie	Non	Oui, IM	COP
4	Autriche	Oui, IM		COP
5	Azerbaïdjan	Non	Non	COP
6	Bélarus	Non	Non	COP
7	Belgique	Oui, IM		COP
8	Bosnie-Herzégovine	Oui, IM		COP
9	Bulgarie	Oui, IM		COP
10	Canada	Oui, IM		COP
11	Chine (République populaire de)	Oui, IM		COP
12	Chypre*	Oui, IM		COP
13	Corée	Oui, IM		COP
14	Croatie	Oui, IM		COP
15	Danemark	Oui, IM		COP
16	Égypte	Oui, IM		COP
17	Émirats arabes unis	Oui, IM		COP
18	Espagne	Oui, IM		COP
19	Estonie	Non	Oui, IM	COP
20	Fédération de Russie	Oui, IM		COP
21	Finlande	Oui, IM		COP
22	France	Oui, IM		COP

130 Pour ses conventions notifiées aux fins de l'IM, la Serbie choisit d'appliquer la disposition de la déclaration du préambule (article 6 de l'IM) et la règle COP (article 7 de l'IM).

23	Géorgie	Oui, IM		COP
24	Grèce	Oui, IM		COP
25	Hong Kong (Chine)	Oui, autres		COP
26	Hongrie	Oui, IM		COP
27	Inde	Oui, IM		COP
28	Indonésie	Oui, IM		COP
29	Iran*	Non	Non	COP
30	Irlande	Oui, IM		COP
31	Israël	Oui, autres		COP
32	Italie	Non	Oui, IM	COP
33	Japon	Oui, autres		COP
34	Kazakhstan	Oui, IM		COP
35	Koweït	Non	Oui, IM	COP
36	Lettonie	Oui, IM		COP
37	Libye*	Non	Non	COP
38	Lituanie	Oui, IM		COP
39	Luxembourg	Oui, IM		COP
40	Macédoine du Nord	Non	Oui, IM	COP
41	Malte	Oui, IM		COP
42	Maroc	Non	Oui, IM	COP
43	Moldova*	Non	Non	COP
44	Monténégro	Non	Non	COP
45	Norvège	Oui, IM		COP
46	Pakistan	Oui, IM		COP
47	Pays-Bas	Oui, IM		COP
48	Pologne	Oui, IM		COP
49	Qatar	Oui, IM		COP
50	République populaire démocratique de Corée*	Non	Non	COP
51	République slovaque	Oui, IM		COP
52	Roumanie	Non	Oui, IM	COP
53	Royaume-Uni	Oui, IM		COP
54	Saint-Marin	Oui, autres		COP
55	Singapour	Oui, autres		COP
56	Slovénie	Oui, IM		COP
57	Sri Lanka	Non	Non	COP
58	Suède	Non	Non	COP
59	Suisse	Non	Non	COP
60	Tchéquie	Oui, IM		COP
61	Tunisie	Non	Oui, IM	COP
62	Türkiye	Non	Oui, IM	COP
63	Ukraine	Oui, IM		COP
64	Viet Nam	Non	Oui, IM	COP

Seychelles

A. Progrès dans la mise en œuvre du standard minimum

Les Seychelles comptent 29 conventions fiscales en vigueur, comme l'indique leur réponse au questionnaire d'examen par les pairs. Vingt de ces conventions sont conformes au standard minimum.

Les Seychelles ont signé l'IM en 2017 et déposé son instrument de ratification le 14 décembre 2021, et a notifié ses conventions fiscales non conformes. L'IM est entré en vigueur pour les Seychelles le 1er avril 2022. Les conventions qui seront modifiées par l'IM deviendront conformes au standard minimum une fois que les dispositions de l'IM auront pris effet.

Les Seychelles mettent en œuvre le standard minimum par l'inclusion de la déclaration du préambule et de la règle COP[131].

B. Conclusion

Aucune juridiction n'a signalé de préoccupation relative à ses conventions conclues avec les Seychelles.

Synthèse de la réponse de la juridiction – Seychelles

	1. Partenaires conventionnels	2. Conformité avec le standard	3. Signature d'un instrument de mise en conformité	4. Recours à la disposition relative au standard minimum
1	Afrique du Sud	Oui, IM		COP
2	Bahreïn	Oui, IM		COP
3	Barbade	Oui, IM		COP
4	Belgique	Oui, IM		COP
5	Bermudes	Non	Non	
6	Botswana	Non	Non	
7	Chine (République populaire de)	Oui, IM		COP
8	Chypre*	Oui, IM		COP
9	Émirats arabes unis	Oui, IM		COP
10	Eswatini	Non	Non	
11	Éthiopie*	Non	Non	
12	Guernesey	Oui, IM		COP
13	Île de Man	Oui, IM		COP
14	Indonésie	Oui, IM		COP
15	Jersey	Oui, IM		COP
16	Kenya	Non	Oui, IM	COP
17	Koweït	Non	Oui, IM	COP
18	Luxembourg	Oui, IM		COP
19	Malaisie	Oui, IM		COP
20	Maurice	Oui, IM		COP

131 Pour leurs conventions notifiées aux fins de l'IM, les Seychelles choisissent d'appliquer la disposition de la déclaration du préambule (article 6 de l'IM) et la règle COP (article 7 de l'IM). Les Seychelles ont indiqué que même si elles acceptent l'application de la règle COP aux fins de l'IM, elles ont l'intention d'adopter dans la mesure du possible une règle LOB par négociation bilatérale.

21	Monaco	Oui, IM		COP
22	Oman	Oui, IM		COP
23	Qatar	Oui, IM		COP
24	Saint-Marin	Oui, IM		COP
25	Singapour	Oui, IM		COP
26	Sri Lanka	Non	Non	
27	Thaïlande	Oui, IM		COP
28	Viet Nam	Non	Oui, IM	COP
29	Zambie	Non	Non	

Sierra Leone

A. Progrès dans la mise en œuvre du standard minimum

La Sierra Leone compte quatre conventions fiscales en vigueur, ainsi que l'indique sa réponse au questionnaire d'examen par les pairs, dont l'Acte additionnel multilatéral A/SA 5/12/18 portant adoption des règles communautaires pour l'élimination de la double imposition en matière d'impôts sur les revenus, les capitaux et les successions et la prévention de la fraude et de l'évasion fiscale entre les États membres de la CEDEAO (l'Acte additionnel de la CEDEAO) conclu avec 14 partenaires. L'une de ces conventions, l'Acte additionnel de la CEDEAO, est conforme au standard minimum.

La Sierra Leone n'a pas signé l'IM.

La Sierra Leone met en œuvre le standard minimum par l'inclusion de la déclaration du préambule et de la règle COP.

B. Conclusion

Recommandation

Il est recommandé que la Sierra Leone élabore un plan afin de mettre en œuvre le standard minimum dans ses conventions pour lesquelles aucune mesure n'a encore été prise, et qui ont été conclues avec des membres du Cadre inclusif sur le BEPS (Afrique du Sud, Norvège, Royaume-Uni).

Synthèse de la réponse de la juridiction – Sierra Leone

	1. Partenaires conventionnels	2. Conformité avec le standard	3. Signature d'un instrument de mise en conformité	4. Recours à la disposition relative au standard minimum
1	Partenaires conventionnels membres de l'Acte additionel de la CEDEAO (Bénin, Burkina Faso, Cabo Verde, Côte d'Ivoire, Gambie*, Ghana*, Guinée-Bissau*, Guinée Conakry*, Libéria, Mali*, Niger*, Nigéria, Sénégal, Togo)	Oui, autres		COP

Autres conventions

	1. Partenaires conventionnels	2. Membre du Cadre inclusif
1	Afrique du Sud	Oui
2	Norvège	Oui
3	Royaume-Uni	Oui

Singapour

A. Progrès dans la mise en œuvre du standard minimum

Singapour compte 93 conventions fiscales en vigueur, comme l'indique sa réponse au questionnaire d'examen par les pairs. Soixante-deux de ces conventions sont conformes au standard minimum.

Singapour a signé l'IM en 2017, déposé son instrument de ratification le 21 décembre 2018, et notifié ses conventions fiscales non conformes conclues avec d'autres membres du Cadre inclusif. L'IM est entré en vigueur pour Singapour le 1er avril 2019. Les conventions qui seront modifiées par l'IM deviendront conformes au standard minimum une fois que les dispositions de l'IM auront pris effet.

Singapour met en œuvre le standard minimum par l'inclusion de la disposition de la déclaration du préambule et de la règle COP[132].

B. Conclusion

Aucune juridiction n'a signalé de préoccupation relative à ses conventions conclues avec Singapour.

Synthèse de la réponse de la juridiction – Singapour

	1. Partenaires conventionnels	2. Conformité avec le standard	3. Signature d'un instrument de mise en conformité	4. Recours à la disposition relative au standard minimum
1	Afrique du Sud	Oui, IM		COP
2	Albanie	Oui, IM		COP
3	Allemagne	Oui, autres		COP
4	Arabie saoudite	Oui, IM		COP
5	Arménie	Oui, autres		COP
6	Australie	Oui, IM		COP
7	Autriche	Oui, IM		COP
8	Bahreïn	Oui, IM		COP
9	Bangladesh*	Non	Non	COP
10	Barbade	Oui, IM		COP
11	Bélarus	Non	Non	COP
12	Belgique	Oui, IM		COP
13	Brésil	Oui, autres		COP + LOB
14	Brunei Darussalam	Non	Non	COP
15	Bulgarie	Oui, IM		COP
16	Cambodge*	Non	Non	COP
17	Canada	Oui, IM		COP
18	Chine (République populaire de)	Oui, IM		COP
19	Chypre*	Oui, IM		COP
20	Corée	Oui, autres		COP
21	Danemark	Oui, IM		COP
22	Égypte	Oui, IM		COP

132 Pour ses conventions notifiées aux fins de l'IM, Singapour choisit d'appliquer la disposition de la déclaration du préambule (article 6 de l'IM) et la règle COP (article 7 de l'IM).

23	Émirats arabes unis	Oui, IM		COP
24	Équateur*	Non	Non	COP
25	Espagne	Oui, IM		COP
26	Estonie	Non	Oui, IM	COP
27	Éthiopie*	Non	Non	COP
28	Fédération de Russie	Oui, IM		COP
29	Fidji*	Non	Oui, IM	COP
30	Finlande	Oui, IM		COP
31	France	Oui, IM		COP
32	Géorgie	Oui, IM		COP
33	Ghana*	Non	Non	COP
34	Grèce	Oui, autres		COP
35	Guernesey	Oui, IM		COP
36	Hongrie	Oui, IM		COP
37	Île de Man	Oui, IM		COP
38	Inde	Oui, IM		COP
39	Indonésie	Oui, autres		COP
40	Irlande	Oui, IM		COP
41	Israël	Oui, IM		COP
42	Italie	Non	Oui, IM	COP
43	Japon	Oui, IM		COP
44	Jersey	Oui, IM		COP
45	Jordanie	Oui, autres		COP
46	Kazakhstan	Oui, IM		COP
47	Koweït	Non	Oui, IM	COP
48	Lettonie	Oui, IM		COP
49	Libye*	Non	Non	COP
50	Liechtenstein	Oui, IM		COP
51	Lituanie	Oui, IM		COP
52	Luxembourg	Oui, IM		COP
53	Malaisie	Oui, IM		COP
54	Malte	Oui, IM		COP
55	Maroc	Non	Oui, IM	COP
56	Maurice	Oui, IM		COP
57	Mexique	Non	Oui, IM	COP
58	Mongolie	Non	Oui, IM	COP
59	Myanmar*	Non	Non	COP
60	Nigéria	Non	Oui, IM	COP
61	Norvège	Non	Non	COP
62	Nouvelle-Zélande	Oui, IM		COP
63	Oman	Oui, IM		COP
64	Ouzbékistan	Non	Non	COP
65	Pakistan	Oui, IM		COP
66	Panama	Oui, IM		COP
67	Papouasie–Nouvelle-Guinée	Non	Oui, IM	COP
68	Pays-Bas	Oui, IM		COP
69	Philippines	Non	Non	COP
70	Pologne	Oui, IM		COP
71	Portugal	Oui, IM		COP
72	Qatar	Oui, IM		COP
73	République démocratique populaire lao*	Non	Non	COP
74	République slovaque	Oui, IM		COP
75	Roumanie	Non	Oui, IM	COP

76	Royaume-Uni	Oui, IM		COP
77	Rwanda*	Non	Non	COP
78	Saint-Marin	Oui, IM		COP
79	Serbie	Oui, autres		COP
80	Seychelles	Oui, IM		COP
81	Slovénie	Oui, IM		COP
82	Sri Lanka	Non	Non	COP
83	Suède	Non	Non	COP
84	Suisse	Non	Non	COP
85	Taipei chinois*	Non	Non	COP
86	Tchéquie	Oui, IM		COP
87	Thaïlande	Oui, IM		COP
88	Tunisie	Non	Oui, IM	COP
89	Türkiye	Non	Oui, IM	COP
90	Turkménistan*	Oui, autres		COP
91	Ukraine	Oui, IM		COP
92	Uruguay	Oui, IM		COP
93	Viet Nam	Non	Oui, IM	COP

Slovénie

A. Progrès dans la mise en œuvre du standard minimum

La Slovénie compte 60 conventions fiscales en vigueur, comme l'indique sa réponse au questionnaire d'examen par les pairs. Quarante-deux de ces conventions sont conformes au standard minimum.

La Slovénie a signé l'IM en 2017, et a déposé son instrument de ratification de l'IM le 22 mars 2018. L'IM est entré en vigueur pour la Slovénie le 1er juillet 2018. Les conventions qui seront modifiées par l'IM deviendront conformes au standard minimum une fois que les dispositions de l'IM auront pris effet.

La Slovénie n'a pas notifié ses conventions avec l'Allemagne et le Monténégro aux fins de l'IM, mais a indiqué dans sa réponse au questionnaire d'examen par les pairs avoir pris des mesures (autres qu'au titre de l'IM) afin de mettre en œuvre le standard minimum dans ces deux conventions.

La Slovénie a signé un instrument bilatéral de mise en conformité concernant sa convention avec la Suisse.

La Slovénie met en œuvre le standard minimum par l'inclusion de la déclaration du préambule et de la règle COP[133].

B. Conclusion

Aucune juridiction n'a signalé de préoccupation relative à ses conventions conclues avec la Slovénie.

Synthèse de la réponse de la juridiction – Slovénie

	1. Partenaires conventionnels	2. Conformité avec le standard	3. Signature d'un instrument de mise en conformité	4. Recours à la disposition relative au standard minimum
1	Albanie	Oui, IM		COP
2	Allemagne	Non	Non	COP
3	Arménie	Non	Oui, IM	COP
4	Autriche	Oui, IM		COP
5	Azerbaïdjan	Non	Non	COP
6	Bélarus	Non	Non	COP
7	Belgique	Oui, IM		COP
8	Bosnie-Herzégovine	Oui, IM		COP
9	Bulgarie	Oui, IM		COP
10	Canada	Oui, IM		COP
11	Chine (République populaire de)	Oui, IM		COP
12	Chypre*	Oui, IM		COP
13	Corée	Oui, IM		COP
14	Croatie	Oui, IM		COP
15	Danemark	Oui, IM		COP
16	Émirats arabes unis	Oui, IM		COP
17	Espagne	Oui, IM		COP

133 Pour ses conventions notifiées aux fins de l'IM, la Slovénie choisit d'appliquer la disposition de la déclaration du préambule (article 6 de l'IM) et la règle COP (article 7 de l'IM).

18	Estonie	Non	Oui, IM	COP
19	États-Unis	Non	Non	
20	Fédération de Russie	Oui, IM		COP
21	Finlande	Oui, IM		COP
22	France	Oui, IM		COP
23	Géorgie	Oui, IM		COP
24	Grèce	Oui, IM		COP
25	Hongrie	Oui, IM		COP
26	Inde	Oui, IM		COP
27	Iran*	Non	Non	COP
28	Irlande	Oui, IM		COP
29	Islande	Oui, IM		COP
30	Israël	Oui, IM		COP
31	Italie	Non	Oui, IM	COP
32	Japon	Oui, autres		COP
33	Kazakhstan	Oui, IM		COP
34	Kosovo*	Non	Non	COP
35	Koweït	Non	Oui, IM	COP
36	Lettonie	Oui, IM		COP
37	Lituanie	Oui, IM		COP
38	Luxembourg	Oui, IM		COP
39	Macédoine du Nord	Non	Oui, IM	COP
40	Malte	Oui, IM		COP
41	Maroc	Non	Oui, IM	COP
42	Moldova*	Non	Non	COP
43	Monténégro	Non	Non	COP
44	Norvège	Oui, IM		COP
45	Ouzbékistan	Non	Non	COP
46	Pays-Bas	Oui, IM		COP
47	Pologne	Oui, IM		COP
48	Portugal	Oui, IM		COP
49	Qatar	Oui, IM		COP
50	République slovaque	Oui, IM		COP
51	Roumanie	Non	Oui, IM	COP
52	Royaume-Uni	Oui, IM		COP
53	Serbie	Oui, IM		COP
54	Singapour	Oui, IM		COP
55	Suède	Oui, autres		COP
56	Suisse	Non	Oui, autres	COP
57	Tchéquie	Oui, IM		COP
58	Thaïlande	Oui, IM		COP
59	Türkiye	Non	Oui, IM	COP
60	Ukraine	Oui, IM		COP

Sri Lanka

A. Progrès dans la mise en œuvre du standard minimum

Le Sri Lanka compte 43 conventions fiscales en vigueur, comme l'indique sa réponse au questionnaire d'examen par les pairs. Aucune de ces conventions n'est conforme au standard minimum.

Le Sri Lanka n'a pas signé l'IM.

Le Sri Lanka a signé un instrument bilatéral de mise en conformité concernant sa convention avec la Tchéquie.

Le Sri Lanka a indiqué dans sa réponse au questionnaire d'examen par les pairs avoir pris des mesures (autres qu'au titre de l'IM) afin de mettre en œuvre le standard minimum dans ses conventions avec la Belgique, le Danemark, l'Inde, le Luxembourg, le Pakistan, les Pays-Bas, la Roumanie et la Suisse.

Le Sri Lanka met en œuvre le standard minimum par l'inclusion de la disposition de la déclaration du préambule et de la règle COP, associée à la règle LOB en ce qui concerne sa convention avec l'Inde.

Dans leurs réponses au questionnaire d'examen par les pairs, l'Indonésie et le Japon ont indiqué que leurs conventions avec le Sri Lanka ne soulevaient pas de préoccupations importantes en matière de chalandage fiscal, au regard de leurs juridictions respectives.

B. Conclusion

Le Sri Lanka a élaboré un plan de mise en œuvre du standard minimum dans ses conventions avec l'Allemagne, l'Australie, Bahreïn, le Bélarus, le Canada, la Chine (République populaire de), la Corée, les Émirats arabes unis, la Fédération de Russie, la Finlande, la France, l'Indonésie, l'Italie, le Japon, la Malaisie, Maurice, la Norvège, Oman, la Pologne, le Qatar, la République slovaque, les Seychelles, Singapour, la Suède, la Thaïlande, le Royaume-Uni et le Viet Nam. Le Sri Lanka a indiqué dans sa réponse au questionnaire d'examen par les pairs que des négociations bilatérales seraient engagées concernant ces conventions.

Synthèse de la réponse de la juridiction – Sri Lanka

	1. Partenaires conventionnels	2. Conformité avec le standard	3. Signature d'un instrument de mise en conformité	4. Recours à la disposition relative au standard minimum
1	Belgique	Non	Non	COP
2	Danemark	Non	Non	COP
3	États-Unis	Non	Non	LOB détaillée
4	Inde	Non	Non	COP + LOB
5	Luxembourg	Non	Non	COP
6	Pakistan	Non	Non	COP
7	Pays-Bas	Non	Non	COP
8	Roumanie	Non	Non	COP
9	Suisse	Non	Non	COP
10	Tchéquie	Non	Oui, autres	COP

Autres conventions

	1. Partenaires conventionnels	2. Membre du Cadre inclusif
1	Allemagne	Oui
2	Australie	Oui
3	Bahreïn	Oui
4	Bangladesh*	Non
5	Bélarus	Oui
6	Canada	Oui
7	Chine (République populaire de)	Oui
8	Corée	Oui
9	Émirats arabes unis	Oui
10	Fédération de Russie	Oui
11	Finlande	Oui
12	France	Oui
13	Indonésie	Oui
14	Iran*	Non
15	Italie	Oui
16	Japon	Oui
17	Koweït	Oui
18	Malaisie	Oui
19	Maurice	Oui
20	Népal*	Non
21	Norvège	Oui
22	Oman	Oui
23	Palestine*	Non
24	Philippines	Oui
25	Pologne	Oui
26	Qatar	Oui
27	République slovaque	Oui
28	Royaume-Uni	Oui
29	Seychelles	Oui
30	Singapour	Oui
31	Suède	Oui
32	Thaïlande	Oui
33	Viet Nam	Oui

Suède

A. Progrès dans la mise en œuvre du standard minimum

La Suède compte 83 conventions fiscales en vigueur, comme l'indique sa réponse au questionnaire d'examen par les pairs, y compris la Convention nordique multilatérale conclue avec le Danemark, les Îles Féroé, la Finlande, l'Islande et la Norvège (la « Convention nordique »)[134]. Neuf de ces conventions, y compris la Convention nordique, sont conformes au standard minimum.

La Suède a signé l'IM en 2017 et a déposé son instrument de ratification le 22 juin 2018. L'IM est entré en vigueur pour la Suède le 1er octobre 2018. Les conventions qui seront modifiées par l'IM deviendront conformes au standard minimum une fois que les dispositions de l'IM auront pris effet.

La Suède se réserve le droit de retarder la prise d'effet des dispositions de l'IM jusqu'à ce qu'elle ait accompli les procédures internes prévues à cet effet au regard de chacune des conventions notifiées[135]. La Suède n'a pas encore indiqué qu'elle avait accompli ses procédures internes relatives à la prise d'effet de l'IM au regard de ses conventions fiscales.

La Suède n'a pas notifié aux fins de l'IM ses conventions avec l'Australie, l'Autriche, la Bosnie-Herzégovine, l'Espagne, la Croatie, le Monténégro, la Serbie et Singapour mais a indiqué dans sa réponse au questionnaire d'examen par les pairs avoir pris des mesures (autres qu'au titre de l'IM) afin de mettre en œuvre le standard minimum dans les conventions avec l'Australie, l'Autriche, la Bosnie-Herzégovine, l'Espagne, la Croatie, le Monténégro, la Serbie et Singapour. L'Australie, la Bosnie-Herzégovine, la Croatie, la Serbie et Singapour ont notifié leurs conventions conclues avec la Suède aux fins de l'IM.

La Suède a signé un instrument bilatéral de mise en conformité concernant sa convention avec l'Allemagne, le Brésil et la France.

La Suède a indiqué dans sa réponse au questionnaire d'examen par les pairs que ses conventions avec le Kosovo* et le Monténégro ne soulevaient pas de préoccupations significatives en matière de chalandage fiscal au regard de sa juridiction.

La Suède met en œuvre le standard minimum par l'inclusion de la déclaration du préambule et de la règle COP[136].

B. Conclusion

L'Australie, la Bosnie-Herzégovine, la Croatie, la Serbie et Singapour ont notifié leurs conventions conclues avec la Suède aux fins de l'IM, ce qui équivaut à une demande de mise en œuvre du standard minimum.

La Suède s'emploie à achever ses procédures internes nécessaires à la prise d'effet de l'IM (ce qui implique l'adoption d'une loi spécifique et distincte rendant compte des effets de l'IM pour chaque

---

134 Voir la convention multilatérale conclue par le Danemark, la Finlande, les Îles Féroé, l'Islande, la Norvège et la Suède tendant à éviter la double imposition concernant les impôts sur le revenu et la fortune (1996, 1997, 2008 et 2018).

135 Des réserves ont été formulées conformément à l'article 35(7)(a) de l'IM.

136 Pour ses conventions notifiées aux fins de l'IM, la Suède choisit d'appliquer la disposition de la déclaration du préambule (article 6 de l'IM) et la règle COP (article 7 de l'IM).

convention qui est une convention fiscale couverte par l'IM). Pour faire en sorte que le standard minimum soit mis en œuvre le rapidement possible, la Suède a engagé en parallèle des négociations bilatérales.

Recommandation

Il est recommandé que la Suède prenne les mesures nécessaires afin que l'IM prenne effet au regard de ses conventions fiscales notifiées aux fins de l'IM, car ces conventions ne seront modifiées par l'IM (et ne deviendront conformes au standard minimum) qu'une fois que les dispositions de l'IM auront pris effet.

Synthèse de la réponse de la juridiction – Suède

	1. Partenaires conventionnels	2. Conformité avec le standard	3. Signature d'un instrument de mise en conformité	4. Recours à la disposition relative au standard minimum
1	Afrique du Sud	Non	Oui, IM	COP
2	Albanie	Non	Oui, IM	COP
3	Allemagne	Non	Oui, autres	
4	Arabie saoudite	Non	Oui, IM	COP
5	Argentine	Non	Oui, IM	COP
6	Arménie	Non	Oui, IM	COP
7	Australie	Non	Non	
8	Autriche	Non	Non	
9	Azerbaïdjan	Non	Non	
10	Bangladesh*	Non	Non	
11	Barbade	Non	Oui, IM	
12	Bélarus	Non	Non	
13	Belgique	Non	Oui, IM	COP
14	Bolivie*	Non	Non	
15	Bosnie-Herzégovine	Non	Non	
16	Botswana	Non	Non	
17	Brésil	Non	Oui, autres	COP + LOB
18	Bulgarie	Non	Oui, IM	COP
19	Canada	Non	Oui, IM	COP
20	Chili	Non	Oui, IM	COP
21	Chine (République populaire de)	Non	Oui, IM	COP
22	Chypre*	Non	Oui, IM	COP
23	Corée	Non	Oui, IM	COP
24	Croatie	Non	Non	
25	Danemark	Oui, autres		COP
26	Égypte	Non	Oui, IM	COP
27	Espagne	Non	Non	
28	Estonie	Non	Oui, IM	COP
29	États-Unis	Non	Non	
30	Fédération de Russie	Oui, autres		COP
31	Finlande	Oui, autres		COP
32	France	Non	Oui, autres	
33	Gambie*	Non	Non	

34	Géorgie	Non	Oui, IM	COP
35	Hongrie	Non	Oui, IM	COP
36	Îles Féroé	Oui, autres		COP
37	Inde	Non	Oui, IM	COP
38	Indonésie	Non	Oui, IM	COP
39	Irlande	Non	Oui, IM	COP
40	Islande	Oui, autres		COP
41	Israël	Non	Oui, IM	COP
42	Italie	Non	Oui, IM	COP
43	Jamaïque	Non	Oui, IM	COP
44	Japon	Non	Oui, IM	COP + LOB
45	Kazakhstan	Non	Oui, IM	COP
46	Kenya	Non	Oui, IM	COP
47	Lettonie	Non	Oui, IM	COP
48	Lituanie	Non	Oui, IM	COP
49	Luxembourg	Non	Oui, IM	COP
50	Macédoine du Nord	Non	Oui, IM	COP
51	Malaisie	Non	Oui, IM	COP
52	Malte	Non	Oui, IM	COP
53	Maurice	Non	Oui, IM	COP
54	Mexique	Non	Oui, IM	COP
55	Namibie	Non	Oui, IM	COP
56	Nigéria	Non	Oui, IM	COP
57	Norvège	Oui, autres		COP
58	Nouvelle-Zélande	Non	Oui, IM	COP
59	Pakistan	Non	Oui, IM	COP
60	Pays-Bas	Non	Oui, IM	COP
61	Philippines	Non	Non	
62	Pologne	Non	Oui, IM	COP
63	République slovaque	Non	Oui, IM	COP
64	Roumanie	Non	Oui, IM	COP
65	Royaume-Uni	Oui, autres		COP
66	Serbie	Non	Non	
67	Singapour	Non	Non	
68	Slovénie	Oui, autres		COP
69	Sri Lanka	Non	Non	
70	Suisse	Oui, autres		COP
71	Tanzanie*	Non	Non	
72	Tchéquie	Non	Oui, IM	COP
73	Thaïlande	Non	Oui, IM	COP
74	Trinité-et-Tobago	Non	Non	
75	Tunisie	Non	Oui, IM	COP
76	Türkiye	Non	Oui, IM	COP
77	Ukraine	Non	Oui, IM	COP
78	Venezuela*	Non	Non	
79	Viet Nam	Non	Oui, IM	COP
80	Zambie	Non	Non	
81	Zimbabwe*	Non	Non	

Autres conventions

	1. Partenaires conventionnels	2. Membre du Cadre inclusif

1	Kosovo*	Non
2	Monténégro	Oui

Suisse

A. Progrès dans la mise en œuvre du standard minimum

La Suisse compte 108 conventions fiscales en vigueur, comme l'indique sa réponse au questionnaire d'examen par les pairs. Vingt-quatre de ces conventions sont conformes au standard minimum.

La Suisse a signé l'IM en 2017, a déposé son instrument de ratification le 29 août 2019, et notifié douze de ses conventions fiscales. L'IM est entré en vigueur pour la Suisse le 1er décembre 2019. Les conventions qui seront modifiées par l'IM deviendront conformes au standard minimum une fois que les dispositions de l'IM auront pris effet.

La Suisse se réserve le droit de retarder la prise d'effet des dispositions de l'IM jusqu'à ce qu'elle ait accompli les procédures internes prévues à cet effet au regard de chacune des conventions notifiées[137]. La Suisse a indiqué avoir accompli ses procédures internes relatives à l'entrée en vigueur de l'IM en ce qui concerne ses conventions avec le Luxembourg le 27 mai 2020, en ce qui concerne ses conventions avec la Lituanie et la Tchéquie le 18 décembre 2020, et en ce qui concerne sa convention avec l'Islande le 16 décembre 2022.

La Suisse n'a pas notifié aux fins de l'IM ses conventions avec l'Albanie, l'Allemagne, Antigua-et-Barbuda, l'Australie, la Barbade, Bélarus, Belgique, Belize, Bulgarie, Canada, Chine (République populaire de), Colombie, Corée, Côte d'Ivoire, Croatie, Danemark, Dominique, Égypte, Espagne, Estonie, Finlande, France, Géorgie, Grèce, Grenade, Hong Kong (Chine), Hongrie, Inde, Indonésie, Israël, Jamaïque, Kazakhstan, Liechtenstein, Malaisie, Malte, Maroc, Mongolie, Monténégro, Montserrat, Oman, Pakistan, Pérou, Pologne, Qatar, République slovaque, Roumanie, Russie, Sainte-Lucie, Saint-Kitts-et-Nevis, Saint-Vincent-et-les-Grenadines, Serbie, Singapour, Sri Lanka, Thaïlande, Tunisie, Uruguay et Viet Nam. Aussi, à ce stade, ces conventions ne seront pas modifiées par l'IM. L'Albanie, l'Australie, la Barbade, le Belize, la Chine (République populaire de), la Colombie, la Croatie, l'Égypte, l'Espagne, la Finlande, la France, la Grèce, Hong Kong (Chine), la Hongrie, l'Inde, l'Indonésie, la Jamaïque, le Kazakhstan, la Malaisie, le Maroc, la Mongolie, Oman, le Pakistan, le Pérou, la Pologne, la Roumanie, la Serbie, Singapour, la République slovaque, la Tunisie et l'Uruguay et le Viet Nam ont notifié leur convention avec la Suisse aux fins de l'IM.

La Suisse a également signé un instrument bilatéral de mise en conformité concernant ses conventions conclues avec les Émirats arabes unis, le Koweït, la Macédoine du Nord, la Slovénie et le Tadjikistan*.

La Suisse a indiqué dans sa réponse au questionnaire d'examen par les pairs avoir pris des mesures (autres qu'au titre de l'IM) afin de mettre en œuvre le standard minimum dans ses conventions avec l'Albanie, l'Algérie*, l'Allemagne, l'Australie, l'Autriche, le Bangladesh*, le Bélarus, la Belgique, la Bulgarie, le Canada, la Chine (République populaire de), la Colombie, la Côte d'Ivoire, la Croatie, le Danemark, l'Égypte, l'Espagne, l'Estonie, les États-Unis, la Finlande, la France, la Géorgie, la Grèce, Hong Kong (Chine), la Hongrie, l'Inde, l'Indonésie, Israël, la Jamaïque, le Kazakhstan, le Kirghizistan*, la Malaisie, le Maroc, la Mongolie, le Monténégro, Oman, le Pakistan, le Pérou, les Philippines, la Pologne, le Qatar, la République slovaque, la Roumanie, la Russie, la Serbie, Singapour, le Sri Lanka, la Thaïlande, Trinité-et-Tobago, la Tunisie, l'Uruguay et le Viet Nam.

La Suisse a précisé dans sa réponse au questionnaire d'examen par les pairs que ses conventions avec Antigua-et-Barbuda, l'Azerbaïdjan, la Barbade, le Belize, les Îles Vierges britanniques, le Taipei chinois*, la Dominique, l'Équateur*, la Gambie*, le Ghana*, la Grenade, le Malawi*, la Moldova*, Montserrat,

[137] Des réserves ont été formulées conformément à l'article 35(7)(a) de l'IM.

l'Ouzbékistan, Saint-Kitts-et-Nevis, Sainte-Lucie, Saint-Vincent-et-les-Grenadines, le Turkménistan* et le Venezuela* ne soulevaient pas de préoccupations importantes en matière de chalandage fiscal, au regard de sa juridiction.

La Suisse met en œuvre le standard minimum par l'inclusion de la déclaration du préambule et de la règle COP[138].

Dans leurs réponses au questionnaire d'examen par les pairs, Saint-Kitts-et-Nevis, Sainte-Lucie et Saint-Vincent-et-les-Grenadines ont indiqué que leurs conventions avec la Suisse ne soulevaient pas de préoccupations importantes en matière de chalandage fiscal, au regard de leurs juridictions respectives.

B. Conclusion

L'Albanie, l'Australie, la Barbade, Belize, la Chine (République populaire de), la Colombie, la Croatie, l'Égypte, l'Espagne, la Finlande, la France, la Grèce, Hong Kong (Chine), la Hongrie, l'Inde, l'Indonésie, le Kazakhstan, la Malaisie, le Maroc, la Mongolie, Oman, le Pakistan, le Pérou, la Pologne, la Roumanie, la Serbie, Singapour, la République slovaque, la Tunisie, l'Uruguay et le Viet Nam ont notifié leur convention avec la Suisse aux fins de l'IM, ce qui équivaut à une demande de mise en œuvre le standard minimum.

La Suisse est invitée à accomplir (et à notifier qu'elle a accompli) ses procédures internes relatives à la prise d'effet de l'IM au regard de ses conventions fiscales couvertes par l'IM n'ayant pas encore fait l'objet d'une telle notification.

Synthèse de la réponse de la juridiction – Suisse

	1. Partenaires conventionnels	2. Conformité avec le standard	3. Signature d'un instrument de mise en conformité	4. Recours à la disposition relative au standard minimum
1	Afrique du Sud	Non	Oui, IM	COP
2	Albanie	Non	Non	COP
3	Algérie*	Non	Non	COP
4	Allemagne	Non	Non	COP
5	Arabie saoudite	Oui, autres		COP
6	Argentine	Non	Oui, IM	COP
7	Arménie	Oui, autres		COP
8	Australie	Non	Non	COP
9	Autriche	Non	Oui, IM	COP
10	Bahreïn	Oui, autres		COP
11	Bangladesh*	Non	Non	COP
12	Bélarus	Non	Non	COP
13	Belgique	Non	Non	COP
14	Brésil	Oui, autres		COP
15	Bulgarie	Non	Non	COP
16	Canada	Non	Non	COP
17	Chili	Non	Oui, IM	COP
18	Chine (République populaire de)	Non	Non	COP
19	Chypre*	Oui, autres		COP

138 Pour ses conventions notifiées aux fins de l'IM, la Suisse choisit d'appliquer la disposition de la déclaration du préambule (article 6 de l'IM) et la règle COP (article 7 de l'IM).

20	Colombie	Non	Non	COP
21	Corée	Oui, autres		COP
22	Côte d'Ivoire	Non	Non	COP
23	Croatie	Non	Non	COP
24	Danemark	Non	Non	COP
25	Égypte	Non	Non	COP
26	Émirats arabes unis	Non	Oui, autres	COP
27	Espagne	Non	Non	COP
28	Estonie	Non	Non	COP
29	États-Unis	Non	Non	LOB détaillée
30	Fédération de Russie	Non	Non	COP
31	Finlande	Non	Non	COP
32	France	Non	Non	COP
33	Géorgie	Non	Non	COP
34	Grèce	Non	Non	COP
35	Hong Kong (Chine)	Non	Non	COP
36	Hongrie	Non	Non	COP
37	Inde	Non	Non	COP
38	Indonésie	Non	Non	COP
39	Iran*	Oui, autres		COP
40	Irlande	Oui, autres		COP
41	Islande	Oui, IM		COP
42	Israël	Non	Non	COP
43	Italie	Non	Oui, IM	COP
44	Jamaïque	Non	Non	COP
45	Japon	Oui, autres		COP + LOB
46	Kazakhstan	Non	Non	COP
47	Kirghizistan*	Non	Non	COP
48	Kosovo*	Oui, autres		COP
49	Koweït	Non	Oui, autres	COP
50	Lettonie	Oui, autres		COP
51	Liechtenstein	Oui, autres		COP
52	Lituanie	Oui, IM		COP
53	Luxembourg	Oui, IM		COP
54	Macédoine du Nord	Non	Oui, autres	COP
55	Malaisie	Non	Non	COP
56	Malte	Oui, autres		COP
57	Maroc	Non	Non	COP
58	Mexique	Non	Oui, IM	COP
59	Mongolie	Non	Non	COP
60	Monténégro	Non	Non	COP
61	Norvège	Oui, autres		COP
62	Nouvelle-Zélande	Oui, autres		COP
63	Oman	Non	Non	COP
64	Pakistan	Non	Non	COP
65	Pays-Bas	Oui, autres		COP
66	Pérou	Non	Non	COP
67	Philippines	Non	Non	COP
68	Pologne	Non	Non	COP
69	Portugal	Non	Oui, IM	COP
70	Qatar	Non	Non	COP
71	République slovaque	Non	Non	COP
72	Roumanie	Non	Non	COP

73	Royaume-Uni	Oui, autres		COP
74	Serbie	Non	Non	COP
75	Singapour	Non	Non	COP
76	Slovénie	Non	Oui, autres	COP
77	Sri Lanka	Non	Non	COP
78	Suède	Oui, autres		COP
79	Tadjikistan*	Non	Oui, autres	COP
80	Tchéquie	Oui, IM		COP
81	Thaïlande	Non	Non	COP
82	Trinité-et-Tobago	Non	Non	COP
83	Tunisie	Non	Non	COP
84	Türkiye	Non	Oui, IM	COP
85	Ukraine	Oui, autres		COP
86	Uruguay	Non	Non	COP
87	Viet Nam	Non	Non	COP
88	Zambie	Oui, autres		COP

Autres conventions

	1. Partenaires conventionnels	2. Membre du Cadre inclusif
1	Antigua-et-Barbuda	Oui
2	Azerbaïdjan	Oui
3	Barbade	Oui
4	Belize	Oui
5	Dominique	Oui
6	Équateur*	Non
7	Gambie*	Non
8	Ghana*	Non
9	Grenade	Oui
10	Îles Vierges britanniques	Oui
11	Malawi*	Non
12	Moldova*	Non
13	Montserrat	Oui
14	Ouzbékistan	Oui
15	Sainte-Lucie	Oui
16	Saint-Kitts-et-Nevis	Oui
17	Saint-Vincent-et-les-Grenadines	Oui
18	Taipei chinois*	Non
19	Turkménistan*	Non
20	Venezuela*	Non

Tchéquie

A. Progrès dans la mise en œuvre du standard minimum

La Tchéquie compte 95 conventions fiscales en vigueur[139], comme l'indique sa réponse au questionnaire d'examen par les pairs. Quarante-huit de ces conventions[140] sont conformes au standard minimum.

La Tchéquie a signé l'IM en 2017 et a déposé son instrument de ratification le 13 mai 2020. L'IM est entré en vigueur pour la Tchéquie le 1er septembre 2020. Les conventions qui seront modifiées par l'IM deviendront conformes au standard minimum une fois que les dispositions de l'IM auront pris effet.

La Tchéquie n'a pas notifié aux fins de l'IM ses conventions non conformes avec l'Albanie, l'Arabie saoudite, Bahreïn, la Barbade, le Bélarus, la Bosnie-Herzégovine, le Botswana, le Brésil, l'Estonie, les États-Unis, l'Indonésie, la Jordanie, le Kazakhstan, la Macédoine du Nord, la Malaisie, le Maroc, la Mongolie, le Monténégro[141], l'Ouzbékistan, le Panama, la Thaïlande, la Tunisie, l'Ukraine et le Viet Nam. Aussi, à ce stade, ces conventions ne seront pas modifiées par l'IM. L'Albanie, l'Arabie saoudite, la Barbade, Bahreïn, la Bosnie-Herzégovine, l'Estonie, l'Indonésie, la Jordanie, le Kazakhstan, la Macédoine du Nord, la Malaisie, le Maroc, la Mongolie, le Panama, la Thaïlande, la Tunisie, l'Ukraine et le Viet Nam ont notifié leurs conventions avec la Tchéquie aux fins de l'IM.

La Tchéquie a également signé un instrument bilatéral de mise en conformité concernant ses conventions conclues avec le Sri Lanka et les Émirats arabes unis.

La Tchéquie a indiqué dans sa réponse au questionnaire d'examen par les pairs avoir pris des mesures (autres qu'au titre de l'IM) afin de mettre en œuvre le standard minimum dans ses conventions avec le Brésil, la Macédoine du Nord et le Monténégro[142].

La Tchéquie met en œuvre le standard minimum par l'inclusion de la déclaration du préambule et de la règle COP[143].

B. Conclusion

L'Albanie, l'Arabie saoudite, Bahreïn, la Barbade, la Bosnie-Herzégovine, l'Estonie, l'Indonésie, la Jordanie, le Kazakhstan, la Macédoine du Nord, la Malaisie, le Maroc, la Mongolie, le Panama, la

---

[139] La Tchéquie compte 95 conventions en vigueur. Ces 95 conventions concernent 96 juridictions, parce que la Tchéquie continue d'appliquer la convention conclue avec l'ancienne Serbie-et-Monténégro à la Serbie et au Monténégro*.

[140] Une de ces conventions, celle conclue avec l'ancienne Serbie-et-Monténégro est conforme au standard minimum uniquement en ce qui concerne la Serbie. La Tchéquie a indiqué que des procédures internes étaient en cours en vue de préparer la signature d'une nouvelle convention qui a été négociée avec le Monténégro.

[141] La Tchéquie a inclus la convention conclue avec l'ancienne Serbie-et-Monténégro dans la liste des conventions devant être couvertes par l'IM uniquement pour ce qui est de la Serbie.

[142] La Tchéquie a indiqué dans sa réponse au questionnaire d'examen par les pairs avoir négocié une nouvelle convention avec le Monténégro.

[143] Pour ses conventions notifiées aux fins de l'IM, la Tchéquie choisit d'appliquer la disposition de la déclaration du préambule (article 6 de l'IM) et la règle COP (article 7 de l'IM).

Thaïlande, la Tunisie, l'Ukraine et le Viet Nam ont notifié leurs conventions avec la Tchéquie aux fins de l'IM, ce qui équivaut à une demande de mise en œuvre du standard minimum.

La Tchéquie a élaboré un plan de mise en œuvre du standard minimum dans ses conventions conclues avec l'Albanie, l'Arabie saoudite, Bahreïn, la Barbade, le Bélarus, la Bosnie-Herzégovine, le Botswana, l'Estonie, les États-Unis, l'Indonésie, la Jordanie, le Kazakhstan, la Malaisie, le Maroc, la Mongolie, l'Ouzbékistan, le Panama, la Thaïlande, la Tunisie, l'Ukraine et le Viet Nam.

La Tchéquie a indiqué dans sa réponse au questionnaire sur les examens par les pairs qu'elle avait l'intention au cours de l'année d'élargir la liste des conventions qui seront couvertes par l'IM afin d'y inclure les conventions conclues avec des juridictions qui ont signé l'IM et qui ont notifié leurs conventions avec la Tchéquie. Afin d'éviter d'éventuels doutes et malentendus à l'avenir, la Tchéquie a fait savoir qu'elle ne notifierait que les conventions dont les modifications apportées par l'IM ont été confirmées bilatéralement avec les juridictions concernées. À l'issue de cette procédure, la Tchéquie a indiqué qu'elle poursuivrait les renégociations ou les négociations bilatérales des protocoles portant modification afin de mettre en œuvre le standard minimum dans ses autres conventions.

Synthèse de la réponse de la juridiction – Tchéquie

	1. Partenaires de convention	2. Conformité avec le standard	3. Signature d'un instrument de mise en conformité	4. Recours à la disposition relative au standard minimum
1	Afrique du Sud	Oui, IM		COP
2	Allemagne	Non	Oui, IM	COP
3	Arménie	Non	Oui, IM	COP
4	Australie	Oui, IM		COP
5	Autriche	Oui, IM		COP
6	Bangladesh*	Oui, autres		COP
7	Belgique	Oui, IM		COP
8	Brésil	Non	Non	
9	Bulgarie	Oui, IM		COP
10	Canada	Oui, IM		COP
11	Chili	Oui, IM		COP
12	Chine (République populaire de)	Oui, IM		COP
13	Chypre*	Oui, IM		COP
14	Colombie	Non	Oui, IM	COP
15	Corée	Oui, autres		COP
16	Croatie	Oui, IM		COP
17	Danemark	Oui, IM		COP
18	Égypte	Oui, IM		COP
19	Émirats arabes unis	Non	Oui, autres	COP
20	Espagne	Oui, IM		COP
21	États-Unis	Non	Non	
22	Fédération de Russie	Oui, IM		COP
23	Finlande	Oui, IM		COP
24	France	Oui, IM		COP
25	Géorgie	Oui, IM		COP
26	Grèce	Oui, IM		COP
27	Hong Kong (Chine)	Oui, IM		COP
28	Hongrie	Oui, IM		COP
29	Inde	Oui, IM		COP
30	Irlande	Oui, IM		COP
31	Islande	Oui, IM		COP

32	Israël	Oui, IM		COP
33	Italie	Non	Oui, IM	COP
34	Japon	Oui, IM		COP
35	Kirghizistan*	Oui, autres		COP
36	Koweït	Non	Oui, IM	COP
37	Lettonie	Oui, IM		COP
38	Liechtenstein	Oui, IM		COP
39	Lituanie	Oui, IM		COP
40	Luxembourg	Oui, IM		COP
41	Macédoine du Nord	Non	Non	
42	Malte	Oui, IM		COP
43	Mexique	Non	Oui, IM	COP
44	Monténégro	Non	Non	
45	Nigéria	Non	Oui, IM	COP
46	Norvège	Oui, IM		COP
47	Nouvelle-Zélande	Oui, IM		COP
48	Pakistan	Oui, IM		COP
49	Pays-Bas	Oui, IM		COP
50	Pologne	Oui, IM		COP
51	Portugal	Oui, IM		COP
52	Qatar	Oui, autres		COP
53	République slovaque	Oui, IM		COP
54	Roumanie	Non	Oui, IM	COP
55	Royaume-Uni	Oui, IM		COP
56	Saint-Marin	Oui, autres		COP
57	Sénégal	Oui, autres		COP
58	Serbie	Oui, IM		COP
59	Singapour	Oui, IM		COP
60	Slovénie	Oui, IM		COP
61	Sri Lanka	Non	Oui, autres	COP
62	Suède	Non	Oui, IM	COP
63	Suisse	Oui, IM		COP
64	Türkiye	Non	Oui, IM	COP

Autres conventions

	1. Partenaires conventionnels	2. Membre du Cadre inclusif
1	Albanie	Oui
2	Arabie saoudite	Oui
3	Azerbaïdjan	Oui
4	Bahreïn	Oui
5	Barbade	Oui
6	Bélarus	Oui
7	Bosnie-Herzégovine	Oui
8	Botswana	Oui
9	Estonie	Oui
10	Éthiopie*	Non
11	Ghana*	Non
12	Indonésie	Oui
13	Iran*	Non
14	Jordanie	Oui
15	Kazakhstan	Oui

16	Liban*	Non
17	Malaisie	Oui
18	Maroc	Oui
19	Moldova*	Non
20	Mongolie	Oui
21	Ouzbékistan	Oui
22	Panama	Oui
23	Philippines	Oui
24	République arabe syrienne*	Non
25	République populaire démocratique de Corée*	Non
26	Tadjikistan*	Non
27	Thaïlande	Oui
28	Tunisie	Oui
29	Turkménistan*	Non
30	Ukraine	Oui
31	Venezuela*	Non
32	Viet Nam	Oui

Thaïlande

A. Progrès dans la mise en œuvre du standard minimum

La Thaïlande compte 61 conventions fiscales en vigueur, comme l'indique sa réponse au questionnaire d'examen par les pairs. Trente-quatre de ces conventions sont conformes au standard minimum.

La Thaïlande a signé l'IM en 2022, déposé son instrument de ratification le 31 mars 2022, et notifié ses conventions fiscales non conformes conclues avec d'autres membres du Cadre inclusif. L'IM est entré en vigueur pour la Thaïlande le 1er juillet 2022. Les conventions qui seront modifiées par l'IM deviendront conformes au standard minimum une fois que les dispositions de l'IM auront pris effet.

La Thaïlande a indiqué dans sa réponse au questionnaire d'examen par les pairs avoir pris des mesures (autres qu'au titre de l'IM) afin de mettre en œuvre le standard minimum dans ses conventions avec les Pays-Bas et la Norvège.

La Thaïlande met en œuvre le standard minimum par l'inclusion de la déclaration du préambule et de la règle COP[144].

B. Conclusion

Aucune juridiction n'a signalé de préoccupation relative à ses conventions conclues avec la Thaïlande.

Synthèse de la réponse de la juridiction – Thaïlande

	1. Partenaires conventionnels	2. Conformité avec le standard	3. Signature d'un instrument de mise en conformité	4. Recours à la disposition relative au standard minimum
1	Afrique du Sud	Oui, IM		COP
2	Allemagne	Non	Non	COP
3	Arménie	Non	Oui, IM	COP
4	Australie	Oui, IM		COP
5	Autriche	Non	Non	COP
6	Bahreïn	Oui, IM		COP
7	Bangladesh*	Non	Non	COP
8	Bélarus	Non	Non	COP
9	Belgique	Oui, IM		COP
10	Bulgarie	Oui, IM		COP
11	Cambodge*	Non	Non	COP
12	Canada	Oui, IM		COP
13	Chili	Oui, IM		COP
14	Chine (République populaire de)	Oui, IM		COP
15	Chypre*	Oui, IM		COP
16	Corée	Oui, IM		COP
17	Danemark	Oui, IM		COP
18	Émirats arabes unis	Oui, IM		COP

144 Pour ses conventions notifiées aux fins de l'IM, la Thaïlande choisit d'appliquer la disposition de la déclaration du préambule (article 6 de l'IM) et la règle COP (article 7 de l'IM).

19	Espagne	Oui, IM		COP
20	Estonie	Non	Oui, IM	COP
21	États-Unis	Non	Non	LOB détaillée
22	Fédération de Russie	Non	Oui, IM	COP
23	Finlande	Oui, IM		COP
24	France	Oui, IM		COP
25	Hong Kong (Chine)	Oui, IM		COP
26	Hongrie	Oui, IM		COP
27	Inde	Oui, IM		COP
28	Indonésie	Oui, IM		COP
29	Irlande	Oui, IM		COP
30	Israël	Oui, IM		COP
31	Italie	Non	Oui, IM	COP
32	Japon	Oui, IM		COP
33	Koweït	Non	Oui, IM	COP
34	Luxembourg	Oui, IM		COP
35	Malaisie	Oui, IM		COP
36	Maurice	Oui, IM		COP
37	Myanmar*	Non	Non	COP
38	Népal*	Non	Non	COP
39	Norvège	Non	Non	
40	Nouvelle-Zélande	Oui, IM		COP
41	Oman	Oui, IM		COP
42	Ouzbékistan	Non	Non	COP
43	Pakistan	Oui, IM		COP
44	Pays-Bas	Non	Non	
45	Philippines	Non	Non	COP
46	Pologne	Oui, IM		COP
47	République démocratique populaire lao*	Non	Non	COP
48	Roumanie	Non	Oui, IM	COP
49	Royaume-Uni	Oui, IM		COP
50	Seychelles	Oui, IM		COP
51	Singapour	Oui, IM		COP
52	Slovénie	Oui, IM		COP
53	Sri Lanka	Non	Non	COP
54	Suède	Non	Oui, IM	COP
55	Suisse	Non	Non	COP
56	Tadjikistan*	Non	Non	COP
57	Tchéquie	Non	Non	COP
58	Türkiye	Non	Oui, IM	COP
59	Ukraine	Oui, IM		COP
60	Viet Nam	Non	Oui, IM	COP

Autres conventions

	1. Partenaires conventionnels	2. Membre du Cadre inclusif
1	Taipei chinois*	Non

Togo

A. Progrès dans la mise en œuvre du standard minimum

Le Togo compte trois conventions fiscales en vigueur, ainsi que l'indique sa réponse au questionnaire d'examen par les pairs, y compris le Règlement multilatéral 08/2008/COM portant adoption des règles visant à éviter la double imposition au sein de l'Union économique et monétaire ouest-africaine (l'UEMOA) et des règles d'assistance en matière fiscale conclu avec sept de ses partenaires[145], ainsi que l'Acte additionnel multilatéral A/SA 5/12/18 portant adoption des règles communautaires pour l'élimination de la double imposition en matière d'impôts sur les revenus, les capitaux et les successions et la prévention de la fraude et de l'évasion fiscale entre les États membres de la CEDEAO (l'Acte additionnel de la CEDEAO) conclu avec 14 partenaires. L'une de ces conventions, l'Acte additionnel de la CEDEAO, est conforme au standard minimum.

Le Togo n'a pas signé l'IM.

Le Togo met en œuvre le standard minimum par l'inclusion de la déclaration du préambule et de la règle COP.

B. Conclusion

Le Togo a entrepris de mettre au point, en consultation avec le Secrétariat, un plan de mise en œuvre du standard minimum dans ses convention avec la France.

La Convention de l'UEMOA n'est pas conforme au standard minimum à ce stade, et des discussions visant à la mettre à jour devraient être envisagées[146].

Synthèse de la réponse de la juridiction – Togo

	1. Partenaires conventionnels	2. Conformité avec le standard	3. Signature d'un instrument de mise en conformité	4. Recours à la disposition relative au standard minimum
1	Partenaires conventionnels membres de l'Acte additionnel de la CEDEAO (Bénin, Burkina Faso, Cabo Verde, Côte d'Ivoire, Gambie*, Ghana*, Guinée-Bissau*, Guinée Conakry*, Libéria, Mali*, Niger*, Nigéria, Sénégal, Sierra Leone)	Oui, autres		COP

[145] Règlement n° 08/2008/CM des pays de l'Union économique et monétaire ouest-africaine (UEMOA) du 26 septembre 2008 portant adoption des règles visant à éviter la double imposition au sein de l'UEMOA et des règles d'assistance en matière fiscale.

[146] Les révisions de la Convention de l'UEMOA nécessitent l'accord de ses huit partenaires.

Autres conventions

	1. Partenaires conventionnels	2. Membre du Cadre inclusif
1	France	Oui
2	Partenaires conventionnels membres de l'UEMOA (Bénin, Burkina Faso, Côte d'Ivoire, Guinée-Bissau*, Mali*, Niger*, Sénégal)	Oui (Bénin, Burkina Faso, Côte d'Ivoire, Sénégal) Non (Guinée-Bissau*, Mali*, Niger*)

Trinité-et-Tobago

A. Progrès dans la mise en œuvre du standard minimum

Trinité-et-Tobago compte 16 conventions fiscales en vigueur, comme l'indique sa réponse au questionnaire d'examen par les pairs, y compris la convention multilatérale entre les membres de la CARICOM conclue avec dix de ses partenaires (la convention de la CARICOM). [147]

Aucune de ces conventions n'est conforme au standard minimum.

Trinité-et-Tobago n'a pas signé l'IM.

Trinité-et-Tobago a indiqué dans sa réponse au questionnaire d'examen par les pairs avoir pris des mesures (autres qu'au titre de l'IM) afin de mettre en œuvre le standard minimum dans la convention de la CARICOM.

Trinité-et-Tobago a indiqué dans sa réponse au questionnaire d'examen par les pairs qu'elle avait l'intention de mettre en œuvre le Standard minimum moyennant l'inclusion de la déclaration du préambule et de la règle COP associée à la règle LOB simplifiée.

Dans sa réponse au questionnaire d'examen par les pairs, l'Italie a indiqué que sa convention avec Trinité-et-Tobago ne soulevait pas de préoccupations significatives en matière de chalandage fiscal, au regard de sa juridiction.

B. Conclusion

Trinité-et-Tobago a élaboré, en concertation avec le Secrétariat, un plan de mise en œuvre du standard minimum dans leurs conventions avec l'Allemagne, le Brésil, le Canada, la Chine (République populaire de), l'Espagne, la France, l'Inde, l'Italie, le Luxembourg, la Norvège, le Royaume-Uni, la Suède et la Suisse. Trinité-et-Tobago a indiqué dans sa réponse au questionnaire d'examen par les pairs que des négociations bilatérales seraient engagées concernant ces conventions.

Synthèse de la réponse de la juridiction – Trinité-et-Tobago

	1. Partenaires de convention	2. Conformité avec le standard	3. Signature d'un instrument de mise en conformité	4. Recours à la disposition relative au standard minimum
1	États-Unis	Non	Non	
2	Partenaires conventionnels membres de la CARICOM (Antigua-et-Barbuda, Barbade, Belize, Dominique, Grenade, Guyana*, Jamaïque, Saint-Kitts-et-Nevis, Sainte-Lucie, Saint-Vincent-et-les-Grenadines)	Non	Non	

[147] Accord entre les gouvernements des États membres de la Communauté des Caraïbes tendant à éviter la double imposition et à prévenir l'évasion fiscale en matière d'impôts sur le revenu, sur les profits ou les gains en capital et pour l'encouragement du commerce régional et de l'investissement, Saint-Michel (Barbade), 6 juillet 1994 ; entre Antigua-et-Barbuda (18 février 1998), la Barbade (7 juillet 1995), le Belize (30 novembre 1994), la Dominique (19 juin 1996), la Grenade (1er mars 1996), le Guyana* (26 novembre 1997), la Jamaïque (16 février 1995), Saint-Kitts-et-Nevis (8 mai 1997), Sainte-Lucie (22 mai 1995), Saint-Vincent-et-les-Grenadines (12 février 1998) et Trinité-et-Tobago (29 novembre 1994).

Autres conventions

	1. Partenaires conventionnels	2. Membre du Cadre inclusif
1	Allemagne	Oui
2	Brésil	Oui
3	Canada	Oui
4	Chine (République populaire de)	Oui
5	Espagne	Oui
6	France	Oui
7	Inde	Oui
8	Italie	Oui
9	Luxembourg	Oui
10	Norvège	Oui
11	Royaume-Uni	Oui
12	Suède	Oui
13	Suisse	Oui
14	Venezuela*	Oui

Tunisie

A. Progrès dans la mise en œuvre du standard minimum

La Tunisie compte 56 conventions fiscales en vigueur, comme l'indique sa réponse au questionnaire d'examen par les pairs, y compris la Convention en matière d'impôts sur le revenu de l'Union du Maghreb arabe conclue avec quatre partenaires (la Convention UMA). Aucune de ces conventions n'est conforme au standard minimum.

La Tunisie a signé l'IM en 2018, déposé son instrument de ratification le 24 juillet 2023, et notifié ses conventions fiscales non conformes. L'IM est entré en vigueur pour la Tunisie le 1er novembre 2023. Les conventions qui seront modifiées par l'IM deviendront conformes au standard minimum une fois que les dispositions de l'IM auront pris effet.

La Tunisie a indiqué dans sa réponse au questionnaire d'examen par les pairs avoir pris des mesures (autres qu'au titre de l'IM) afin de mettre en œuvre le standard minimum dans ses conventions avec l'Autriche, la Norvège, le Soudan* et la Suisse.

La Tunisie met en œuvre le standard minimum par l'inclusion de la déclaration du préambule et de la règle COP[148].

B. Conclusion

Aucune juridiction n'a signalé de préoccupation relative à ses conventions conclues avec la Tunisie.

Synthèse de la réponse de la juridiction – Tunisie

	1. Partenaires conventionnels	2. Conformité avec le standard	3. Signature d'un instrument de mise en conformité	4. Recours à la disposition relative au standard minimum
1	Afrique du Sud	Non	Oui, IM	COP
2	Algérie	Non	Non	
3	Allemagne	Non	Non	
4	Arabie saoudite	Non	Oui, IM	COP
5	Autriche	Non	Non	COP
6	Belgique	Non	Oui, IM	COP
7	Burkina Faso	Non	Oui, IM	COP
8	Cameroun	Non	Oui, IM	COP
9	Canada	Non	Oui, IM	COP
10	Chine	Non	Oui, IM	COP
11	Convention UMA (Algérie*, Mauritanie, Maroc et Libye*)			
12	Corée	Non	Oui, IM	COP
13	Côte d'Ivoire	Non	Oui, IM	COP
14	Danemark	Non	Oui, IM	COP
15	Égypte	Non	Oui, IM	COP

148 Pour ses conventions notifiées aux fins de l'IM, la Tunisie choisit d'appliquer la disposition de la déclaration du préambule (article 6 de l'IM) et la règle COP (article 7 de l'IM).

16	Émirats arabes unis	Non	Oui, IM	COP
17	Espagne	Non	Oui, IM	COP
18	États-Unis	Non	Non	
19	Éthiopie	Non	Non	
20	France	Non	Oui, IM	COP
21	Grèce	Non	Oui, IM	COP
22	Hongrie	Non	Oui, IM	COP
23	Indonésie	Non	Non	
24	Iran	Non	Non	
25	Italie	Non	Oui, IM	COP
26	Jordanie	Non	Oui, IM	COP
27	Koweït	Non	Oui, IM	COP
28	Liban	Non	Non	
29	Luxembourg	Non	Oui, IM	COP
30	Lybie	Non	Non	
31	Mali	Non	Non	
32	Malte	Non	Oui, IM	COP
33	Maroc	Non	Non	COP
34	Maurice	Non	Oui, IM	COP
35	Mauritanie	Non	Non	
36	Norvège	Non	Non	COP
37	Oman	Non	Oui, IM	COP
38	Pakistan	Non	Oui, IM	COP
39	Pays-Bas	Non	Oui, IM	COP
40	Pologne	Non	Oui, IM	COP
41	Portugal	Non	Oui, IM	COP
42	Qatar	Non	Oui, IM	COP
43	République slovaque	Non	Oui, IM	COP
44	Roumanie	Non	Oui, IM	COP
45	Royaume-Uni	Non	Oui, IM	COP
46	Sénégal	Non	Oui, IM	COP
47	Serbie	Non	Oui, IM	COP
48	Singapour	Non	Oui, IM	COP
49	Soudan	Non	Non	COP
50	Suède	Non	Oui, IM	COP
51	Suisse	Non	Non	COP
52	Syrie	Non	Non	
53	Tchéquie	Non	Non	
54	Türkiye	Non	Oui, IM	COP
55	Viet Nam	Non	Oui, IM	COP
56	Yémen	Non	Non	

Türkiye

A. Progrès dans la mise en œuvre du standard minimum

La Türkiye compte 89 conventions fiscales en vigueur, comme l'indique sa réponse au questionnaire d'examen par les pairs. Trois de ces conventions sont conformes au standard minimum.

La Türkiye a signé l'IM en 2017 et a notifié ses conventions non conformes. Les conventions qui seront modifiées par l'IM deviendront conformes au standard minimum une fois que les dispositions de l'IM auront pris effet.

La Türkiye a signé un instrument bilatéral de mise en conformité concernant sa convention avec la Corée.

La Türkiye a indiqué dans sa réponse au questionnaire d'examen par les pairs avoir pris des mesures (autres qu'au titre de l'IM) afin de mettre en œuvre le standard minimum dans sa convention avec l'Azerbaïdjan.

La Türkiye met en œuvre le standard minimum par l'inclusion de la déclaration du préambule et de la règle COP[149].

B. Conclusion

Recommandation

Il est recommandé que la Türkiye prenne les mesures nécessaires afin que l'IM prenne effet au regard de ses conventions fiscales notifiées aux fins de l'IM, car ces conventions ne seront modifiées par l'IM (et ne deviendront conformes au standard minimum) qu'une fois que les dispositions de l'IM auront pris effet.

Synthèse de la réponse de la juridiction – Türkiye

	1. Partenaires conventionnels	2. Conformité avec le standard	3. Signature d'un instrument de mise en conformité	4. Recours à la disposition relative au standard minimum
1	Afrique du Sud	Non	Oui, IM	COP
2	Albanie	Non	Oui, IM	COP
3	Algérie*	Non	Non	COP
4	Allemagne	Non	Oui, IM	COP
5	Arabie saoudite	Non	Oui, IM	COP
6	Australie	Non	Oui, IM	COP
7	Autriche	Non	Oui, IM	COP
8	Azerbaïdjan	Non	Non	COP
9	Bahreïn	Non	Oui, IM	COP
10	Bangladesh*	Non	Non	COP

149 Pour ses conventions notifiées aux fins de l'IM, la Türkiye choisit d'appliquer la disposition de la déclaration du préambule (article 6 de l'IM) et la règle COP (article 7 de l'IM).

11	Bélarus	Non	Non	COP
12	Belgique	Non	Oui, IM	COP
13	Bosnie-Herzégovine	Non	Oui, IM	COP
14	Brésil	Non	Non	COP
15	Bulgarie	Non	Oui, IM	COP
16	Canada	Non	Oui, IM	COP
17	Chine (République populaire de)	Non	Oui, IM	COP
18	Corée	Non	Oui, autres	COP
19	Croatie	Non	Oui, IM	COP
20	Danemark	Non	Oui, IM	COP
21	Égypte	Non	Oui, IM	COP
22	Émirats arabes unis	Non	Oui, IM	COP
23	Espagne	Non	Oui, IM	COP
24	Estonie	Non	Oui, IM	COP
25	États-Unis	Non	Non	
26	Éthiopie*	Non	Non	COP
27	Fédération de Russie	Non	Oui, IM	COP
28	Finlande	Non	Oui, IM	COP
29	France	Non	Oui, IM	COP
30	Gambie*	Non	Non	COP
31	Géorgie	Non	Oui, IM	COP
32	Grèce	Non	Oui, IM	COP
33	Hongrie	Non	Oui, IM	COP
34	Inde	Non	Oui, IM	COP
35	Indonésie	Non	Oui, IM	COP
36	Iran*	Non	Non	COP
37	Irlande	Non	Oui, IM	COP
38	Israël	Non	Oui, IM	COP
39	Italie	Non	Oui, IM	COP
40	Japon	Non	Oui, IM	COP
41	Jordanie	Non	Oui, IM	COP
42	Kazakhstan	Non	Oui, IM	COP
43	Kirghizistan*	Non	Non	COP
44	Kosovo*	Non	Non	COP
45	Koweït	Oui autre		COP
46	Lettonie	Non	Oui, IM	COP
47	Liban*	Non	Non	COP
48	Lituanie	Non	Oui, IM	COP
49	Luxembourg	Non	Oui, IM	COP
50	Macédoine du Nord	Non	Oui, IM	COP
51	Malaisie	Non	Oui, IM	COP
52	Malte	Non	Oui, IM	COP
53	Maroc	Non	Oui, IM	COP
54	Mexique	Non	Oui, IM	COP
55	Moldova*	Non	Non	COP
56	Mongolie	Non	Oui, IM	COP
57	Monténégro	Non	Non	COP
58	Norvège	Non	Oui, IM	COP
59	Nouvelle-Zélande	Non	Oui, IM	COP
60	Oman	Non	Oui, IM	COP
61	Ouzbékistan	Non	Non	COP
62	Pakistan	Non	Oui, IM	COP
63	Pays-Bas	Non	Oui, IM	COP

64	Philippines	Non	Non	COP
65	Pologne	Non	Oui, IM	COP
66	Portugal	Non	Oui, IM	COP
67	Qatar	Non	Oui, IM	COP
68	République arabe syrienne*	Non	Non	COP
69	République slovaque	Non	Oui, IM	COP
70	République turque de Chypre du Nord*	Non	Non	COP
71	Roumanie	Non	Oui, IM	COP
72	Royaume-Uni	Non	Oui, IM	COP
73	Rwanda*	Oui, autres		COP
74	Serbie	Non	Oui, IM	COP
75	Singapour	Non	Oui, IM	COP
76	Slovénie	Non	Oui, IM	COP
77	Soudan*	Non	Non	COP
78	Suède	Non	Oui, IM	COP
79	Suisse	Non	Oui, IM	COP
80	Tadjikistan*	Non	Non	COP
81	Tchad*	Non	Non	COP
82	Tchéquie	Non	Oui, IM	COP
83	Thaïlande	Non	Oui, IM	COP
84	Tunisie	Non	Oui, IM	COP
85	Turkménistan*	Non	Non	COP
86	Ukraine	Non	Oui, IM	COP
87	Venezuela*	Oui, autres		COP
88	Viet Nam	Non	Oui, IM	COP
89	Yémen*	Non	Non	COP

Ukraine

A. Progrès dans la mise en œuvre du standard minimum

L'Ukraine compte 73 conventions fiscales en vigueur, comme l'indique sa réponse au questionnaire d'examen par les pairs. Quarante-et-une de ces conventions sont conformes au standard minimum.

L'Ukraine a signé l'IM en 2018 et a déposé son instrument de ratification le 8 août 2019. L'IM est entré en vigueur pour l'Ukraine le 1er décembre 2019. Les conventions qui seront modifiées par l'IM deviendront conformes au standard minimum une fois que les dispositions de l'IM auront pris effet.

L'Ukraine a également signé un instrument bilatéral de mise en conformité concernant ses conventions avec l'Espagne et le Qatar.

L'Ukraine a indiqué dans sa réponse au questionnaire d'examen par les pairs avoir pris des mesures (autres qu'au titre de l'IM) afin de mettre en œuvre le standard minimum dans ses conventions avec l'Allemagne et le Monténégro.

L'Ukraine met en œuvre le standard minimum par l'inclusion de la déclaration du préambule et de la règle COP[150].

B. Conclusion

Aucune juridiction n'a signalé de préoccupation relative à ses conventions conclues avec l'Ukraine.

Synthèse de la réponse de la juridiction – Ukraine

	1. Partenaires conventionnels	2. Conformité avec le standard	3. Signature d'un instrument de mise en conformité	4. Recours à la disposition relative au standard minimum
1	Afrique du Sud	Oui, IM		COP
2	Algérie*	Non	Non	COP
3	Allemagne	Non	Non	COP
4	Arabie saoudite	Oui, IM		COP
5	Arménie	Non	Oui, IM	COP
6	Autriche	Oui, autres		COP
7	Azerbaïdjan	Non	Non	COP
8	Belgique	Oui, IM		COP
9	Brésil	Non	Non	COP
10	Bulgarie	Oui, IM		COP
11	Canada	Oui, IM		COP
12	Chine (République populaire de)	Oui, IM		COP
13	Chypre*	Oui, IM		COP
14	Corée	Oui, IM		COP
15	Croatie	Oui, IM		COP
16	Danemark	Oui, IM		COP
17	Égypte	Oui, IM		COP

[150] Pour ses conventions notifiées aux fins de l'IM, l'Ukraine choisit d'appliquer la disposition de la déclaration du préambule (article 6 de l'IM) et la règle COP (article 7 de l'IM).

18	Émirats arabes unis	Oui, IM		COP
19	Espagne	Non	Oui, autres	COP
20	Estonie	Oui, IM		COP
21	États-Unis	Non	Non	
22	Finlande	Oui, IM		COP
23	France	Oui, IM		COP
24	Géorgie	Non	Non	COP
25	Grèce	Oui, IM		COP
26	Hongrie	Oui, IM		COP
27	Inde	Oui, IM		COP
28	Indonésie	Non	Non	COP
29	Iran*	Non	Non	COP
30	Irlande	Oui, IM		COP
31	Islande	Oui, IM		COP
32	Israël	Oui, IM		COP
33	Italie	Non	Oui, IM	COP
34	Japon	Oui, IM		COP
35	Jordanie	Oui, IM		COP
36	Kazakhstan	Oui, IM		COP
37	Kirghizistan*	Non	Non	COP
38	Koweït	Non	Non	COP
39	Lettonie	Oui, IM		COP
40	Liban*	Non	Non	COP
41	Libye*	Non	Non	COP
42	Lituanie	Oui, IM		COP
43	Luxembourg	Oui, IM		COP
44	Macédoine du Nord	Non	Oui, IM	COP
45	Malaisie	Oui, IM		COP
46	Malte	Oui, IM		COP
47	Maroc	Non	Oui, IM	COP
48	Mexique	Non	Oui, IM	COP
49	Moldova*	Non	Non	COP
50	Mongolie	Non	Oui, IM	COP
51	Monténégro	Non	Non	COP
52	Norvège	Non	Non	COP
53	Ouzbékistan	Non	Non	COP
54	Pakistan	Oui, IM		COP
55	Pays-Bas	Oui, autres		COP
56	Pologne	Oui, IM		COP
57	Portugal	Oui, IM		COP
58	Qatar	Non	Oui, autres	COP
59	République arabe syrienne*	Non	Non	COP
60	République slovaque	Oui, IM		COP
61	Roumanie	Non	Oui, IM	COP
62	Royaume-Uni	Oui, autres		COP
63	Serbie	Oui, IM		COP
64	Singapour	Oui, IM		COP
65	Slovénie	Oui, IM		COP
66	Suède	Non	Oui, IM	COP
67	Suisse	Oui, autres		COP
68	Tadjikistan*	Non	Non	COP
69	Tchéquie	Non	Non	COP
70	Thaïlande	Oui, IM		COP

71	Türkiye	Non	Oui, IM	COP
72	Turkménistan*	Non	Non	COP
73	Viet Nam	Non	Oui, IM	COP

Uruguay

A. Progrès dans la mise en œuvre du standard minimum

L'Uruguay compte 23 conventions fiscales en vigueur, comme l'indique sa réponse au questionnaire d'examen par les pairs. Dix-sept de ces conventions sont conformes au standard minimum.

L'Uruguay a signé l'IM en 2017, a déposé son instrument de ratification le 6 février 2020, et a notifié ses conventions fiscales non conformes. L'IM est entré en vigueur pour l'Uruguay le 1er juin 2020. Les conventions qui seront modifiées par l'IM deviendront conformes au standard minimum une fois que les dispositions de l'IM auront pris effet.

L'Uruguay met en œuvre le standard minimum par l'inclusion de la disposition de la déclaration du préambule et de la règle COP associée à la règle LOB[151].

B. Conclusion

Aucune juridiction n'a signalé de préoccupation relative à ses conventions conclues avec l'Uruguay.

Synthèse de la réponse de la juridiction – Uruguay

	1. Partenaires conventionnels	2. Conformité avec le standard	3. Signature d'un instrument de mise en conformité	4. Recours à la disposition relative au standard minimum
1	Allemagne	Non	Non	
2	Belgique	Oui, IM		COP
3	Chili	Oui, autres		COP + LOB
4	Corée	Oui, IM		COP
5	Émirats arabes unis	Oui, IM		COP
6	Équateur*	Non	Non	COP + LOB
7	Espagne	Oui, IM		COP
8	Finlande	Oui, IM		COP
9	Hongrie	Oui, IM		COP
10	Inde	Oui, IM		COP + LOB
11	Italie	Oui, autres		COP
12	Japon	Oui, autres		COP
13	Liechtenstein	Oui, IM		COP
14	Luxembourg	Oui, IM		COP
15	Malte	Oui, IM		COP
16	Mexique	Non	Oui, IM	COP + LOB
17	Paraguay	Oui, autres		COP + LOB
18	Portugal	Oui, IM		COP
19	Roumanie	Non	Oui, IM	COP
20	Royaume-Uni	Oui, IM		COP
21	Singapour	Oui, IM		COP

151 Pour ses conventions notifiées aux fins de l'IM, l'Uruguay choisit d'appliquer la disposition de la déclaration du préambule (article 6 de l'IM) et la règle COP (article 7 de l'IM). L'Uruguay a également opté pour la règle LOB simplifiée en vertu de l'article 7(6) de l'IM.

22	Suisse	Non	Non	
23	Viet Nam	Non	Oui, IM	COP

Viet Nam

A. Progrès dans la mise en œuvre du standard minimum

Le Viet Nam compte 76 conventions fiscales en vigueur, comme l'indique sa réponse au questionnaire d'examen par les pairs. Aucune de ces conventions n'est conforme au standard minimum.

Le Viet Nam a signé l'IM en 2022, déposé son instrument de ratification le 23 mai 2023, et notifié ses conventions fiscales non conformes conclues avec d'autres membres du Cadre inclusif. L'IM est entré en vigueur pour le Viet Nam le 1er septembre 2023. Les conventions qui seront modifiées par l'IM deviendront conformes au standard minimum une fois que les dispositions de l'IM auront pris effet.

Le Viet Nam met en œuvre le standard minimum par l'inclusion de la déclaration du préambule et de la règle COP[152].

B. Conclusion

Aucune juridiction n'a signalé de préoccupation relative à ses conventions conclues avec le Viet Nam.

Synthèse de la réponse de la juridiction – Viet Nam

	1. Partenaires de convention	2. Conformité avec le standard	3. Signature d'un instrument de mise en conformité	4. Recours à la disposition relative au standard minimum
1	Allemagne	Non	Non	COP
2	Arabie saoudite	Non	Oui, IM	COP
3	Australie	Non	Oui, IM	COP
4	Autriche	Non	Non	COP
5	Azerbaïdjan	Non	Non	COP
6	Bangladesh*	Non	Non	COP
7	Bélarus	Non	Non	COP
8	Belgique	Non	Oui, IM	COP
9	Brunei Darussalam	Non	Non	COP
10	Bulgarie	Non	Oui, IM	COP
11	Cambodge*	Non	Non	COP
12	Canada	Non	Oui, IM	COP
13	Chine (République populaire de)	Non	Oui, IM	COP
14	Corée	Non	Oui, IM	COP
15	Croatie	Non	Oui, IM	COP
16	Cuba*	Non	Non	COP
17	Danemark	Non	Oui, IM	COP
18	Émirats arabes unis	Non	Oui, IM	COP
19	Espagne	Non	Oui, IM	COP
20	Estonie	Non	Oui, IM	COP
21	Fédération de Russie	Non	Oui, IM	COP
22	Finlande	Non	Oui, IM	COP

152 Pour ses conventions notifiées aux fins de l'IM, le Viet Nam choisit d'appliquer la disposition de la déclaration du préambule (article 6 de l'IM) et la règle COP (article 7 de l'IM).

23	France	Non	Oui, IM	COP
24	Hong Kong (Chine)	Non	Oui, IM	COP
25	Hongrie	Non	Oui, IM	COP
26	Inde	Non	Oui, IM	COP
27	Indonésie	Non	Oui, IM	COP
28	Iran*	Non	Non	COP
29	Irlande	Non	Oui, IM	COP
30	Islande	Non	Oui, IM	COP
31	Israël	Non	Oui, IM	COP
32	Italie	Non	Oui, IM	COP
33	Japon	Non	Non	COP
34	Kazakhstan	Non	Oui, IM	COP
35	Koweït	Non	Oui, IM	COP
36	Lettonie	Non	Oui, IM	COP
37	Luxembourg	Non	Oui, IM	COP
38	Macao (Chine)	Non	Non	COP
39	Malaisie	Non	Oui, IM	COP
40	Malte	Non	Oui, IM	COP
41	Maroc	Non	Oui, IM	COP
42	Mongolie	Non	Oui, IM	COP
43	Mozambique*	Non	Non	COP
44	Myanmar*	Non	Non	COP
45	Norvège	Non	Non	COP
46	Nouvelle-Zélande	Non	Oui, IM	COP
47	Oman	Non	Oui, IM	COP
48	Ouzbékistan	Non	Non	COP
49	Pakistan	Non	Oui, IM	COP
50	Palestine*	Non	Non	COP
51	Panama	Non	Oui, IM	COP
52	Pays-Bas	Non	Oui, IM	COP
53	Philippines	Non	Non	COP
54	Pologne	Non	Oui, IM	COP
55	Portugal	Non	Oui, IM	COP
56	Qatar	Non	Oui, IM	COP
57	République démocratique populaire lao*	Non	Non	COP
58	République populaire démocratique de Corée*	Non	Non	COP
59	République slovaque	Non	Oui, IM	COP
60	Roumanie	Non	Oui, IM	COP
61	Royaume-Uni	Non	Oui, IM	COP
62	Saint-Marin	Non	Oui, IM	COP
63	Serbie	Non	Oui, IM	COP
64	Seychelles	Non	Oui, IM	COP
65	Singapour	Non	Oui, IM	COP
66	Sri Lanka	Non	Non	COP
67	Suède	Non	Oui, IM	COP
68	Suisse	Non	Non	COP
69	Tchéquie	Non	Non	COP
70	Thaïlande	Non	Oui, IM	COP
71	Tunisie	Non	Non	COP
72	Türkiye	Non	Oui, IM	COP
73	Ukraine	Non	Oui, IM	COP
74	Uruguay	Non	Oui, IM	COP

75	Venezuela*	Non	Non	COP

Autres conventions

	1. Partenaires conventionnels	2. Membre du Cadre inclusif
1	Taipei chinois*	Non

Zambie

A. Progrès dans la mise en œuvre du standard minimum

La Zambie compte 23 conventions fiscales en vigueur, comme l'indique sa réponse au questionnaire d'examen par les pairs. L'une de ces conventions, celle conclue avec la Suisse, est conforme au standard minimum.

La Zambie n'a pas signé l'IM.

La Zambie a indiqué dans sa réponse au questionnaire d'examen par les pairs avoir pris des mesures (autres qu'au titre de l'IM) afin de mettre en œuvre le standard minimum dans ses conventions avec l'Afrique du Sud et l'Inde.

La Zambie met en œuvre le standard minimum par l'inclusion de la déclaration du préambule et de la règle COP.

Dans leurs réponses au questionnaire d'examen par les pairs, l'Allemagne et le Japon ont indiqué que leurs conventions avec la Zambie ne soulevaient pas de préoccupations importantes en matière de chalandage fiscal, au regard de leurs juridictions respectives.

B. Conclusion

La Zambie a entrepris d'élaborer, en concertation avec le Secrétariat, un plan de mise en œuvre du standard minimum dans ses conventions avec l'Allemagne, le Botswana, le Canada, la Chine (République populaire de), le Danemark, la Finlande, la France, l'Irlande, l'Italie, le Japon, le Kenya, le Maroc, la Norvège, les Pays-Bas, la Roumanie, le Royaume-Uni, les Seychelles et la Suède.

Synthèse de la réponse de la juridiction – Zambie

	1. Partenaires conventionnels	2. Conformité avec le standard	3. Signature d'un instrument de mise en conformité	4. Recours à la disposition relative au standard minimum
1	Afrique du Sud	Non	Non	COP
2	Inde	Non	Non	
3	Suisse	Oui, autres		COP

Autres conventions

	1. Partenaires conventionnels	2. Membre du Cadre inclusif
1	Allemagne	Oui
2	Botswana	Oui
3	Canada	Oui
4	Chine (République populaire de)	Oui
5	Danemark	Oui
6	Finlande	Oui
7	France	Oui
8	Irlande	Oui
9	Italie	Oui

10	Japon	Oui
11	Kenya	Oui
12	Maroc	Oui
13	Norvège	Oui
14	Ouganda*	Non
15	Pays-Bas	Oui
16	Roumanie	Oui
17	Royaume-Uni	Oui
18	Seychelles	Oui
19	Suède	Oui
20	Tanzanie*	Non

www.ingramcontent.com/pod-product-compliance
Ingram Content Group UK Ltd.
Pitfield, Milton Keynes, MK11 3LW, UK
UKHW051646031026
15588UKWH00007B/1354

9 789264 327375